感谢国家社科基金重大项目“智慧供应链创新与应用研究”（项目编号：18ZDA060）的资助

智慧供应链转型评价分析与运营机理研究

李波　刘伟华◎著

中国社会科学出版社

图书在版编目（CIP）数据

智慧供应链转型评价分析与运营机理研究／李波，刘伟华著．—北京：中国社会科学出版社，2024.3

ISBN 978－7－5227－2959－6

Ⅰ．①智…　Ⅱ．①李…②刘…　Ⅲ．①智慧技术—应用—供应链管理—研究　Ⅳ．①F252.1－39

中国国家版本馆 CIP 数据核字(2024)第 034234 号

出 版 人　赵剑英
责任编辑　张　林
责任校对　赵雪姣
责任印制　戴　宽

出　　版　中国社会科学出版社
社　　址　北京鼓楼西大街甲 158 号
邮　　编　100720
网　　址　http://www.csspw.cn
发 行 部　010－84083685
门 市 部　010－84029450
经　　销　新华书店及其他书店

印　　刷　北京明恒达印务有限公司
装　　订　廊坊市广阳区广增装订厂
版　　次　2024 年 3 月第 1 版
印　　次　2024 年 3 月第 1 次印刷

开　　本　710×1000　1/16
印　　张　18.75
插　　页　2
字　　数　305 千字
定　　价　109.00 元

序

目前数字经济下，供应链企业进入了以智能化、数据化和智慧化驱动发展的时代，尤其是新冠疫情突发情况下，迫使各行各业不断增加对数字化技术的投入和深度应用。事实上，随着供应链上企业的智慧化转型，链上企业在业务交易、制造生产、业务创新与重构、管理模式等各个方面正在实现基于信息技术的逐渐完善，在此过程中各类相关数据成为供应链上交易信息的载体，而数据深度学习成为供应链实现智慧化发展的主旋律。由此，为了掌握和评估我国供应链系统当前智慧化转型与发展的程度，本书从基础概念出发，重点针对我国供应链系统目前智慧化发展现状进行评估，并基于供应链系统中智慧化案例进行解析，分析其中存在的运营机理和运营模式。

本书主要内容如下：

第一章和第二章是关于智慧供应链转型发展与基于案例分析的智慧化转型必要性部分，主要阐述智慧供应链概念、智慧供应链转型的特征、发展历程及其带来的挑战；也通过目前实践界一些典型案例的分析，给出目前供应链实践界供应链上以零售商为核心、以制造商为核心及以第三方物流服务商为核心的智慧化转型探索以及取得的经验、存在问题等，指出当前需要对我国智慧供应链转型现状进行评估分析，以便应对出现的问题，以实现快速发展。

第三章至第七章是关于我国智慧供应链转型发展的评估分析部分。一方面，针对我国智慧供应链的转型发展现状、转型中的风险预警、转型发展路径评价与预测等进行分析评估；另一方面，特别针对城市智慧供应链的发展转型进行了信号灯预警分析与发展指数的构建评估。

第八、第九章和第十、第十一章及第十二章分别是关于我国智慧供应链智慧化转型发展的运营机理和运营模式研究，通过调研近年来我国供应链上相关企业在智慧供应链转型中的一些实践活动与成功案例，如大数据驱动、消费直连制造（Consumer to Manufacturing，C2M）、信息共享（透明化）合作、信息披露等模式，研究了供应链智慧化转型中的运营机理或运营模式设计中体现出的价值共创问题，并以农民通过电商扶贫为契机进行脱贫为案例进行了实证分析。

显然，基于现代信息技术驱动的供应链运营模式是未来发展的趋势，而供应链上从智能化、数据化到智慧化的管理与控制是未来供应链转型发展成功与否的一个显著标志。本书通过以上一系列问题的调研整理、分析评估和建模研究，期望能从这个视角针对目前我国供应链发展现状给出一些回答，并借助这些研究成果能帮助我国供应链智慧化转型得到健康平稳发展。

本书是在国家社科基金重大项目“智慧供应链创新与应用研究”（课题编号18ZDA060）资助下进行的。第一章至第五章、第八章至第十二章是由李波主导完成，第六章和第七章由刘伟华负责完成。研究调研过程中天津大学科研团队经过大量的文献梳理和企业调研，并总结各行业的最新供应链管理实践，以努力针对目前我国智慧供应链发展现状与评价及影响机理进行深入探索。本书对正在从事物流与供应链管理领域的管理人员了解我国智慧供应链发展现状具有一定的帮助；同样，也可作为针对供应链管理专业、物流工程和物流管理专业的本科生与研究生教学的辅助参考资料。但限于本人研究深度有限，本书还存在很多不足之处，敬请读者不吝指正。

李　波

2023 年 3 月 1 日

目　　录

第一章　智慧供应链的转型发展概述 ……………………………… (1)

第一节　问题背景 ……………………………………………………… (1)

一　新冠疫情环境下智能化需求猛增 ………………………………… (1)

二　智慧供应链的思想 ………………………………………………… (6)

第二节　智慧供应链的特征分析 …………………………………… (10)

一　先进技术应用视角下的智慧供应链特征 ……………………… (10)

二　管理三层次视角下的智慧供应链特征 ………………………… (12)

三　组织创新模式下的智慧供应链特征 …………………………… (15)

四　智慧供应链的数字化特征 ……………………………………… (17)

第三节　供应链智慧化转型中的发展 ……………………………… (19)

一　供应链管理的发展历程 ………………………………………… (19)

二　供应链中的智慧化转型发展 …………………………………… (20)

第四节　智慧供应链转型中的管理挑战 …………………………… (27)

一　数据可视化与信息透明化方面 ………………………………… (28)

二　运营模式创新与风险控制方面 ………………………………… (29)

三　供应链利益联盟与生态系统方面 ……………………………… (30)

第五节　结论 ………………………………………………………… (32)

第二章　智慧供应链发展的案例分析与转型必要性 …………… (33)

第一节　国内外智慧供应链发展的案例分析 ……………………… (33)

一　国外智慧供应链的案例分析 …………………………………… (33)

二　中国智慧供应链的案例分析 …………………………………… (38)

第二节 以零售商案例为核心的数据化转型分析 …………………（43）
一 京东仓储数字化大脑系统应用的转型 …………………………（43）
二 国际零售巨头的数据化应用转型 ………………………………（49）
第三节 以制造商案例为核心共享平台系统的转型分析 …………（51）
一 青岛海尔“衣联网”平台系统的转型分析……………………（51）
二 美国嘉吉智慧鸡场管理系统的转型 ……………………………（57）
第四节 以第三方物流案例为核心的数据化平台转型分析 ………（58）
一 “食品社区”配送数字化平台系统的应用……………………（58）
二 基于区块链的马士基全球贸易数字化平台 ……………………（59）
第五节 我国智慧供应链转型中的问题分析 ………………………（60）
一 我国制造业智慧化转型中的困境 ………………………………（60）
二 我国供应链上中小微企业智慧化转型的困境 …………………（64）
第六节 我国智慧供应链转型评估分析的必要性 …………………（67）

第三章 我国智慧供应链发展现状的评估研究 …………………（69）
第一节 引言 ……………………………………………………………（69）
第二节 相关文献综述 …………………………………………………（72）
第三节 我国供应链现状发展指数体系构建 ………………………（74）
一 构建原则与指标筛选 ……………………………………………（74）
二 权重计算 …………………………………………………………（77）
第四节 实证分析 ………………………………………………………（80）
一 数据来源 …………………………………………………………（80）
二 指标权重计算 ……………………………………………………（80）
第五节 智慧供应链转型的分项指标分析 …………………………（83）
一 供应链创新性指数分析 …………………………………………（83）
二 供应链协调性指数分析 …………………………………………（84）
三 供应链的可持续性指数分析 ……………………………………（84）
四 现状发展综合诊断分析 …………………………………………（85）
第六节 结论 ……………………………………………………………（85）

第四章　我国智慧供应链发展的风险信号灯预警分析 …………………（87）
第一节　问题提出 ……………………………………………………（87）
一　风险信号灯思想概述 ……………………………………………（87）
二　智慧供应链转型中面临风险分析 ………………………………（88）
第二节　相关文献综述 ………………………………………………（89）
第三节　我国智慧供应链发展风险评价指标体系构建 ………………（90）
一　市场性风险指标（A1）　………………………………………（91）
二　技术性风险指标（A2）　………………………………………（92）
三　数据化风险指标（A3）　………………………………………（93）
第四节　基于熵值法的我国智慧供应链发展现状评价 ………………（95）
一　数据选取与数据预处理 …………………………………………（96）
二　基于熵值法的评价指标权重计算 ………………………………（97）
三　确定风险信号灯的等级 …………………………………………（99）
第五节　基于灰色模型的风险等级预测分析　……………………（101）
第六节　结论　………………………………………………………（104）

第五章　智慧供应链转型发展的路径评价研究　…………………（107）
第一节　引言　………………………………………………………（107）
第二节　国内外相关研究现状　……………………………………（109）
第三节　智慧供应链发展路径评价指标体系的建立　……………（114）
一　指标体系构建的依据　…………………………………………（114）
二　我国智慧供应链发展路径评价指标体系构建　………………（115）
第四节　实证分析　…………………………………………………（118）
一　数据来源　………………………………………………………（118）
二　数据预处理　……………………………………………………（119）
三　基于混合评价的方法应用　……………………………………（119）
第五节　智慧供应链转型发展路径分析　…………………………（126）
一　评价结果分析　…………………………………………………（126）
二　发展路径诊断分析　……………………………………………（129）
第六节　总结　………………………………………………………（131）
一　研究结论　………………………………………………………（131）

二 发展路径建议 …………………………………………………… (132)

第六章 基于改进信号灯预警模型的城市智慧供应链发展研究 …………………………………………………… (134)
第一节 引言 …………………………………………………… (134)
第二节 中国智慧供应链现状及城市发展监测的必要性 ……… (137)
一 中国智慧供应链发展现状 …………………………………… (137)
二 城市智慧供应链发展监测必要性 ……………………………… (138)
第三节 城市智慧供应链发展的动态预测模型 ………………… (138)
一 城市智慧供应链发展评价指标体系 …………………………… (139)
二 确定二级指标的信号灯预警区间与信号灯状态 ……………… (140)
三 基于层次分析法的综合警情指数计算 ………………………… (142)
第四节 算例分析 …………………………………………………… (143)
一 指标数据搜集 …………………………………………………… (143)
二 各一级指标讨论与分析 ………………………………………… (145)
三 城市智慧供应链综合分析 ……………………………………… (149)
第五节 结论 …………………………………………………… (150)

第七章 城市智慧供应链发展指数构建及其应用 ……………… (151)
第一节 引言 …………………………………………………… (151)
第二节 文献综述 …………………………………………………… (154)
一 智慧供应链构建体系 …………………………………………… (155)
二 城市供应链与智慧城市 ………………………………………… (156)
三 智慧供应链评价体系设计 ……………………………………… (157)
第三节 城市智慧供应链发展指数构建原理 …………………… (158)
一 构建原则 …………………………………………………… (158)
二 技术路线 …………………………………………………… (159)
第四节 城市智慧供应链发展指数构建流程 …………………… (160)
一 评价指标筛选 …………………………………………………… (160)
二 设置指标权重 …………………………………………………… (162)
三 指数计算 …………………………………………………… (164)

第五节　算例分析 …………………………………………………… (164)
第六节　结论 ………………………………………………………… (169)

第八章　智慧供应链中企业智慧化转型的运营机理分析 ………… (171)
第一节　引言 ………………………………………………………… (171)
第二节　供应链企业智慧化转型的模型构建 ……………………… (174)
一　供应链企业数字化的运营机理分析 ………………………… (174)
二　数字化运营机理的基本假设 ………………………………… (174)
第三节　运营机理的因果关系分析 ………………………………… (175)
第四节　实证分析 …………………………………………………… (177)
一　系统流图及数据来源 ………………………………………… (177)
二　系统流图模型检验 …………………………………………… (179)
第五节　仿真结果分析 ……………………………………………… (180)
第六节　结论 ………………………………………………………… (184)

第九章　平台赋能下消费直连制造（C2M）的价值共创机理研究 ………………………………………………………………… (186)
第一节　介绍 ………………………………………………………… (186)
第二节　数字环境下企业商业活动情境的变化 …………………… (190)
一　技术环境 ……………………………………………………… (191)
二　信息环境 ……………………………………………………… (192)
三　商业模式 ……………………………………………………… (193)
第三节　平台大数据赋能下 C2M 模式的运营流程 ………………… (194)
第四节　平台大数据赋能下 C2M 模式的作用机理分析 …………… (196)
一　需求深度挖掘 ………………………………………………… (196)
二　产销模式对接 ………………………………………………… (198)
三　智能推荐销售 ………………………………………………… (200)
第五节　平台大数据赋能下 C2M 模式的创新价值 ………………… (201)
一　供应链价值的创造 …………………………………………… (201)
二　社会效益的创造 ……………………………………………… (205)
第六节　结论 ………………………………………………………… (208)

第十章 大数据预测下智慧供应链信息共享运作模式研究 ……… (209)
第一节 引言 …… (209)
第二节 问题描述 …… (210)
第三节 大数据预测下零售商共享/不共享信息建模 …… (214)
一 零售商共享信息情景 …… (214)
二 零售商不共享信息情景 …… (214)
第四节 信息共享价值策略分析 …… (215)
一 理论分析 …… (215)
二 数值实验分析 …… (219)
第五节 总结 …… (220)

第十一章 先进技术下竞争企业产品质量信息披露模式分析 …… (222)
第一节 引言 …… (222)
第二节 模型描述 …… (223)
第三节 技术支持下多种披露模式情景设置 …… (226)
一 信息完全对称情景 …… (226)
二 信息双不对称情景 …… (227)
三 信息单不对称情景 …… (229)
第四节 技术支持下不同信息披露模式间的比较分析 …… (231)
第五节 结论 …… (237)

第十二章 贫困县农民电商扶贫创业的影响因素与机制研究 …… (238)
第一节 研究背景 …… (238)
第二节 文献综述 …… (240)
一 有关电商创业的研究 …… (240)
二 有关创业过程的研究 …… (242)
第三节 研究设计 …… (244)
一 案例选择 …… (244)
二 资料收集 …… (244)
三 研究方法 …… (248)

第四节　资料分析 …………………………………………………………（251）
一　单案例研究 …………………………………………………………（251）
二　多案例比较分析 ……………………………………………………（258）
第五节　结果解释 …………………………………………………………（261）
一　电商创业过程要素分析 ……………………………………………（261）
二　理论贡献 ……………………………………………………………（267）
第六节　总结 ………………………………………………………………（269）
一　研究结论 ……………………………………………………………（269）
二　实践启示 ……………………………………………………………（270）
三　不足和展望 …………………………………………………………（271）

参考文献 ……………………………………………………………………（272）

第一章

智慧供应链的转型发展概述

目前数字经济下，供应链企业进入了以数据驱动业务的时代，尤其是新冠疫情的突发，迫使各行各业不断增加对数字化技术的投入和深度应用。事实上，随着供应链上企业的数字化深入，链上企业在业务交易、制造生产、业务创新与重构、管理模式等各个方面进行数字化的程度逐渐完善，在此过程中各类相关数据都成为供应链上交易信息的载体。因此，基于数据驱动的供应链运营模式是未来发展的趋势，而整个链上数据的管理与控制是未来供应链转型发展的一个显著竞争力标志。本章是关于供应链智能化、数字化与智慧化转型的概述篇，主要阐述智慧供应链概念、供应链智慧化转型特征、发展历程及其带来的挑战，也通过实践界一些典型案例的分析，给出目前供应链实践界关于智慧化转型的探索及其取得的经验、存在问题等，指出当前需要对我国供应链智慧化转型现状进行诊断与评估，以便应对出现的问题得以快速发展。

第一节　问题背景

一　新冠疫情环境下智能化需求猛增

突发的新冠疫情对很多传统供应链企业是一次严重的挑战，造成大量传统制造业供应链中断、订单无法满足等严重问题。然而，也迫使供应链上很多传统企业开始迅速进行智能化、数字化与智慧化转型，除了引入远程办公、云上会议、线上培训等各种虚拟办公手段，大量人工智能无接触设备，如无人车、无人机、机器人、自动化设备等飞速发展①。2020年上半年新冠疫情中，依据对我国企业采取积极应对策略的相关调查，80%以上企业能够在疫情封闭下充分利用远程虚拟办公等数字化工具开展相关工作，但也有高于78%以上的企业因为无法利用实时数据进行控制、管理与调整，而无法做到业务的优化，其中这些主要表现在供应链上下游企业之间的物流调度、控制与优化方面。由此可以看出，面对突发的新冠疫情，我国企业的供应链与物流管理受到严重挑战。另外，即使大多企业的供应链管理中能够很好地应用信息技术支持，但高达68%企业中的存储数据仍处于“沉睡”状态，它们的数据资产并没有被有效地开发、利用并发挥效能，其数据价值被大大浪费掉。事实上，新冠疫情突发下造成的供应链风险与中断也使得很多供应链企业深刻认识到智能化、数字化与智慧化转型已成为必然趋势②。

图1-1中给出了我国2020年新冠疫情突发下埃森哲咨询公司统计的一组企业应用信息技术的情况，其中开展远程办公、远程会议等占比最高，达到80%；而强化线上服务与线上培训都超过50%。但利用人工智能进行辅助决策且利用实时业务数据进行生产制造的控制、调整与决策占比最低，还不足30%。可见实践中企业在实际运营决策中，包括生产运营、物流与供应链管理运营等利用智能化、数字化和智慧化的技术创造价值还很不够。虽然突发的新冠疫情使得供应链企业均意识到信息技术应用的重要性，但由于疫情造成的市场需求不确定性大大增加，而营商环境也受到严重影响。在这种大环境下，供应链企业的信息技术升级与智慧化转型意识、投资与实施步骤都在不断提速，可以说疫情环境促使供应链企业必须加快数字化与智慧化转型发展。

事实上，我国早已开始大力推进供应链的转型发展。早在2017年国务院办公厅就发布《关于积极推进供应链创新与应用的指导意见》，在发展目标中明确指出到2020年要基本形成覆盖我国重点产业的体系。而在2021年提出的“十四五”规划中强调了产业链供应链的重要性，提出要大力发展各个产业的数字经济，且规划到2035年，由数字经济带来的相

① 刘大成：《工业互联网时代的全球供应链体系变革》，《中国经贸导刊》2020年第14期。

② 钟雨龙、陈璋：《防疫常态化背景下我国中小企业智慧化转型的发展研究》，《商业经济研究》2021年第10期。

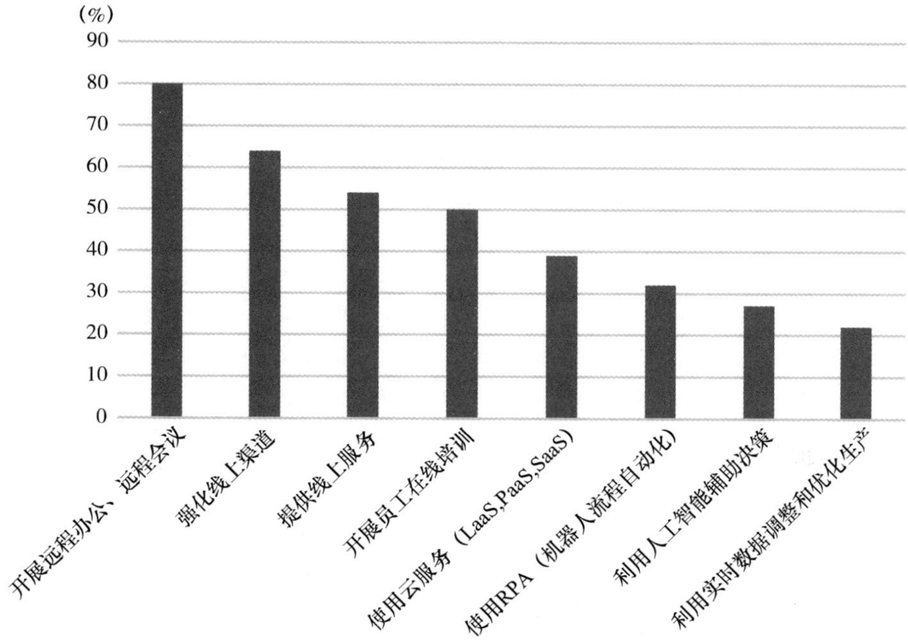

图1－1　新冠疫情下我国企业信息化与智慧化工具的应用状况

数据来源：埃森哲，CB insights 中国。

关核心产业增加值占 GDP 比重要从 2020 年的 7.8% 提升至 10%，如表1－1所示。

表1－1　我国“十二五”“十三五”“十四五”规划中的相关政策

国家规划	相关内容
“十二五”规划	推动面向全社会的信用服务、网上支付、物流配送等支撑体系建设（第三篇第十三章第二节） 加快建立社会化、专业化、信息化的现代物流服务体系，提高物流智能化和标准化水平（第四篇第十五章第二节）
“十三五”规划	推进信息技术与制造技术深度融合，促进制造业朝高端、智能、绿色、服务方向发展（第五篇第二十二章） 加强工业互联网设施建设、技术验证和示范推广，推动“中国制造＋互联网”取得实质性突破（第五篇第二十二章第二节）

续表

国家规划	相关内容
“十四五”规划	组织实施供应链、物流链等各类创新，培育“互联网＋”生态体系，形成网络化协同分工新格局（第六篇第二十六章第二节） 推动制造业高端化智能化绿色化，建设智能制造示范工厂，完善智能制造标准体系（第三篇第八章第四节） 支持建设中小企业信息、技术、进出口和智慧化转型综合性服务平台（第三篇第十章第一节） 分行业做好供应链战略设计和精准施策，形成具有更强创新力、更高附加值、更安全可靠的产业链供应链（第三篇第八章第二节）

由此，可以看出我国政府对企业数字化、供应链智慧化的重视程度。同样，各个部委及各地政府也都积极部署，对供应链企业相关智能化、数字化、智慧化转型的战略发展提出了目标规划，表1－2给出我国近期各大部委颁布的有关推进智慧供应链发展的政策意见。

表1－2　我国2020—2021年颁布的关于促进智慧供应链发展的政策

发布时间	颁布部门	政策	相关内容
2020年7月15日	工信部、国家发展改革委等15部门	《关于进一步促进服务型制造发展的指导意见》	支持制造业企业建设智能化物流装备和仓储设施，促进供应链各环节数据和资源共享，支持有条件的制造业企业建设供应链协同平台，推动供应链标准化、智能化、协同化、绿色化发展
2021年3月23日	国家发展改革委、教育部等13部门	《关于加快推动制造服务业高质量发展的意见》	推进重点行业供应链体系智能化，逐步实现供应链可视化，抓紧研制两化融合成熟度、智慧供应链等亟须标准，加快工业设备和企业上云用云步伐
2021年3月30日	商务部、工信部等8部门	《关于开展全国供应链创新与应用示范创建工作的通知》	明确强化供应链创新引领是示范企业的一个主要任务，企业要加快物联网、大数据、边缘计算、区块链、5G、人工智能、增强现实/虚拟现实等供应链新技术集成应用，推进数字化供应链加速发展，建设和完善各类供应链平台，充分发挥供应链平台的资源集聚、供需对接和信息服务功能

续表

发布时间	颁布部门	政策	相关内容
2021 年 5 月 31 日	农业农村部	《关于加快农业全产业链培育发展的指导意见》	促进智慧化转型升级，建设全产业链大数据中心，健全绿色智能农产品供应链，鼓励构建采购、仓储、配送供应链协同平台，培育农商直供、直供直销、会员制、个人定制等模式
2021 年 10 月 26 日	商务部、中央网信办、发展改革委	《“十四五”电子商务发展规划》	推动智慧供应链转型，支持 B2B 电子商务平台加速金融、物流、仓储、加工及设计等供应链资源的数字化整合，鼓励工业电子商务平台向数字供应链综合服务平台转型，鼓励企业依托电子商务平台发展可视化、弹性化供应链业务体系，提升供应链快速响应能力
2021 年 11 月 30 日	工业和信息化部	《“十四五”信息化和工业化深度融合发展规划》	将产业链智慧供应链升级行动作为重点工程之一，明确提出制定和推广智慧供应链管理标准，提升重点领域产业链智慧供应链水平，加快发展工业电子商务，提高企业供应链协同水平

早在 2018 年，全球 1000 强中占比达到 67% 的企业，就已经把进行数字化、智慧化转型当作自己的重要战略任务①。而近期由于我国政府的大力推动，很多供应链企业实施智慧化转型的意愿愈加高涨。显然，各行各业供应链企业愈加强烈地意识到进行智慧化转型的必要性和刻不容缓性，也加快投资和调整相关各类企业转型中有关网络通信接入、数字化平台、各类智慧化技术等的建设速度②。总之，在供应链企业的各类运营过程中，考虑如何基于当前的信息技术革命进行智慧化转型发展及创新运营策略变革，实现由数字化、智慧化驱动给企业带来的价值与成本节约、

① 指尖科技：《传统企业数字化转型：不是选择题，而是一道生存题》，百度，https://baijiahao.baidu.com/s?id=1606138363592166943&wfr=spider&for=pc，2018 年 7 月 6 日。

② 陈畴镛、许敬涵：《制造企业智慧化转型能力评价体系及应用》，《科技管理研究》2020 年第 11 期。

响应速度及辅助决策等优势将为供应链未来稳定发展提供坚实基础。

二　智慧供应链的思想

（一）供应链管理概述

供应链的概念起源于 20 世纪 80 年代某美国学者给出的价值链思想。到 1996 年，有学者进一步从价值链和价值流概念出发，提出供应链的思想。2001 年美国供应链协会给出供应链的规范化定义，而我国也在《物流术语》（GB/T 18354—2021）中明确界定了供应链概念①。无论哪种定义，都可以看出其是一个从起始点开始，经过供应点、制造点、配送点与顾客组成的链状网络，同时还包括废旧产品的逆向回收过程，一般供应链网络系统构成如图 1－2 所示。

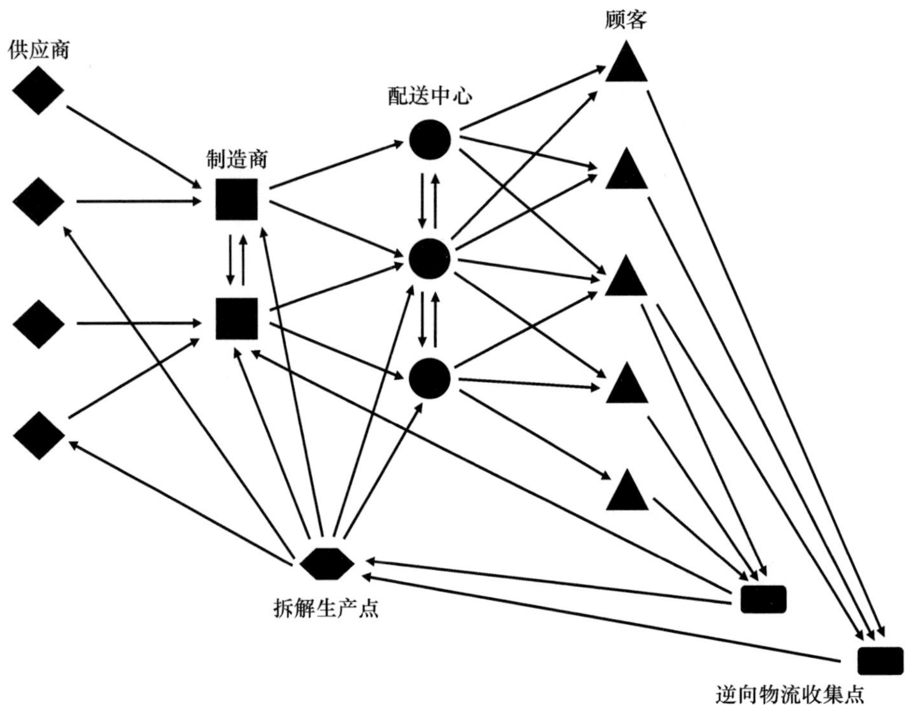

图 1－2　一般供应链网络系统的构成

① 《重磅发布：〈物流术语（GB/T 18354—2021）〉获批正式发布!》，搜狐网，https：//www.sohu.com/a/485858444_760254，2021 年 8 月 26 日。

基于2017年发布的《国务院办公厅关于积极推进供应链创新与应用的指导意见》，供应链创新就是基于以上供应链网络中各个企业节点、链接路径及其之间关系进行创新，包括基于数字化、智慧化的技术创新与相应商业模式的创新，目标是供应链管理成本效率提高，即实现供应链系统的价值最大化。

（二）对智慧供应链的理解

目前是先进信息技术与管理创新模式推陈出新的时代，并且这些先进技术与管理创新也在不断变革着整个社会的运营模式。特别是智能化、数字化与智慧化技术广泛开始在各行各业深入应用，使得我们从消费互联经济时代进入产业互联发展时代①。

供应链管理作为近年来社会与经济发展的重要抓手，在应用先进技术与其运营管理过程结合中也是走在前列。尤其是在供应链运营活动中，各类商务管理过程、决策管理过程期间不仅需要大量的智能化运营，还收集了大量各类业务数据，如何能够利用信息技术提高供应链企业的运营效率，并进一步对收集到的海量数据资源进行合理、有效管理就变得非常重要。由此，智慧化供应链应运而生。

智慧供应链是基于现代供应链管理理论、方法和技术，通过物联网（Internet of Things，IoT）技术，在供应链企业内部与企业之间构建的实现智能化、网络化和智慧化的技术与管理综合集成系统。目标是全面实现供应链各个成员间在商流、物流、信息流与资金流等方面的无缝集成与衔接，消除他们之间的信息不透明性和不对称性，以提高供应链的管理效率。因此，从实现目标上，智慧供应链还可定义为以物联网（IoT）、大数据（Big Data）等先进技术为依托，以增强客户价值为导向，通过共享、协同、创新等运作模式与人工智能等先进技术相结合，实现供应链上企业产品设计、采购生产、销售服务等全流程高效的组织形态②。

可以看出，供应链运营的可视化、供应链要素的集成化、供应链

① 澎湃新闻：《中国要从发展消费互联网转向发展产业互联网》，彭拜新闻网，https：//baijiahao. baidu. com/s？ id = 1712127404276787220&wfr = spider&for = pc，2021年9月28日。

② 刘伟华、李波、彭岩：《智慧物流与供应链管理》，中国人民大学出版社2022年版。

决策的智能化与供应链组织的生态化构成了其核心要素。将供应链管理的宏观战略决策、中观业务活动实体组织、微观物流业务运营及客观因素影响这四个层面相互结合且统一协调，可实现相互作用与相互促进。

（三）智慧供应链与传统供应链信息化的比较

相比于传统供应链系统中的信息化过程，包括集中关注在单一企业内部各类业务层面信息的收集与低级处理，如增、查、删、改的操作。智慧供应链侧重强调结合人工智能（Artificial Intelligence，AI）、云计算、机器学习、大数据等技术实现企业运营层面信息化采集到各类数据处理，或通过数据分析预测得出隐含在数据中的规律和范式以辅助企业管理者决策，这里一方面强调利用各种人工智能技术的应用，另一方面强调采集的数据是一种战略资源，即数据资源战略。也就是通过对不同历史时期供应链企业发生的各类数据进行收集，结合实际数据进行适应实际业务场景下的各类模型构建与算法分析，以挖掘数据资源中的潜在价值，来辅助供应链企业运营的深度决策。

事实上，长期以来供应链的信息化过程主要集中在链上各个企业“孤立”地实施各自信息系统的过程。表面上看，供应链上每个企业的信息化过程似乎都做得不错，但从整个供应链“联通”的视角来看，每个企业的信息系统就是一个信息孤岛，相互之间的衔接不通畅、标准不统一，大大影响了供应链整体的管理与控制。智慧供应链的目标就是要突破以上这个缺陷，基于先进信息技术与高度流转衔接的数据在供应链上多个企业成员之间实现协调运作，并实时依据这些数据资源进行分析优化来进行运营的控制与决策。由此，智慧供应链系统是在原来企业信息系统基础上，依赖诸如人工智能、物联网、数据挖掘、大数据等技术的支撑，以客户需求为导向，打破供应链上端到端的信息可视化阻碍，且深度挖掘数据资源，为供应链决策提供依据①。表 1－3 给出了传统供应链信息系统与智慧供应链系统的区别。

① 李波、王谦、丁理芳：《物流信息系统》，清华大学出版社 2019 年版。

表1－3　　智慧供应链系统与传统供应链信息系统的区别

维度比较	传统供应链信息系统	智慧供应链系统
技术应用范畴	链上企业强调各自的信息化过程 链上企业间存在较大的信息壁垒 链上各类智能技术、云计算、大数据等技术应用有限	链上企业通过 IoT、AI 等技术进行数据采集、传递与处理分析 链上企业间实现全程信息可视化，信息共享性程度增强 依据业务场景的需求进行数据深度建模与应用挖掘
数字化应用程度	链上数据互联互通有很大阻碍 链上数据处理停留在业务运营范畴，对市场需求响应较慢 链上数据处理能力及应用能力较差	链上数据从线下至线上，实现互联互通 链上数据随需而变，实时响应 数据深度建模与预测分析以科学决策
供应链运营模式	链上参与各方被动应对市场需求 链上制造商、零售商推动式运营	链上参与各方主动应对市场需求 以市场需求为导向的拉式运营
供应链协同程度	链上参与各方的资源集成度不高，资源利用率较差 不能基于市场需求来进行链上参与各方的运营协调	链上参与各方通过实时数据的分享与资源整合，实现效率提高 强调实现以市场需求为导向的参与各方预测及数字化计划、供应、生产与物流运营协调

从表1－3可以看出，两者的区别主要从技术应用范畴、数字化应用程度、供应链运营模式与供应链协同程度四个维度来进行阐述。在技术应用视角，先进的信息技术如 IoT、AI 与大数据的出现，驱动着智慧供应链的发展。如美国物资搬运协会（Material Handling Institute，MHI）与德勤共同发布的咨询报告表明①，80%的调研企业认为在未来5年，智慧供应链将会占据统治地位，而16%的调研企业认为智慧供应链已经在实践中占据了统治地位。而在数字化应用程度与供应链运营模式视角，数据的及时采集、传输与分析是供应链企业实时响应和加速应对需求变化的重要基石。而从供应链协同的视角，通过对数据的精准预测和深度挖掘

① 311供应链研究院：《供应链未来发展方向——智慧供应链》，知乎，https://zhuanlan.zhihu.com/p/56766537，2019年2月15日。

分析，可以指导链上参与各方的协调运作，提高供应链的协同程度。

总结以上关于智慧供应链的理解和与传统供应链信息化的不同，可以得到智慧供应链就是借助先进的数字化技术，通过技术赋能、数据赋能与智慧赋能实现供应链上企业之间的信息流转与无缝衔接，以便实现供应链协调与提高管理效率的目标。也就是说，智慧供应链依据IoT、AI与大数据等关键高新技术，构建以客户为核心及其以需求为导向，实现智能的、动态的、可视的、可预测的、可协同的与可持续发展的复杂供应链网络系统。

第二节　智慧供应链的特征分析

智慧供应链的特征可以从多个维度来分析理解：一是从先进技术应用的视角，二是从供应链管理的三层次视角，三是从链上组织结构的视角。无论从哪种维度出发，相对于传统供应链信息系统，其智慧化转型的特征更强调其先进技术的应用、创新运营模式及协同合作共创价值三方面。

一　先进技术应用视角下的智慧供应链特征

显而易见，智慧供应链应用中需要大量先进信息技术的支持，以便实现链中运营层、管理层和战略层的互联互通性、数据驱动性、信息共享性及实时控制性等方面①，如表1-4所示。以下阐述这四个技术应用的具体特征。

（一）互联互通性

这是智慧供应链转型发展中最基础的技术保证，即供应链系统中的参与各方及其所有活动要素都要在物联网平台上实现互联互通，也就是不仅供应链上各个参与企业的所有业务数据要实现网络接入与连接，还要实现链上所有物料的全面多渠道连接。通过实现一切运营业务的数字化过程，实现链上各方企业间物流活动的动态数据以形成高效率的互动。

---

① 黄敦高、吴雨婷：《浅谈智慧供应链的构建》，《中国市场》2014年第10期。

（二）数据驱动性

在智慧供应链中，数据从采集、处理、传递直至大数据应用形成整个供应链系统的中枢，是供应链智能、智慧发挥的关键所在。尤其是采用云计算的平台控制、大数据的深度挖掘与数据处理分析，可以实现依据顾客需求数据支持的前端产品研发与制造生产，来高效降低整个供应链的响应时间，辅助企业决策过程。

（三）信息共享性

智慧供应链系统中的信息透明性，不仅在于信息的互联互通，还在于共享数据的准确性与及时性、有用性与标准的数据结构等。可以通过云计算技术来处理实时共享信息，便于获得相关数据，以应对各类异常情形的发生，避免损失发生。

（四）实时控制性

目前智慧供应链中基于 IoT 技术可以有效地支撑从远程位置进行实时控制、监管规划与优化供应链系统的动态操作。通过大数据的数据挖掘与数据赋能，或者基于人工智能应用来实现机器学习，可以不需要任何人工干预就可以保证依据任何供应链的业务场景给出相关决策过程。

表1－4　　从先进技术应用的视角理解智慧供应链的特征

特征	具体内容
互联互通性	供应链上所有成员、所有业务通过 IoT 技术接入网络
数据驱动性	数据从采集、处理、传递直至大数据应用形成整个供应链系统的中枢
信息共享性	通过互联互通技术实现信息标准、准确、及时与透明化
实时控制性	通过 IoT、人工智能、机器学习与大数据等进行远程实时控制

由此，在智慧供应链中，先进技术应用视角的主要特征包括：互联互通性、数据驱动性、信息共享性与实时控制性。供应链中各类物流运营业务的数据收集、处理、传递与应用，正是基于这些技术的支持得以顺利进行，而供应链管理层面与战略层面更多将依据物流运营的各类数据进行运营的控制与决策，来增强链上各个成员间的协同合作，提高供应链整体绩效。因此，在技术特征视角，先进技术更多体现在物流系统的业务应用过程中，包括物流运作过程中的自动化、智能化与管理控制

方面的数字化跟踪等，这些技术性的基础大大促进了智慧供应链系统从全局视角进行的统一控制、跟踪与协调。

二 管理三层次视角下的智慧供应链特征

图 1－3 给出了供应链从运营层、战术层到战略层上实施智慧化转型过程中涉及技术、创新运营管理及上下游协作的控制与管理等方面特征①。

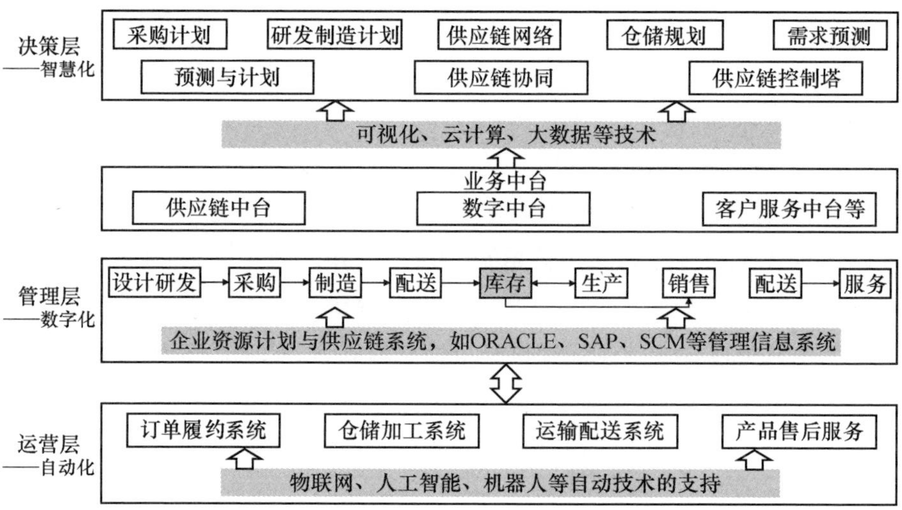

图 1－3 管理三层次视角下的智慧供应链转型特征

（一）基于智能化特征的运作层

最下面是运营作业层次，如图 1－3 所示。主要特征是应用大量的自动化、智能化设施来完成供应链中关于物流各种业务活动中的执行操作。一方面提高效率；另一方面有效地采集作业数据，经过物联网、人工智能或其他先进技术的辅助接入信息系统，完成各类基础作业活动中数据的标准采集与传递工作。例如，目前大量研发应用的无人车、无人机、自动存储机器人与自动传输设备等，运营层的自动化设施可以收集大量作业活动的数据，存入数据库中，形成高一层次中数据中台的主要数据

① 张宇：《智慧物流与供应链管理》，电子工业出版社 2019 年版。

来源。

这里供应链的数据中台指的是依据供应链运作中特有的商业运营模式（如推式系统、拉式系统）和参与各方的合作机制，针对产生的相关业务数据进行连续不断地、有意识地采集、存储、传递并进行深度挖掘分析，实现把数据变成资产且服务于供应链上业务过程的一套数据战略组织形式。而最下面的运营作业层就是数据中台的主要数据来源与数据采集地。也就是说，数据中台的功能包括运营作业层中的数据汇聚集成、数据高级与低级的加工处理、数据不同层面上的应用服务及其数据挖掘与价值体现四方面，也是智慧供应链转型发展中特别关注的核心能力。

例如，2003 年 6 月成立的上海富勒信息科技有限公司属于一家精益物流软件的提供商，其产品之一就是以打造数字中台为目标。该公司曾在 2009 年 10 月成为上海世博会的仓储管理系统（Warehouse Management System，WMS）供应商，2013 年其产品深入医药、服装和电商行业，截至此时其产品还仅仅是单一的 WMS 信息系统。随后，在 2015 年 5 月和顺丰全面合作，支持顺丰仓网 2.0 战略，并在 9 月战略投资 SAAS WMS（Software as a Service，WMS）微仓网络，开始进军供应链数字中台的发展；到 2018 年 6 月其发布云架构智能化解决方案，开始形成一个包括订单、运输、仓储、SAAS WMS 和信息处理的综合性数字中台控制软件服务系统①。

（二）基于数字化特征的战术层

从图 1－3 可看出，在战术管理层面上，智慧供应链的转型发展从传统供应链中每个企业独立的企业资源计划（Enterprise Resource Planning，ERP）系统，如 SAP、ORACLE、SCM 等，均往数据中台支持下的智慧供应链转型发展。这里的供应链中台系统体现了一种思想，即是一组跨不同业务交易系统的集合体，实现将复杂的业务场景进行抽象，来实现通用功能的重复拷贝，以快速应对不同市场环境下的运营场景。

具体表现在供应链的业务流程上，可以从管理控制的不同工作台视角出发，考虑整个供应链企业的业务规划，实现从产品的计划开始，然

① 《卓越的数字化供应链解决方案提供商》，上海富勒信息科技有限公司官网，www.flux.com.cn，2023 年 8 月 4 日。

后到采购与仓储、订单履约与库存直至订单结算等各方面业务的集成化。而对应在其数据应用的体系架构方面，就需要设置对应不同业务的数据应用规则；同时对应选择相关优化的模型及其智能算法，来结合相关业务中的产品、供应、订单、库存、结算、会员与运营模式等，可依据实际数字化的对象，通过数据架构和商业模式的结合，形成各种业务运营的场景。由此，这里的数字中台可能会存在各种工作台，其中运营场景、对象数据、模型相互结合，面向不同的运营活动提供支持角色，完成其工作的协同性①。

综上所述，智慧供应链的管理层主要体现数字化特征，其中的数据中台提供包括企业各类作业场景下的算法设计和模型优化能力，而供应链中台为快速变化的客户需求与市场环境提供各种业务场景下的问题解决组合能力。显然，以上数据中台与供应链中台的这些能力体现了智慧供应链转型发展中的复杂性及其与知识密集性的紧密联系。

（三）基于智慧化特征的战略层

在智慧供应链最上面的战略层次上，主要通过考虑消费者的需求导向，基于大量历史数据集进行当前供应链运营决策的预测与计划、供应链产销协同及其控制塔策略，如图 1 - 3 所示。主要的表现一方面是基于人工智能、云计算、机器学习与大数据等对供应链上所有采购物料、半成品、产品等，物流中各类资源，如各种自动化、智能化设施、运输工具与场站等数据进行采集与可视化，进行信息传递与透明化及其共享化，实现准确监控与追踪溯源；另一方面就是依据下面作业层和战术层采集的海量数据及其分析处理得出的二次数据，考虑供应链上的各类业务场景，如采购管理、设计与制造、运输配送及仓储管理，通过信息平台控制各方面，实现链上相关资源的集成调配、仿真模拟与分析及数字中台上的协调控制，尤其是对各类资源的利用预测和计划配置，这里预测分析是本层次上最核心的功能。

有关智慧供应链中控制塔的思想，其来源于飞机场的控制塔思想。例如，ONE Network 公司一直专注于供应链控制塔的研发工作，其研发的

---

① 陈剑、黄朔、刘运辉：《从赋能到使能——数字化环境下的企业运营管理》，《管理世界》2020 年第 2 期。

第一代控制塔产品 1.0 实现的目标是供应链的可视化，而第二代控制塔产品 2.0 做到了指标的预测分析，到第三代控制塔产品 3.0，开始强调顾客的需求驱动与预测分析，目前已经进化到第四代控制塔产品 4.0，目标是把以企业管理为中心转移到以顾客微驱动的网络系统为中心，并且进一步保证供应链上参与的各方成员能够相互协调和信息完全可视化。事实上，ONE Network 公司从一开始致力于供应链上各参与方的协作与可见性，截至目前基于先进技术，如人工智能与大数据等的数据模拟分析、预测分析、自适应控制分析等，可以协调整个供应链系统的产品计划、采购物料、研发生产等经营计划，直到配送销售全渠道的系统来进行产销合作与协同，实现链上资源的集成调度①。

综上，供应链的最上面层次主要体现了智慧化的决策特征，是依托下面两层次的数据中台、供应链中台来实现智慧化发展的，形成可视化、可控制与可预测的人工智能服务体系。

三 组织创新模式下的智慧供应链特征

这里主要从供应链的组织特征和创新特征两方面来进行分析，具体如下。

（一）在组织特征方面

供应链的组织特征主要表现为复杂网络结构中企业之间的深度协同及去中心化。显然，这两方面都涉及供应链网络系统中各个企业之间的经营关系，包括供需资源的分配、信息共享的程度、客户响应的能力等。传统供应链系统中一般都存在一个核心企业，如汽车供应链中的丰田、大众等，都是其所在供应链系统中的核心企业，而其上下游企业都围绕该核心企业进行物流的生产运作。智慧供应链系统下，这种围绕核心企业进行物流运作的模式可能会发生根本上的变革，因为供应链上企业之间的协同模式在先进技术支撑下会发生变化。

因此，在组织特征下，因为智慧技术的进步，将深化供应链上企业之间的运营与经营关系，反之会推进相关物流运作过程中的去中心化问

---

① “empowered by Innovation”，ONE Network 公司官网，https：//www. onenetwork. co. in，2023 年 8 月 4 日。

题，主要表现在以下两个方面。

1. 基于技术支持的供应链联盟形成。物流与供应链网络结构中的深度协同，其中涉及跨集团、跨企业、跨组织之间的协同，能够有效缓解信息不对称带来的影响。比如基于数据中台支持下的各类优化模型与智能算法，能够对整个供应链系统中的各参与成员进行信息透明化与高效协同，进而密切分工合作。而智慧供应链转型发展中，各节点企业基于互联网平台可以主动形成供应链联盟，来快速响应市场的剧烈变化且同时满足客户的个性化需求，以提高智慧供应链系统的整体竞争力。

2. 去中心化。在智慧物流和供应链系统的网络结构中，因为以上链上企业协同及运营信息的透明化，可以使得供需两方的运作不单单围绕一个、几个链上的核心企业或者相关环节来实施，而是对链上各个节点之间的相关资源有效重组，来最大限度地满足用户需求。因此，去中心化发展越来越成为智慧物流和供应链系统建设的方向，能够有助于实现各项资源的充分整合，提高智慧供应链转型的灵活性和柔性。

（二）在创新特征方面

供应链的创新特征主要表现为智慧物流与智慧供应链转型中，自主学习能力的提高与场景化模式的创新，也就是利用物流系统产生的大量数据进行大数据、机器学习等支持下的自主学习、自主决策能力，产生相关数据价值。同时，智慧供应链中的物流系统还提供大量的业务场景应用，这些场景应用促使智慧供应链转型发展中不同协同模式、创新模式的革新。所以，智慧物流系统为智慧供应链系统提供了产生数据价值与应用场景的丰富实践基础①。其主要表现在以下两个方面。

1. 自主决策、自主学习的提升。区块链、云计算与人工智能等技术的应用有助于构建物流系统和供应链系统的智慧大脑，帮助链上企业在智能感知中实现自主决策，在业务的执行过程中能够不断进行学习的优化与持续改善。因此，在智慧物流与智慧供应链中，形成企业针对实际运作业务不断进行系统性升级与学习提升的能力，并形成企业实现自主决策的能力。这些都有效地促进供应链企业不断向自动化、数字化、智慧化方向发展。

---

① 张彤：《大数据背景下智慧物流业务体系构建与运营》，《商业经济研究》2019 年第 21 期。

2. 场景化创新和模式化创新。智慧物流和供应链系统的创新就是要处理好物流运营中各类场景的竞争关系，包括从电子商店到移动商店、再到云商店的场景转变、从传统运输到多式联运、再到集成无人配送的集成运输等。未来的供应链创新将依托各种各样的业务场景进行服务，针对消费者在不同时空的需求，强化场景体验是未来智慧物流与智慧供应链商业模式创新的重要发展方向。

四　智慧供应链的数字化特征

由于2020年春新冠疫情的影响，国家发展改革委于2020年5月13日在其官网发布“智慧化转型伙伴行动”倡议①。此倡议提出政府与社会各界进行联合，共同构建与营造“政府引导，平台赋能，龙头引领，机构支撑，多元服务”的相关联合推进机制，以此带动我国企业，尤其是中小微企业的智慧化转型。这个倡议中明确提出各方联动进行企业智慧化转型发展，当然也包括供应链企业的智慧化转型发展。

（一）数字化特征在智慧供应链转型中的重要性

事实上，智慧化转型过程是目前智慧供应链转型发展中最重要的一环，因为要打破供应链上的“信息孤岛”，最重要的是构建供应链上企业间标准化的、一致的数据采集、传输、分析与控制管理的系统。国际上关于智慧化转型战略，最早德国在其“工业4.0”中，已经提出实施与完善其企业智慧化转型的步伐且为供应链上中小企业营造良好的发展环境。而英国是全球最早出台多项有关企业实施相关数字化政策的国家，出台的政策包括：连接战略、数字技能与包容性战略、数字经济战略、数字转型战略、网络空间战略、数字政府战略与数据经济战略，这些政策为英国企业的智慧化转型做出了全面部署②。而在我国，目前关于企业数字化并没有统一的、唯一的定义，但达成共识的是企业智慧化转型绝对不是传统的企业信息化转型。这里的供应链企业智慧化转型，强调从数据

① 中华人民共和国国家发展与改革委员会：《智慧化转型伙伴行动倡议》，官网，https：//www. ndrc. gov. cn/xwdt/ztzl/szhzxhbxd/xdcy/202005/t20200513_1227930. html，2020年5月13日。

② 智能制造mp：《英国正式出台〈英国数字化战略〉》，搜狐网，https：//www. sohu. com/a/132992212_500643，2017年4月10日。

中挖掘价值，然后应用于实践中，即基于先进信息技术，如人工智能、云计算和大数据等，赋能于供应链上互相联系的参与各方，进行全面智慧化转型，打造成以应对市场需求为中心、以数据驱动为核心要素，以提高运营效率与价值链为目标的过程①。

因此，从智慧供应链的智慧化转型视角来看，将更加强调利用目前各种先进技术，对链上企业内部和企业之间的业务流程、工作场景、各种商业关系及员工与客户需求进行重新定义，不仅企业内部要完成全面信息化或平台化，还要从市场需求到供应、生产与销售直至产品售后及服务等全面适应外部各类变化与风险，通过全面的自动化、智能化、数字化与智慧化过程来最大化创造企业价值。这里提到智慧供应链上的智慧化转型目标就是利用信息技术，对链上企业的业务进行重新定义，这不单单是信息化与网络化，而是通过企业运营层面的自动化与智能化，将依据企业运营环境与工作场景的变化，来创新性重新定义企业内部与企业之间业务过程。

更明确地说，智慧供应链的智慧化转型发展就是指针对链上各个参与企业及其它们之间业务控制与管理需要实现相应的智慧化转型，即需要以先进技术为依托，以客户需求为导向，通过对链上参与各方成员数据的互联互通、实时传递及其数据分析，来实现从产品设计、采购、生产、销售、物流等供应链整个过程的高效率协同目标。

（二）智慧供应链的数字化要素与显著特征

表1－5给出了以上有关智慧供应链的智慧化转型中的关键要素及其显著特征，其中关键要素主要从技术支持、数字化覆盖范畴、实施导向、数据作用与实现目标五个方面来表述，而相对应这五个方面，又进一步清晰界定了其中的显著特征。

表1－5　智慧供应链的数字化特征分析

要素	显著特征
技术支持	先进信息技术的支持，如AI、云计算、大数据等

① 刘伟华、李波、彭岩：《智慧物流与供应链管理》，中国人民大学出版社2011年版。

续表

要素	显著特征
数字化范畴	供应链上下游全链条各参与方成员内、外业务的智慧化转型
实施导向	以市场需求为导向，技术能力与业务能力集成响应随需而变
数据作用	以需求数据为驱动力，统一化平台进行数据挖掘分析
实现目标	数据价值赋能供应链效率，且提高供应链实时调整能力

在这种智慧供应链的智慧化转型发展中，特别强调数据的驱动作用。即首先依据大量数据作为基础，包括供应链上从采购供应、制造生产、配送销售中的相关海量数据；其次是随需实时变化的信息采集与传递，实现链上数据的快速零延迟互联互通；最后是进行数据深度挖掘，通过智能化、数字化与智慧化方法，即以算法与模型为手段，把供应链中各个业务场景的数据进行有效连接，保证自动化的及时响应与智慧化的辅助决策过程①。

前面已经讲过，智慧供应链的智慧化转型发展目标是实现供应链上各个参与成员在商流、信息流、物流和资金流四流衔接上的无缝互联与协同运作，以尽可能消除供应链上的信息不对称，并尽量减少对供应链业务活动的消极影响，从而提高供应链运行效率。其中链上业务运营的可视化、资源要素的集成化、管理决策的智能化与组织结构的生态化构成了智慧供应链的四要素，实现从链上整体的战略决策、中层的组织策略与运营层面的作业运营的一致协调过程。

第三节 供应链智慧化转型中的发展

一 供应链管理的发展历程

从 20 世纪 90 年代供应链的思想提出到目前智慧供应链的发展，其整体发展历程可以分成初级供应链、响应供应链、可靠供应链、柔性供应链和智慧供应链五个阶段②，如表 1 -6 所示。

---

① 李波、王谦、丁丽芳：《物流信息系统》，清华大学出版社 2019 年版。

② 刘伟华、李波、彭岩：《智慧物流与供应链管理》，中国人民大学出版社 2022 年版。

表 1－6　　　　　　　　　供应链管理思想的发展历程

要素	实现目标
初级供应链	提出供应链思想，强调消除链上“牛鞭效应”
响应性供应链	提出为响应顾客订单需求提升供应链上企业间协同能力
可靠性供应链	提出以需求预测与产销协同增强链上跨部门间的协作能力
柔性供应链	提出供应链上企业之间的协同化、柔性化与精益化
智慧供应链	提出通过实现供应链上智能化、数字化与智慧化能力实现整合与协同

从表 1－6 可以看出，智慧供应链阶段是当前供应链企业发展的主要目标。随着现代信息技术的飞速发展，受到供应链终端客户需求的拉动，慢慢扩展到供应链上企业与企业之间端到端的运作，提出实现链上企业内外运营的智能化、数字化与智慧化的供应链系统。智慧供应链阶段，强调充分利用数据资源，关注与链下游的用户、上游供应商的数据透明化，继而实现运作的全面信息共享和协同，以实现通过用户需求感知得出的需求计划，并作用于链水平流程上端到端的集成整合过程。

智慧供应链是目前供应链发展进程中的最高级阶段。近年来，随着新一代 IoT 技术在供应链上的深入应用，尤其在工业机器人、AI、云计算等技术支撑下，供应链上的业务流、物流、信息流与资金流能实现高效率无缝衔接。由此，传统供应链发展进入数据驱动下的智慧供应链新阶段。智慧供应链阶段，充分体现在通过先进技术能够与制造企业的智能生产系统直接连接，且经过供应链提供的数据服务，可以把智能虚拟仓库数据透明化来提供准确的产品配送服务。由此，制造企业可专注于产品的研发与制造，而不再关注实体仓库，就会从根本上创新制造业的生产运作流程，大大提高整条链上的管理与生产效率。

二　供应链中的智慧化转型发展

智慧供应链在当前智慧供应链发展中起到关键作用，这与供应链中的数据管理及信息技术的应用深度密切相关。下面主要从分散数据管理、横向集成数据管理、纵向集成数据管理、数据中台几个阶段来进行分析①。

① 李波、王谦、丁丽芳：《物流信息系统》，清华大学出版社 2019 年版。

（一）分散数据管理

供应链中早期的物流功能是一种孤立的、分散的管理模式，因为在供应链上各个功能环节，如库存、运输、配送都是独立的，各自孤立考虑，进一步地看，企业运营业务也被分成内、外两部分。如供应链上企业的外部联系可能仅仅是其上游供应商与下游经销商的简单产品交易关系。而在企业内部管理中，各个不同业务部门间的相互关系也仅仅是业务功能联系上的，它们的具体职责非常明确。也就是说从企业一个部门视角出发，数据是完整与齐全的，但并没有放在企业整体层面，更没有放在供应链整体层面去考虑和利用。

此时的数据都存储在企业内部单一功能的数据库文件中，且大多集中在为了完成某一功能的数据采集、简单处理与查询汇总，如 WMS 的数据库文件、订单管理的数据库文件等，而没有更多涉及企业各个功能间数据的实时传递与可视化、共享及深度挖掘应用，就是一个支持单个业务功能的数据采集系统。主要特点如下。

1. 数据可视化仅仅限于局部环节。供应链上每个企业之间或企业内部每个部门之间的数据都是相互孤立的，构建的数据库文件系统仅限于企业内部某个业务过程。

2. 信息共享比较困难。因为数据管理的局部性，造成企业内外部之间数据交互连通不畅，如供应链上企业之间，或企业内部的数据采集过程不标准化“信息孤岛”现象严重，即数据系统集成度低，且数据资源不共享。

3. 数据资源管理处于较低水平。此时链上企业的数据资源大多仅仅处理企业之间，或企业内部业务层面上的某个运作过程，采集数据量大且烦琐，如订单处理系统、仓储出入库发货系统等，但数据资源的利用深度很低。

（二）横向或纵向集成数据管理

虽然单一处理的企业数据管理系统能够在局部范围内提高供应链中企业物流作业效率，但从企业的整体考虑，分散式的数据管理使得供应链上企业内外部数据资源不透明化，数据共享困难，造成效率低下。随着 20 世纪 80 年代初制造业的制造资源规划（Manufacturing Resource Planning，MRPII）系统提出，供应链上企业，尤其是制造业全部实施 MRPII，或是企业资源计划（Enterprise Resource Planning，ERP）系统，在企业内部重新描述全部业务过程，实现业务流程的横向集成和纵向集成。如制造企业从需求订单开始，到生产计划、采购计划、仓储与产品渠道配送计划等，组成企业内部多个部门相关功能的联系与合作过程。目标是整个企业完全协调，更强调面向外部，更与市场需求与客户需求相关。

由此，供应链上以企业 ERP 为典型信息系统支撑下的数据管理，其主要特点如下。

1. 链上企业内部横向或纵向功能的集成性提高。以 ERP 系统为基础的数据管理实现对供应链上企业内部横纵向所有业务功能的一个集成模拟，且实现全企业内部的数据大集成管理。为此，实现了企业内部信息的互联互通、信息共享及透明化，即通过企业内部的 ERP 数据库管理系统可实现企业内部各个功能间的数据集成管理与业务的协同。

2. 链上企业内部数据资源的利用性提高。企业内部在 ERP 支持下的管理模式可以实现并行处理和流程式处理。如业务人员可以同时把需求订单、物料采购单、仓储领料单、生产单等进行处理与统计分析，而企业财务人员可按照业务流程计算出此笔客户订单的预期收益与发生的成本。借助这些数据分析，企业可以辅助决策哪些客户订单可以马上接、哪些需要推迟，可以回复客户完成的具体时间及其如何进行价格的谈判。此过程中，企业的各个部门，如销售部、采购部、生产部及其财务部等就能在一个集成系统下协调一致，共同完成一个订单中所涉及的所有业务流程。这其中数据资源在企业内部的横纵向集成发挥了重要作用，从企业内部全系统数据的标准化、采集与流转、共享与处理都实现了一个质的飞越。

3. 链上企业之间的数据及程度还很有限。诸如 ERP 这类系统都是面向一个企业内部数据集成管理，而针对供应链上参与各方的各个企业，其每个企业内部的各种业务数据资源可能实现了集中管理及统一应用。但在供应链上企业间的数据集成度还较低，仅仅还是停留在通过电子数据交换系统（Electronic Data Interchange，EDI）、INTERNET EDI 等阶段。近几年很多大型制造业或零售业建设了基于电子商务采购平台或销售平台的集成式管理系统，但也仅是对企业自身业务的一种外向型拓展，而对供应链上企业之间的数据资源共享效果甚微。因此，在实现链上数据资源共享、深度挖掘与应用上还存在很多不足。

（三）智慧供应链下的数据管理系统

近年来，数字经济不断发展，成为目前我国经济发展的核心动力。随着数字化的带动作用，供应链企业实施智慧化转型的步伐大大加快，并受到越来越多的关注，且催生了更多创新管理模式。此阶段的主要特点如下。

1. 链上数据资源的价值性。供应链上企业因为业务关系形成一个密切关联的整体。因此，这个整体中的每个环节、每个流程都需要依据链中相关业务流程间依存关系进行理解，这其中就会产生海量的数据，包括上游、中游、下游，没有哪个环节是一个独立体。诸如他们会在业务处理过程中产生大量客户消费数据、企业业务交易数据、设备资源调度与维护数据及合作关系数据等，这些数据在智慧供应链中进行链上大集中式管理，即出现了数据中台①，如图 1 -4 所示。

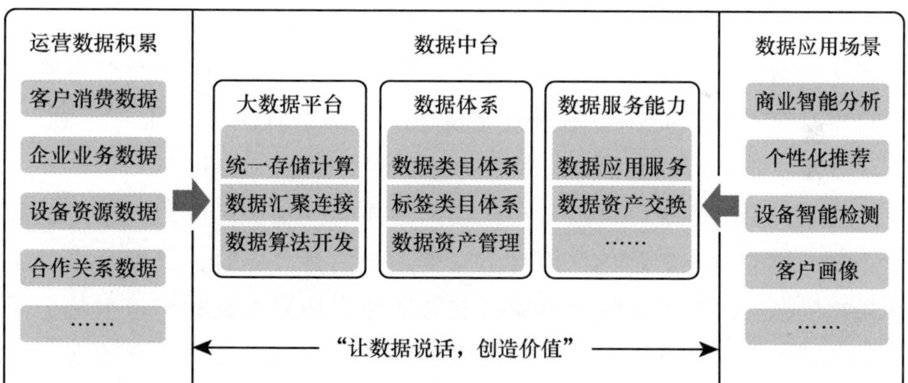

图 1 -4　供应链上数据资源价值转换过程

此时的数据中台不仅是一个数据存储集合，更是一个利用数据挖掘其价值的应用服务系统，可能包括有大数据平台，数据体系及其数据服务能力。比如大数据平台中针对以上大量数据实现统一存储计算功能、

① 京东云：《数据中台解决方案》，京东云官网，https：//www. jdcloud. com/cn/solutions/data - center，2022 年 4 月 8 日。

数据汇聚连接功能及其数据算法建模功能等；而数据体系中包括了按照不同分类标准进行数据分类的数据类目体系、标签类目体系和数据资源管理等功能；最后的数据服务能力实现了数据应用服务与数据资产交换等功能。这些功能为供应链上各类数据应用场景服务，包括个性化推荐、商业智能分析、设备智能检测及其客户画像，等等。

2. 链上数据挖掘促进创新管理模式。供应链上数据集成式管理系统，即数据中台的构建催生了很多先进的管理理念的发展，也涌现出基于数据资源深度挖掘的管理方法。

首先，供应链中台就是智慧供应链中的一个核心产品。传统供应链中，计划、采购、生产与物流等功能主要基于 ERP 系统进行串联实现；而智慧供应链中，供应链的智能化、数字化主要在供应链中台上来实现。供应链中台就是基于中台架构的智慧供应链系统，即应用信息技术与互联网思维，供应链上的企业数据可实现标准化、统一化，且实时在线与互联互通，能够赋能企业在多渠道订单交付、库存信息共享、价格变动管理、分销构建体系与用户需求等各个视角方面的全新管理模式。以京东零售云为例，它通过对技术、业务、数据、用户四大中台的能力通用化，将京东零售积淀多年的全链路技术及方法论首次体系化对外输出，实现技术实施、运营流程、业务活动的全面标准化，如图 1－5 所示①。

这就是供应链中台价值，它体现出很强的控制协调能力，如帮助链上下游渠道上的各个角色在面对不同类别的消费群体时，需要解决的需求层次问题，以便保证整个供应链能够适应市场需求且利润最大化；同步的，还可依据市场需求，实现供应链网络结构的相关渠道化改造，以满足不同类型商家群体的各种需求与营利性。另外，链上企业可通过供应链中台提供的全链路可视化分析来了解各种关心的市场动态，实时监控与追溯供应链的成本情况与效益状况，以便及时进行调整，得出符合现实的需求计划与保证各类资源配置的最优控制，以制定出接近消费者需求的创新差异化策略。

其次，前面已经提出供应链控制塔（Control Tower）也是智慧供应链

---

① 罗戈研究院 & 京东物流：《2018 智慧供应链综合研究报告》，中文数据互联网资讯网，http：//www.199it.com/archives/694682.html，2018 年 3 月 2 日。

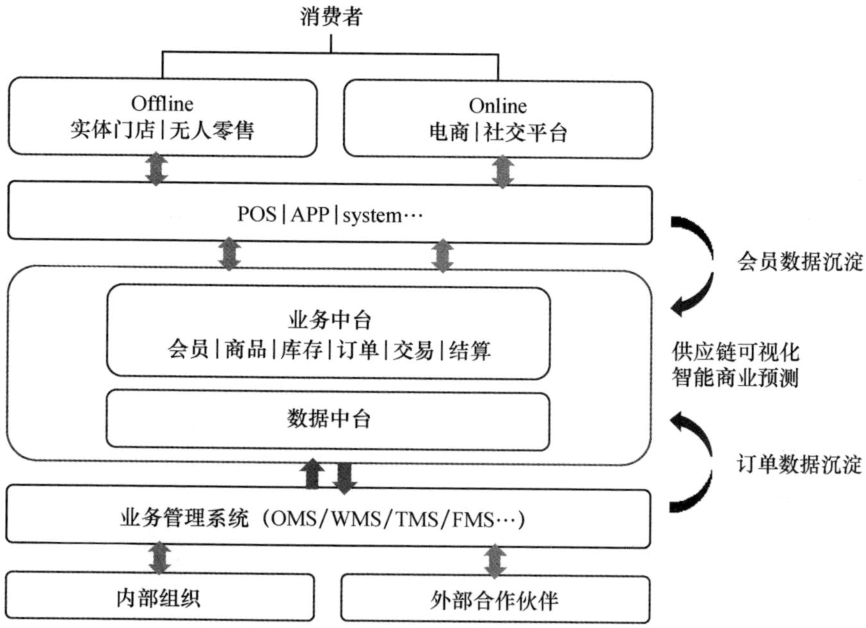

图1-5　京东的供应链中台组成

中流行的一个思想。这个概念最初是指机场的飞机控制塔台，主要用于控制与协调机场飞机与地面的车辆，以协调指挥与控制飞机的起飞和落地。供应链管理领域的专家与跨国大型的货运公司参考此概念，最早称为物流控制塔，更多是指控制整个物流的配送状态。后来把此概念拓展到更加关注订单的整个生命周期、仓库的整体库存状态或物流订单的全程状态等，来构成整个控制塔的理论基础。而把智慧供应链控制塔作为供应链生态系统的核心架构，是2016年美国咨询公司PwC（普华永道）发表的一篇白皮书《Industry 4.0》，其中给出供应链控制塔产品，指出其由一系列供应链管理流程与工具组成，通过互联网技术，来规划物流仓储网络、监控订单履行状态和实时追踪货物，为企业提供端到端的、可视化的供应链服务①。

然而，截至目前，有关供应链控制塔的概念尚无统一概念。Gartner

① 罗戈研究唐隆基：《智慧供应链控制塔新进展》，搜狐网，https：//www.sohu.com/a/350236013_168370，2019年10月28日。

Group 咨询公司给出的定义是：供应链控制塔是提供供应链端到端的整体可见性与实时信息和决策的概念。而埃森哲提出供应链控制塔就是一个共享的服务中心，主要负责监控与指导整个供应链端到端的活动，目标是成为一个协同的、一致的与敏捷的、需求驱动型供应链。目前已有报告指出，当今领先的控制塔能够为供应链合作伙伴提供数据的透明度①；同时，可以看出控制塔需要设计一个前端以捕捉市场需求，即由需求信号来驱动生产与分销。目前已经研究开发出来的先进控制塔可以实现处理来自多源的数据流，来创建链上端到端的信息流②。由此可见，在智慧供应链中，供应链控制塔能够担任采集供应链上各环节的信息，并进行数据的实时分享与集成管理角色，形成一个由整个系统所支撑的“数据中心”，以保证需求驱动下供应链端到端的集成控制。表 1 －7 总结了关于供应链控制塔的相关定义。

表 1 －7　　供应链控制塔的概念界定

定义来源	概念界定
普华永道	由一系列供应链管理流程与工具组成，通过互联网技术，来规划物流仓储网络、监控订单履行状态和实时追踪货物，为企业提供端到端的、可视化的供应链服务
Gartner Group	提供供应链端到端的整体可见性与实时信息和决策的概念
埃森哲	是一个共享服务中心，负责监控和指导整个端到端供应链活动，使之成为协同的、一致的、敏捷的由需求驱动的供应链

因此，供应链控制塔就是在信息技术支持下，在恰当时间把需要的信息能够呈现给所需要的企业管理者。即供应链控制塔是一个企业各个业务部门，或是链上企业间各种运作信息的总汇集平台，以便实现实时事件处理、例外管理、全业务流程的透明化，并通过各类预测性分析、

① 《智慧供应链控制塔新进展》，https：//www. sohu. com/a/350236013_168370，2019 年 10 月 28 日。

② 顺如丰来 CEO AI 伙伴：《如何确保供应链行动正确》，罗戈网，https：//www. logclub. com/articleInfo/MTg2ODc =，2020 年 3 月 10 日。

人工智能、云计算等优化分析，来实现供应链业务的管理决策与支持服务。

通过以上分析可以看出，供应链控制塔强调“透明化与可视化”的思想，即供应链控制塔是为供应链上各个企业提供一个可以实现跟踪、监督与控制及其管理他们资源（包括订单、仓储、运输与制造等）的有效工具。虽然当前尚未对供应链控制塔形成统一标准化的定义，但依据目前给出的定义，可看出供应链控制塔具有如下特征。

（1）数据的透明对称性，可将供应链上所有运作流程实现信息化、数据化，实现信息的透明性与可视化。

（2）业务的灵活调整性，可实时对供应链上企业间不同部门协作情况，依据市场需求的反馈进行灵活的、即时的调配，保证最大化优化系统资源的分配。

（3）提前的跟踪预警性，可在供应链上每个环节进行实时记录，基于一定的标准持续实时跟踪与预警，来进行控制与事前管理。

第四节　智慧供应链转型中的管理挑战

智慧供应链转型是当前企业发展的必经之路，当然存在很多挑战与问题，但供应链企业需要直面这些挑战，以把握住机遇，积极加快进行智能化、数字化与智慧化转型的进程，快速实现“智慧供应链”系统，以便从链上企业管理创新与信息无缝衔接相互融合方面，来寻求破解我国供应链企业创新发展中的各类问题①。

在智慧供应链发展中，技术创新是关键基础，需要不断利用云计算、大数据等信息技术，夯实智慧供应链的基础设施与设备，构建数据融合机制，最终实现数据交互。这种交互不只是数据与数据间的交互，还包括数据与人、自然的融合交互。再通过数据透明化、数据建模优化等技术与手段，积极构建供应链企业间的相关决策机制。同时，经过对数据治理中的分析预判，实现从“人治”到“数智”的管理创新转变。在业

① 刘涛、张夏恒：《我国中小企业智慧化转型现状、问题及对策》，《贵州社会科学》2021年第2期。

务管理创新方面，虽然技术支撑可以重构供应链上企业之间的数字化建设，但更重要的是能够赋予很多业务场景下的应用，如订单管理、仓储资源调配、运输配送跟踪调度等多个领域。

此外，就是供应链上企业管理创新与信息无缝衔接的融合①。这里的“融合”事实上就是充分应用供应链中的新一代信息技术，主要体现了三方面的含义，即数据融合、业务融合与管理融合。首先在数据融合方面，供应链上各个参与者之间交互数据不通畅，相互的数据开放性很低。而在智慧供应链转型发展过程中，需要将企业之间存在的多来源、多结构、多语义、多模态的相关数据进行聚集与融合，来构建相关数据平台，以形成供应链上实现信息共享的数据链基础。尤其是采用智能化等技术与方法，实现数据的挖掘分析，解决供应链上全局化的、整体性的数据治理和贯通，以彻底从数字红利中获取更多价值。其次在业务融合方面，需要依据供应链上企业间的服务价值链思想，从产品生命周期的全维度考虑，来整合链上所有相关的业务流程，以梳理清晰业务活动规则。即利用信息化、数字化技术可以实现链上相关方之间、各种业务资源之间的在线协同及动态业务管理优化，保证链上跨企业之间、跨业务之间与跨层级之间的利益协调优化。最后在管理融合方面，需要打破链上企业之间存在的各种壁垒，包括解决传统模式下的条块分割思想及其对应的管理模式，实现它们之间的联动模式。

由此，考虑以上各类先进信息技术在智慧供应链转型发展中的深入应用，相对于传统供应链系统，会出现一系列模式转变与管理变革。下面将从信息可视化、运营成本与风险控制及供应链企业间利益联盟与生态系统构建三个方面来分别阐述。

一　数据可视化与信息透明化方面

供应链系统中“牛鞭效应（Bull Effect，BE）”现象指的是供应链上企业之间的信息流从终端消费者向上游原始供应商进行传递时，因为没有有效地进行信息的透明化与数据的可视化，使得信息在链上逐渐扭曲

① 池仁勇、郑瑞钰、阮鸿鹏：《企业制造过程与商业模式双重智慧化转型研究》，《科学学研究》2022 年第 1 期。

而放大，出现供应链上需求信息波动越来越大的现象，最终供应链出现失调，甚至货物积压，或者下游零售端出现缺货的现象，即发生了“牛鞭效应”现象。

在智慧供应链的转型发展中，因为拥有良好的可视化技术，如物联网中的RFID、传感器等及其各种互联互通网络。因此，可以把供应链运作中采集的数据连入网络，并进行实时传递，实现企业之间的信息充分共享。通过及时的信息共享，就可以使得企业对自身或外部环境做出反应，管理敏捷性大大增强。进一步说，供应链上各个参与者及管理人员能够根据掌握的市场信息、产品信息及供应链的运营信息，来更好地感应市场的变化，即对市场需求波动做出快速响应，组织好匹配市场需求的生产并实现有计划的制造生产管理。数据的可视化与信息的透明性，就可以使得供应链上牛鞭效应的影响大大降低。

另外，传统供应链中参与者之间的信息共享更多存在于上下游直接供应之间，或者有需求关系的各个企业之间。但是，在实践活动的相关信息共享中，因为企业间信息流交互时，供应链上常常存在采用的信息标准化不一致现象，从而造成信息传递阻碍，导致正常信息交互遇到很大挑战，即供应链企业之间的信息无法实现自由流通与共享①。而在智慧供应链转型发展环境下，将引入智能化的信息技术进行集成，基于IoT等技术手段可以有效地解决链上各系统之间相互异构的标准化问题，从而可以大大增强供应链参与方之间的信息透明性与共享性，保证链上信息流的无障碍交互，提高信息流在成员之间的运转效率与共享性。

二　运营模式创新与风险控制方面

目前随着现代先进技术的蓬勃发展，出现了很多供应链上的精益型创新管理模式。然而，随着这些管理创新模式的广泛应用，虽然提升了供应链的运作效率；但同时也导致供应链管理在风险控制方面存在隐患，如在抵抗各类风险、不同程度的干扰等事件中应对能力远远不足。正如我们已知的丰田“精益”管理模式，其由于比较严格的流程和时间管理，

---

①　韩文龙、王凯军：《平台经济中数据控制与垄断问题的政治经济学分析》，《当代经济研究》2021年第7期。

在出现较大干扰情形下，其可能出现供应链的中断。在这种环境下，智慧供应链的转型发展可以实现管理的柔性化，可以有效解决此类问题。

事实上，智慧供应链转型过程中，不是单一地、简单地应用某个信息技术，而是考虑供应链整体运营特点及其需求，采用现代先进技术的融合化与系统化的综合手段，来优化、创新整体供应链的集成效率与效益，以便实现供应链管理过程中数据采集的及时化、信息透明化、信息交流的互动化与可追溯化，可最大限度地实现供应链各个利益的最大化价值。例如，智慧供应链转型中可以通过物联网（IoT）技术、人工智能（AI）技术、自动化和区块链技术等为消费者提供结点到结点的供应链信息可视性，以实现即时的感知与敏捷响应，保证供应链管理具有持续的绩效提升，并帮助客户体验的改善与实现运营成本的降低目标。

对于供应链而言，智慧化转型不只是将创新技术嫁接于现有业务体系之上，而是关于商业模式与组织管理等多方面的变革[①]。随着信息技术的不断渗透，各主体必将打破行业壁垒与市场边界。面对新的竞争环境，则需要供应链企业积极应对，将新一代信息技术深度融入供应链上企业研发、生产、管理和营销等各业务流程，重塑企业的业务体系与商业模式，强化核心竞争力。

三　供应链利益联盟与生态系统方面

随着智能化、数字化、智慧化的发展，供应链结构和服务模式也发生了显著变革。新技术支持下供应链上企业的发展模式与管理商业创新同步也将发生重大转型，其中数字驱动、效率驱动、消费者体验驱动等特征愈加突出。因此，智慧供应链转型，最主要是将供应链上企业的运作模式及其相关商业模式实现创新改革。而供应链的协同管理就是要实现供应链中相关企业间的利益联盟，甚至进一步创建一个生态系统，也就是将链上各个企业紧密合作，发挥各自优势[②]。

① 林琳、吕文栋：《智慧化转型对制造业企业管理变革的影响——基于酷特智能与海尔的案例研究》，《科学决策》2019 年第 1 期。

② 曾可昕、张小蒂：《数字商务与产业集群外部经济协同演化：产业智慧化转型的一种路径》，《科技进步与对策》2021 年第 16 期。

然而，传统供应链虽然一直致力于实现协调的目标，但还无法完全达到。从供应链协同的运行流程与内容视角而言，一般可以将供应链的协调划分为：物流功能的协同、信息共享的协同、供应链网链结构的优化和相关参数优化的协同、供应链的关系协同等。通过智慧供应链的智能化、数字化与智慧化转型发展，可以充分利用先进科学技术，例如物联网、大数据、云计算等，提供软硬件技术支持，一方面从供应链中的实操层面对物流运作提供设备设施等自动化基础；另一方面利用信息交互、数据分析等在利益分配等方面提供客观数据以便服务管理决策，为实现供应链协调管理的以上目标增加可行性。例如，在供应链的数字化系统中可能涉及工作流、业务流的协同建模、跨平台之间的信息系统对接以及客户需求的分析与协同预测等内容支持物流功能协同与信息共享协同。而涉及供应链网络结构与规划、参数优化协同等将会考虑供应链成员的选择与优化方法，包括供应链成员的设施选址优化、采购与定价优化及库存策略优化等具体内容，智慧供应链中的供应链中台、数据中台以及大数据、云计算等技术都会对此部分进行大量的支持。最后是供应链关系协同，这方面会涉及供应链不同渠道上的收益分配机制、契约合同设计机制、成员激励和分配保障机制、风险控制与分担机制、成员间信任和不同合作机制等。虽然表面上供应链关系管理感觉不依赖于技术的支撑，但快速的信息共享、实时的信息反馈与数据支持下的管理优化都对以上关系管理起到了影响作用，有助于利益联盟的构建。

进一步讲，从决策视角出发，供应链的协调机制还可从战略层、战术层与运作层来进行分析。举例来看，在战略层上，是实现供应链协调的最高层次，在智慧环境下其工作重心就是构建长期概念模型或协调管理理论，通过对数据的挖掘与分析，实现供应链联盟机制与生态系统构建的长期发展战略。而在战术层上，是位于供应链中间层的协调，通过供应链信息系统、中台系统与数字化的实施，强调针对供应链上处于不同网络结构中企业间的协调与计划执行，可以保证供应链所有环节的无缝衔接实施落地。运作层的协调位于供应链整体系统的最下层，通过自动化设备、智能化设施与 IoT、互联网等技术的支持，强调对链上企业内部、企业之间等执行具体业务活动时，各个细节的协同控制与精准管理，以提高效率和质量并降低运作成本。

总之，智慧供应链转型发展中还会存在管理方面的很多挑战，而最突出的表现是信息透明化、运营模式创新与风险控制及供应链上利益联盟与生态系统的构建方面。其中第一个是通过技术促进数据收集与处理，进而实现信息可视化，是最基础的一步，也是存在的最大挑战；而模式创新是在前面基础之上的管理变革，会挑战长期以来形成的传统运营模式，需要有挑战固有思维意识的精神。最后的机制设计部分，是推进供应链持续良性发展的基石。

第五节　结论

本章主要针对智慧供应链转型发展中的问题背景，尤其是突发新冠疫情环境下的智慧化转型背景进行了分析，明确界定了智慧供应链的概念和思想，并从先进技术应用视角、管理层次视角、组织创新视角等阐述了智慧供应链的特征；同时，还分析了智慧供应链转型中的数字化要素与显著特征。对供应链管理的发展历程及供应链转型中数字化发展进行了综述，最后给出了智慧供应链转型发展中的三大管理挑战，包括信息透明化、运营模式创新与风险控制、链上利益联盟与生态系统构建等。

第二章

智慧供应链发展的案例分析与转型必要性

避免资源浪费是供应链上各个相关企业管理者关心的重要问题。供应链系统中各个环节业务相互配合，在此过程中交易的各类信息透明性、准确性对供应链成本控制非常重要。如何提供有效的数据与信息进行供应链的智慧转型与透明性及实现各类预测，包括需求预测、生产计划预测、供应计划预测等，是有效降低牛鞭效应影响的基础。本章将从供应链上零售商、制造商、第三方物流企业的视角出发，剖析目前已有企业在供应链智能化、数字化与智慧化转型中的实践成果，并最后分析了转型过程中存在的困境和诊断评估的重要性。

第一节　国内外智慧供应链发展的案例分析

一　国外智慧供应链的案例分析

本课题组调研了国际智慧供应链发展中很多企业的发展现状及其目前相关技术的试验效果状况，典型案例如表 2－1 所示。

表 2－1　　国际企业智慧供应链的发展案例汇总分析

企业名称	智能化技术	效果
嘉吉（美）	Cargilifarm2017 物联网平台	通过软件平台实现实时监控、实时报警和实时智能分析等功能； 数据分析辅助管理人员从管理角度实现养殖业务的成本控制，发现节约成本的机会点； 实现快捷地为全产业链正反向追溯提供数据

续表

企业名称	智能化技术	效果
奔驰（德）	区块链平台 Fleet Board 远程管理系统	支持供应链实现合同单据相符； 帮助上传和管理有关工作环境、人权、环境保护、安全、商业道德和供应链合规方面的标准和合同义务； 即时发现违约行为； 实现数据采集和全程监控； 将公路运输中的三大要素车、路、人与运营相关的数据、信息予以整合、管理、分析
沃尔玛（美）	大数据管理系统	将每小时超过 100 万顾客的交易量转化为海量优质数据； 80—90 个国家近两万家的供应商可以共享系统中的数据和分析结果
康威（美）	大数据解决方案	集成实时增量数据； 根据询问和处理非结构化数据快速得出准确数据报告和及时恰当的运营决策
马士基（丹麦）	海运区块链平台	解决在跨境和贸易区内货物运输方面的需求，使信息流更透明、更简化； 简化其复杂的供应链运营； 促进贸易流动，提高供应链的安全性
亚马逊（美）	大数据与云计算智能设备	超强数据能力：精准捕捉数据，智能分析实现商品到达时间的大幅缩减，实现“客未下单，货已在途”； 高效仓储管理：智能拣货，精准库存，预测式响应等

（一）嘉吉（美）Cargill①

美国嘉吉在 2017 年 10 月正式上线农云平台的农业管理移动应用 Cargilifarm2017。该系统采用农场控制器自动采集鸡舍多项数据，通过公司网络上传到服务器，再通过软件平台实现实时监控、实时报警和实时智能分析等功能。所有通过农场控制器采集上传的数据在系统内都仅为只读，任何使用者无法自行修改数据。根据实时数据和信息，养殖场可以及时采取防护措施，实现科学养殖。

① 吴晓薇：《嘉吉的“物联网养鸡”》，《农产品市场周刊》2018 年第 39 期。

利用系统中“场内对比”“跨场对比”的功能，可以看出不同鸡场里鸡的生长情况和场内的成本开支，这些数据经实时上传后会自动生成曲线或图表，为工作人员处理鸡舍环境问题提供科学依据。嘉吉公司的管理人员也可通过不同级别的权限看到数据，从管理角度实现养殖业务的成本控制，发现节约成本的机会点。

管理平台提供的数据更加快捷，真实可靠，节省了人员成本的同时，保障了食品安全，赢得了客户的信任，为公司成为客户供应链体系的数字化标杆企业奠定了基础。

（二）奔驰（德）Mercedes Benz

1. 区块链平台[①]

戴姆勒－奔驰和企业合同管理解决方案提供商Icertis公司结成战略伙伴关系，后者将帮助奔驰开发一个区块链模型来帮助其在供应链中实现合同单据相符。

奔驰要求直接供应商积极上传和管理有关工作环境、人权、环境保护、安全、商业道德和供应链合规方面的标准和合同义务。该区块链模型能够在奔驰的整条供应链中对上述义务的理解进行透明的映射。与安全会计系统类似，如果某个子供应商偏离了合同义务，奔驰可以立即通过区块链发现其违约行为。

2. Fleet Board 远程管理系统[②]

Fleet Board 能够通过大数据解决方案实现数据采集和全程监控，将公路运输中的三大要素车、路、人与运营相关的数据、信息予以统合、管理、分析，借助互联网实时传输，提供包括车辆管理、物流管理和时间管理等方面的服务。

卡车上安置的终端通过移动通信系统与 Fleet Board 的服务器建立联系，互换数据。物流公司或车队管理者可直接访问 GPS 以及其他若干实时数据，如车辆行驶方向、停车/行驶时间和装/卸货等信息，合理调度

① 盈链科技：《“区块链＋汽车”，看看奔驰如何将区块链技术应用于汽车领域》，懂车帝网，https：//www. dongchedi. com/article/6666227101722477060，2019 年 3 月 9 日。

② 金融仓储践行者：《奔驰 Fleet Board 远程管理系统：让运输更高效的解决方案》，百度，https：//baijiahao. baidu. com/s? id = 1611191379704922036&wfr = spider&for = pc，2018 年 9 月 10 日。

车辆、安排业务。

Fleet Board 通过计算驾驶员急加速、急刹车的次数、经济转速区行驶时间和车辆温度等细节信息，进行数据的对比，以全面、量化的评分体系对车手的驾驶风格进行评估，直接帮助驾驶员发现驾驶过程中的问题并改进提高。数据显示，驾驶风格的评分从 7 分提高到 9 分可以使百公里油耗下降 4 升。物流公司或车队管理者在 Fleet Board 远程管理系统的支持下，能够最大限度地对装备、运营模式、管理方式进行优化，实现更高效的资源配置。

（三）沃尔玛（美）Walmart[①]

沃尔玛拥有每小时超过 100 万顾客的交易量，他们大量收集顾客的数据，将其储存在数据库中，所有数据都将进入综合技术平台进行处理。仓储经理利用该系统分析具体销售数据，优化产品分类，并通过质量检验将产品分配到当地社区。

此外，沃尔玛分布在 80—90 个国家近两万家的供应商可以共享其在系统中的数据和分析结果，通过自家公司的零售链平台与沃尔玛系统对接，供应商们可以追踪自家公司的产品，这样供应商们就可以了解每家商场内不同类型产品的需求状况，及时获取各个商场需要再次进货的时间和数量。

供应商还能够对数据库信息进行查询，搜索销售、装运、订单、发票、索赔及预告等相关信息，可以进入沃尔玛分类计划系统，在销售数据和商店特性的基础上创造专为店面量身打造的模块化布局。

（四）康威（美）Con-Way Freight[②]

Con-Way Freight 是全球货物运输和物流中的龙头企业，提供零担运输、第三方物流和大宗货物运输等服务，范围覆盖了全美以及北美五大洲的 18 个国家。其大数据解决方案使高管们能够在开会时，不管谁提出什么问题，系统总能够集成实时增量数据，根据询问和处理非结构化数

---

① 七月：《企业传统供应链如何向数字化供应链转型?》，搜狐网，https：//www. sohu. com/a/217039697_100093760，2018 年 1 月 16 日。

② 亿欧：《看够了菜鸟、顺丰数据之争，来瞧瞧欧美物流巨头大数据是怎么用的吧!》，搜狐网，https：//www. sohu. com/a/145479145_115035，2017 年 6 月 2 日。

据快速得出准确的答案。

例如，Ad-Hoc 使得公司可以定义需要监控的配送流程，预测商业活动内部和外部因素的影响以及为 CRM 和营销计划提供消费者划分，甚至可以定位到任何一位客户，实时分析送达率和具体的货运损失等信息。而 Scorecarding 能够将原定目标和实时表现进行对比，使 Con-way Freight 能够随时根据对比结果全面调整和提高运营表现。

（五）马士基（丹麦）Maersk[①]

马士基与 IBM 在 2016 年开始合作，构建基于区块链和云计算技术的新型技术平台。这个平台建立在开放的标准基础之上，全球航运生态系统中的各方均可使用。它将解决在跨境和贸易区内货物运输方面的需求，使信息流更透明、更简化。此后，包括杜邦、陶氏化学、利乐、休斯顿港、鹿特丹港社区系统、荷兰海关、美国海关及边境保护局等机构都利用该平台（GTD）进行了试点。

该区块链平台的作用受到广泛关注。通用汽车（General Motors）、宝洁公司（ProcterandGamble）希望能够简化其复杂的供应链运营；货代和物流公司亚致力（Agility Logistics）希望可以提供例如清关业务，以创造更好的客户服务体验。海关和政府相关部分则希望可以通过该平台促进贸易流动，提高供应链的安全性。

（六）亚马逊（美）Amazon[②]

亚马逊具有超强数据能力，可以利用其 20 亿用户账户的大数据，通过预测分析 140 万台服务器上的 10 个亿 GB 的数据来促进销量的增长。亚马逊追踪用户在电商网站和 App 上的一切行为，尽可能多地收集信息。亚马逊通过多种工具在云端扩展其大数据应用，如数据储存、数据收集、数据处理、数据分享和数据合作。亚马逊灵活的 MapReduce 程序建立在 Hadoop 框架的顶端，两者很好地互补，帮助零售商高效地管理和利用分析平台。具体来说，零售商店 15 亿的产品目录数据，能通过 200 个实现中心在全球

---

① Seawaymaritime：《马士基和 IBM 将成立合资公司，致力打造区块链技术供应链数字化!》，搜狐网，https：//www. sohu. com/a/217257394_276266，2018 年 1 月 17 日。

② 311 供应链研究院：《Amazon——零人工干预的供应链系统》，商业新知，https：//www. shangyexinzhi. com/article/82791. html，2019 年 3 月 2 日。

传播并储存在亚马逊的S3界面中，每周进行将近5亿次更新。同时S3界面上数据的产品目录每三十分钟都要进行分析并发回不同的数据库。

亚马逊具有高效的仓储管理能力①，包括：

1. 智能入库。入库收货是亚马逊大数据采集的第一步，为之后的存储管理、库存调拨、拣货、包装、发货操作提供数据支持。这些数据可在全球范围内共享，系统基于这些数据在商品上架、存储区域规划、包装推荐等方面提供指引，提高整个流程的运营效率和质量。

2. 智能拣货。在亚马逊的运营中心，员工拣货路径通过后台大数据的分析进行优化，系统会为其推荐下一个要拣的货在哪儿，确保员工永远不走回头路，而且其所走的路径是最少的。

3. 精准库存。通过自动持续校准来提升速度和精确度，亚马逊智能系统具备全年365天，每天24小时连续自动盘点的能力，实现及时发现并纠错。

4. 预测式响应。亚马逊后台系统会记录客户的浏览历史，提前对库存进行优化配置，将顾客感兴趣的商品提前调拨到离消费者最近的运营中心，即“客未下单，货已在途”。

二 中国智慧供应链的案例分析

本课题组调研了我国智慧供应链发展中很多企业的发展现状及其目前相关技术的进展状况，典型案例如表2-2所示。

表2-2 我国企业智慧供应链的发展案例汇总分析

企业名称	智能化技术	效果
京东物流	京东X事业部（包括：密集存储系统、货到人拣选、智能搬运、软件系统-JDWCS）	解决仓储物流行业存储能力不足以及出入库效率低等问题； 解决仓储物流存储密度低、出库效率低、自动化改造建设成本高等问题； 解决人员流动大、劳动时间长，人员成本高等问题； 提升生产环节的作业效率

① Ennews：《亚马逊平台的大数据应用》，千家智客微信公众号，http://www.qianjia.com/zhike/html/2019-08/10_9622.html，2019年8月10日。

续表

企业名称	智能化技术	效果
中外运	智慧物流 1.0； 智慧物流 2.0； 智慧物流 3.0； 智慧物流 4.0	物流仓储资源全面数字化； 实现智能化作业和供应链管理的智能化算法； 实现物流提供商、物流整合商和物流平台商“三位一体”的经营模式； 实现生态化的平台组织模式
菜鸟物流云	智能语音； 车辆路径规划； 机器视觉； 货运导航方案	赋予产品“能听、会说、懂你”的智能人机交互体验； 制定运送车的最优订单配送顺序和路径； 利用资源优势，形成了四级地址产品服务； 实现货运场景运前调度、运中监控、运后分析
海尔	COSMOPlat 供应链智慧生态系统	实现用户订单实时直达全流程节点，定制订单占比提升； 实现用户创意与产品交付的全流程参与； 实现订单的交付周期大幅度缩短； 实现运营资金周转天数缩短
九江石化	工业 4G 网； 智能 HSE 污染源排放及职业危害监测； 生产协同优化管理系统； 大数据分析	支撑企业生产操作协同联动； 实现实时监控、异常报警和自动推送； 实现业务信息集成共享、业务协同、生产优化动态调整； 实现报警提前 1—2 分钟预警
石化盈科	ProMACE——智能制造工业云	构建信息融合、集成共享、实时智能的开放生态系统； 实现企业数据集成和数据向信息、知识和智慧转化整合

（一）京东物流①

京东 X 事业部着眼于“互联网 + 物流”，致力于打造智能仓储的物流系统，目前包括自主研发京东密集存储系统、货到人拣选解决方案、智能搬运系统和京东自主研发的软件系统等一系列尖端智能项目。

1. 密集存储系统

京东自研密集存储系统，可以解决仓储物流行业存储能力不足、出

① 京东消费及产业发展研究院：《基于京东大数据所打造的专业、开放的智库平台》，官网，https：//research. jd. com/industry/view，2023 年 8 月 5 日。

入库效率不高等问题，缓解物流仓储占地及人力等问题；该系统由多层穿梭车、提升机、工作站和输送系统等硬件设备及软件系统组成。

2. 货到人拣选

京东自研货到人拣选解决方案，可以解决仓储物流的存储密度低、出库效率低下、自动化建设成本高等问题。该解决方案由搬运 AGV 等硬件产品及控制和调度等软件系统共同组成，具有智能排产、路径规划、自动避让、自主充电等先进功能。

3. 智能搬运

京东自研智能搬运系统，可以解决传统搬运工作造成的人员流动大、劳动时间长以及人员成本高等问题。该系统包含智能叉车和飞马搬运 AGV 等先进智能产品，大幅提高搬运效率。

4. 软件系统 - JDWCS

京东完全自主研发的 JDWCS 系统是拥有多项京东自有知识产权的集成化智能系统。该系统包含有生产集成层、智能调度层、设备控制层三大核心的模块，通过集成多种设备，实现少人化或无人化应用场景，大幅提升生产环节方面的作业效率。

（二）中外运①

中外运的智慧物流发展可以分为四个具体阶段：

智慧物流 1.0，主要实现供应链中具体环节的智慧化，即解决“点”上的问题，例如智慧化信息技术在仓库、运输等方面的应用；

智慧物流 2.0，通过链接供应链中上下游的数据使供应链链条协同共享，打造智能化的智慧算法，以解决“线”上的问题；

智慧物流 3.0，搭建信息平台，通过网络化信息共享、资源共享、大数据智能匹配驱动物流运营，实现物流各环节的网络化、跨资源的“组织化”等，以解决“面”上的问题；

智慧物流 4.0，将招商局的大物流各板块结合建立不同的平台，例如，运力平台、多式联运平台、站场平台、进出口贸易平台等，建立“供应链生态圈”，强化资源的智能化衔接及智慧化管理，也用以解决

① 刘亮：《中外运物流智慧化赋能提质增效》，物流 +，http://www.wuliujia2018.com/html/47271.html，2019 年 9 月 23 日。

“面”上的问题。

（三）菜鸟物流云①

菜鸟利用人工智能、物联网、大数据等数智科技结合当下物流行业智能化升级的需求，致力于打造聚焦物流新技术和新产品的物流平台，助力物流行业的智慧化转型。智能化产品包括智能语音、车辆路径规划、机器视觉以及货运导航方案等。

1. 智能语音

智能语音基于语音识别、语音合成和自然语言理解等技术，赋予产品智能人机交互体验，应用在多种实际场景下。

2. 车辆路径规划

将订单信息和可用车辆信息智能匹配的车辆路径规划服务，结合多种限制条件，给出每辆运送车的最优订单配送顺序和运送路径。

3. 机器视觉

通过计算机视觉识别技术，识别指定区域的物流相关人、物流相关车以及货物，用于判断是否有人员检测、车辆停靠、通道占用和货物堆积等情况。

4. 货运导航方案

货运导航解决方案提供全方位 LBS 能力，实现货运场景运前调度、运中监控、运后分析，具有收集全国范围内货车的道路数据，货车的参数设置，货车的路径规划能力，货车的实时导航能力以及货车轨迹纠偏等功能。

（四）海尔——渠道整合与需求拉动②

海尔 COSMOPlat 供应链智慧生态系统包含供应链全部流程的七大子平台，分别为：“用户交互定制平台”“精准营销平台”“开放设计平台”“模块化采购平台”“智能制造平台”“智慧物流平台”和“智慧服务平台”，其目的是使跨用户及跨资源之间实现零距离。核心思想是使用大规

---

① 亿欧：《深度揭秘菜鸟物流云》，搜狐网，https：//www. sohu. com/a/124415172_115035，2017 年 1 月 16 日。

② 中国日报网：《海尔 COSMOPlat 供应链创新模式成功经验获商务部全国推广》，消费日报网综合频道，https：//baijiahao. baidu. com/s？ id = 1640744452678295422&wfr = spider&for = pc，2019 年 8 月 2 日。

模定制的模式，通过将食联网、衣联网、农业等多个行业与供应链智慧生态系统的七大模块实现互联互通，从而提供大规模定制服务，帮助企业升级创收。

海尔 COSMOPlat 从传统流程再造到供应链间环节模块化，再到工业化的互联网平台，海尔提出用户体验取代计划的创新型供应链模式，将用户与产品生产制造结合起来，用户全流程参与产品设计、需求交互、生产制造等产品设计生产的全过程，实现用户个性化的需求定制，逐步形成高效率的智慧型供应链系统。

（五）九江石化[①]

作为国家智能制造试点企业，九江石化的智能化体现在以下四个方面。

1. 工业 4G 网，支撑了企业生产操作协同联动

九江石化利用工业 4G 的无线网络和智能化巡检设备，外操巡检实现数字化，内操巡检实现自动化，提高了工业现场的处置效率。

2. 智能 HSE 污染源排放、职业危害监测

智能 HSE 污染源排放和职业危害监测的建设，大大提升安全环保管理的精细化水平。对企业现场实现“三位一体”闭环管理（作业、人员、环境），通过建立环保地图，实现了操作现场实时监控、异常报警和自动推送的功能。

3. 生产协同优化管理系统

具有生产过程优化、企业效益预测、产品实时跟踪三大功能的协同优化管理系统，大大提升供应链的协同优化水平，从而实现业务信息共享、业务协同有序、生产优化调整等环节的优化。

4. 大数据分析

利用中国石化约 50TB 的历史数据，九江石化开展装置设备的报警分析设计，减少报警装置数量，提升报警预警的精确水平，实现关键报警提前 1—2 分钟预警，为操作人员采取措施、规避生产风险争取时间。

① 电子信息产业网：《智能制造系统解决方案典型案例展示（一）》，《中国电子报》，http：//www.cena.com.cn/industrynews/20171122/90437.html，2017 年 11 月 22 日。

（六）石化盈科①

石化盈科将智能化、互联化、信息化技术与其丰富的行业实践经验相结合，打造工业智能制造操作系统 ProMACE，作为国内首个工业智能制造的核心引擎，ProMACE 将成为流程工业智能制造操作系统的标准，其设计理念是打造以工厂为中心，实现信息融合共享、高度集成、智能的生态系统。

ProMACE 作为开放、安全完整的流程工业云智能系统，提供可不断扩展的开发环境和应用商店，支持接入第三方应用，实现生态圈的共赢、共享。遵循“平台 + 应用”的设计理念，ProMACE 对上层工业进行统一管控，形成了平台和运营的统一核心引擎，加强各类企业数据集成以及信息化、知识化和智慧化的数据转化整合，实现业务应用模型化、实时化和智能化的发展方向。

第二节　以零售商案例为核心的数据化转型分析

本节以我国京东零售平台、美国的大型零售商沃尔玛与亚马逊平台为例，来阐述它们在智慧化转型过程中的成功案例，并分析总结它们的转型经验。

一　京东仓储数字化大脑系统应用的转型

京东是我国一家电子商务零售平台，也是一家以供应链为核心的技术服务公司，其一直以供应链与物流系统的智能化、数字化与智慧化能力作为其自身的核心竞争力。为了配合京东零售平台的物流配送服务，其在全国各地设置很多大型仓库，且种类繁多。根据这些仓储系统的功能不同，有区域配送中心、区域分发中心、图书仓、大件卫星仓、前置仓等。其中区域配送中心是一级仓库，是关键站点；而区域转运中心属于二级仓库，是次要站点。货物一般从一级仓库向二级仓库、从大型城市向小型城市进行运

① 电子信息产业网：《智能制造系统解决方案典型案例展示（一）》，《中国电子报》，http：//www.cena.com.cn/industrynews/20171122/90437.html，2017 年 11 月 22 日。

输，而这些大型仓库经过精确选址构成了京东大型的仓库设施网络系统。

为了提高这些仓储系统的效率和补货、出货的快速响应能力，近年来京东物流在智慧化与数字化方面一直在不懈地努力，其中最有特色的是其仓储数字化大脑系统。

（一）仓储数字化大脑系统

什么是仓储数字化大脑系统？这里分析一下京东无人仓的实践经验[①]。京东的仓储数字化大脑系统开始于建立的无人仓库，如表2－3所示。从2017年10月建成第一个无人仓，仓库内就实现了流水线及无人化，仅存在少数工作人员从事设备的运维和优化工作。到2019年11月，京东在中国各地的无人仓数量就突破50个。这些无人仓中运营着大量的智能化设备，如流水线、AGV（Automated Guided Vehicle）机器人等，同时处理海量的各类单据，就需要一个高度智慧化的仓储调度控制系统进行管理。通过开发智慧化的算法，如在仓储中心的拣选运作中，借助定制化搜索算法，结合三维空间的重构模拟技术及仓储库房布局数据等，实现了仓储库房内货物的二维与三维动态拣选的流程。同样，仓库内大量机器人的运作，为了防止碰撞和拥挤，通过研究开发机器人路径和定位的智能算法，实现有规划的调度控制系统。以上各类的核心智能算法都是基于仓储系统中的大量数据，如自动化设备的数据、货品的数据、库房布局的数据、进出库订单的数据等，综合分析这些数据，形成了京东仓储的数字化大脑控制系统。京东的无人仓实践已经证明，其智能大脑可以在0.2秒内为"300＋"机器人的680亿道可行路线进行规划并模拟出最优路径选择。相较于人脑，京东智能大脑的运算速度达到令人惊叹的6倍且错误率极低，而相对于常规仓库，运营效率可提升10倍。

表2－3　京东无人仓的发展

建立时间	相关内容
2017年10月	在上海建立第一个无人仓，面积共4万平方米，容量达6万箱。每天处理件量为20万，仓库内流水线已经实现无人化

① 数字财经社区：《人工智能赋能下的新一代物流科技优秀案例》，搜狐网，https：//www.sohu.com/a/408994053_100210815，2020年7月22日。

续表

建立时间	相关内容
2019 年 11 月	全国各地的无人仓数量突破 50 个，无人仓日处理订单量超 20 万件，仓库内 8 台穿梭车、3 种不同型号的六轴机械臂、若干台自动行驶的 AGV 在运作

可以看出，无人仓为京东供应链系统的降本增效提供了不小的助力，但由于配送中心内物流机器人数量多、技术纷繁复杂，对设备的日常维护工作开展带来困难。这就更需要一个对各仓储系统全身各个部位都比较了解的大脑系统的指挥，否则很难达到高效运维的目标。因此，京东开发的基于数字化仓储大脑系统，就是在其仓储系统中不仅具有灵活的关节和高科技的局部控制部分，还能从整体的视角出发去实现仓储系统的更高智能化与智慧化控制过程。

汇总分析京东无人仓的数字化大脑系统，其架构如图 2－1 所示。

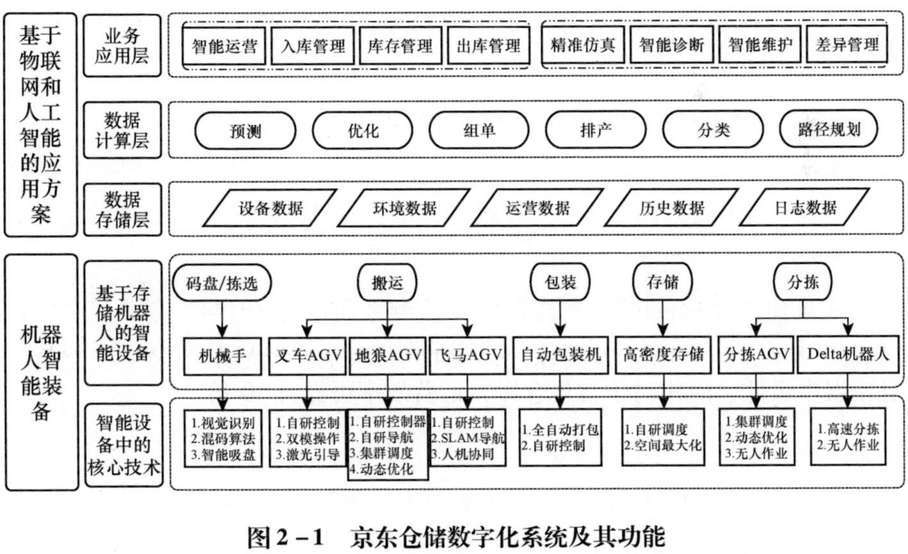

图 2－1　京东仓储数字化系统及其功能

京东仓储数字化大脑的主要功能分成两大部分：第一部分是下层的基于智能机器人的各种智能设备；另一部分是位于上层基于物联网和人工智能的应用层。

首先，从图 2－1 可以看到，在下面的智能设备层，京东的无人仓储中有用各种各样的仓储机器人，如码盘或拣选、搬运、存储、包装及分拣等功能实现过程中的各类机器人，这些智能设备采用了大量感知、网络传输、协同调度、资源优化算法等核心技术来实现无人仓中的所有运营顺利实施。

其次，上层是应用层，包括面向数据存储、数据计算和业务应用三层次。数据存储层无人仓中大量相关数据，有所有智能化、非智能化设备的数据，有仓储运营过程中的数据，还有不同业务场景、环境下的数据及其机器中的日志数据和历史数据等。基于数据存储层的数据，数据计算层能够根据仓储的具体业务需求，来进行预测、优化和调度，以辅助应用层的具体业务功能的实现。其中的作用包括：仓储中订单生产数据的预测、实施、监控与预警，各类仓储资源的配置、优化方案，仓储库存、出入库的数据统计与分析；下层各类智能机器人运营中各类重要数据的监控、预警与诊断分析及其相关数据的汇总统计并给出优化建议。针对不同应用场景下，各类智能规划算法、优化调度模型的不同参数输入及其自动化建模求解过程，给出可适用的资源配置方案和调度流程，等等。

（二）大数据技术助力的京东预测分析

京东供应链系统的一个重要亮点在于运营系统的信息化程度高，这直接提高了系统的自我优化、流程的全自动效率。尤其是预测系统，对节约数倍运营成本做出了巨大的贡献①。

在从预测到执行的整个流程中，预测系统在整个供应链体系中处在最底层并且起到一个支撑的作用，支持上层的多个决策优化系统，而这些决策优化系统利用精准的预测数据结合运筹学技术得出最优的决策，并将结果提供给更上层的业务执行系统或是业务方直接使用②，如图 2-2 所示。预测系统的主要业务分为销量预测、单量预测与 GMV 预测，三者的服务对象有根本的不同，如销量预测关注商品的补货数据，单量预测重点在于仓储运营管理，GMV 预测被用于销售部门制订计划。

---

① 数据轨迹：《实例讲解 spark 在京东智能供应链预测系统的应用》，博客，https：//blog. csdn. net/woddle/article/details/79370481，2018 年 2 月 25 日。

② 资料来源于 https：//blog. csdn. net/woddle/article/details/79370481。

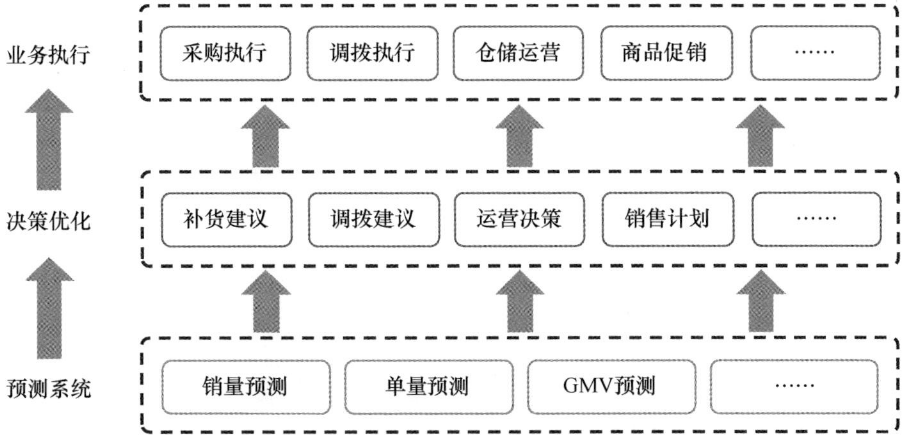

图 2-2　京东关于从预测到执行的流程

销量预测可根据仓库种类的不同继续分类，如 RDC 采购预测、不同种类的商品促销预测等。单量预测中，单量代表将订单拆分后某个仓库获得的单量。GMV 预测支持到商品粒度。

图 2-3 展示了京东预测系统的整体架构。京东预测系统的基层架构是数据源输入层，包括数据仓库、Web 系统录入以及文本上传，这一层的主要任务是数据的搜集。进一步来到基础数据加工层，应用的算法主要为 Hive 技术工具与 Spark SQL，这一层将上一层获得的初步数据进行加工处理，整理为商品、订单、单量、库存与促销等维度可用的数据。基于基础数据加工层获得的数据，在核心业务层，Spark、Mao Reduce 算法被用于预测系统的三大业务——RDC 销量预测、站点单量预测、GMV 预测，以及一些其他预测。这些预测基于特征构建（对基础数据进行再处理），依托于核心算法（采用人工智能技术进行预测），最终实现对预测结果的加工（方便同其他系统进行对接）。在预测结果输出层，预测系统需要完成同步数据仓库、同步 MySql 数据库、同步 HBase 数据库、提供 JSF 接口的任务。最终，预测系统与下游系统进行对接，将预测结果给到下游任务流、Web 系统和其他系统。

可以看出，京东预测系统集合了业界内较为先进的技术和算法，这既是由于京东业务种类繁杂、商品数量多的供应链特性，也源于京东对建设的不断追求。越来越多符合某个仓库某种销售场景的专门算法在京东

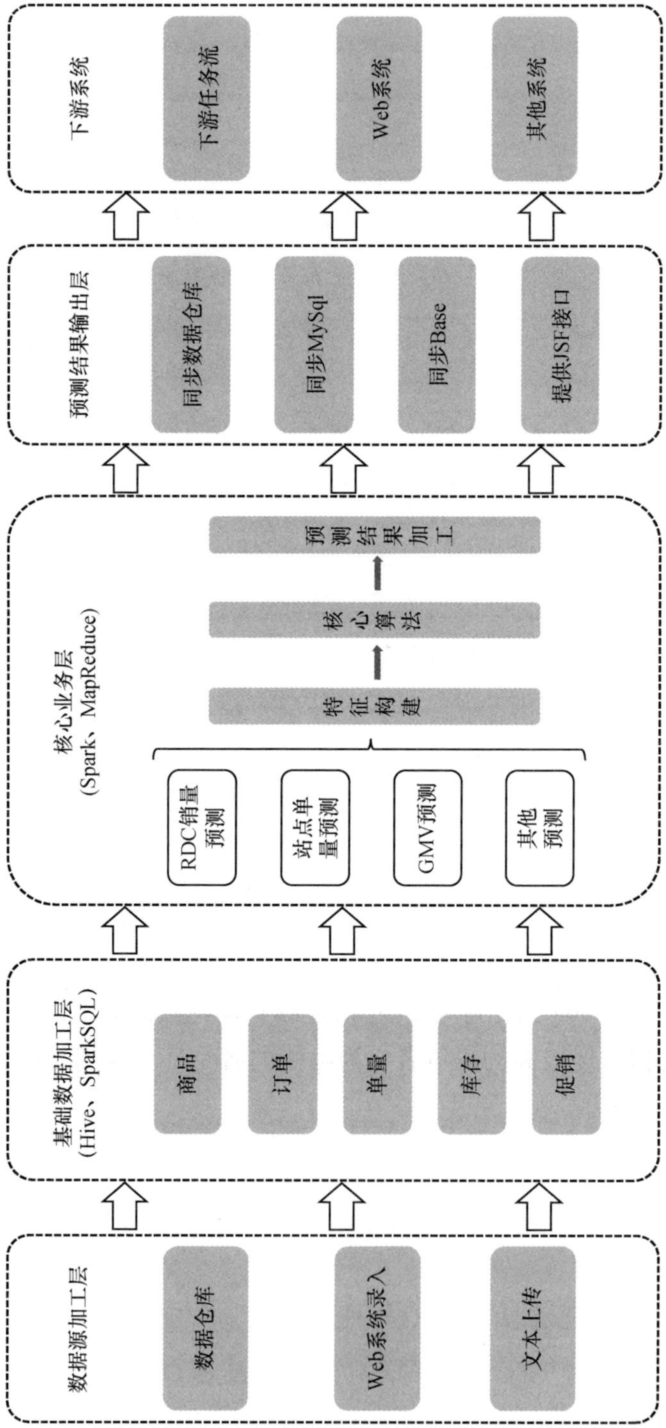

图2-3 京东预测系统的整体架构

被运行，这些算法包括但不限于时间序列、机器学习等。

与预测系统相结合，京东根据销售数据对“指数”进行测试。“指数”代表京东供应链各环节问题与结果的量化，包括材料生产、供应商管理、商品销量等方面。这些供应链上的问题与概念被量化为“指数”，反过来衡量供应链的性能与改进空间，打破供应链上下游间的壁垒，形成智能优化的良性循环。

二　国际零售巨头的数据化应用转型

（一）亚马逊的数字化运营与预测系统

亚马逊是最早开始进行智慧供应链建设的企业之一。早在1998年就开启了对仓储运营的自动化模式的探索。在20年的发展进程中，作为智慧物流建设的开创者，亚马逊KIVA机器人、智能包裹分拣等技术为整个行业带来影响的科技神话。支撑亚马逊运营中心进行运作的是其强大的智能运营系统。通过大数据分析和算法优化，全球的亚马逊运营中心联结为一个整体，打破了各个节点各自为营的困境，成为名副其实的“电商物流洲际大陆桥”。

亚马逊智能运营系统作为运营中心的“大脑”，操纵着整个中心的自动化设备进行作业。以Kiva机器人为例，上千台Kiva用小小的身躯承载起最重可达340kg的货物，在同一个货架前有序避让，并在正确的时间将正确的货物放到正确的托盘里。Kiva的路径也会根据数据的实时更新进行优化，做到少走弯路，负责热销产品的Kiva会优先移动。亚马逊智能运营系统具备全年365天，每天24小时连续自动盘点的能力，相当于一个永不疲倦且精准度极高的决策者，为物流的各个环节保驾护航，精准设计最优流程并及时发现问题快速响应①。

这套智能系统不仅被用于仓库管理，还能为消费者提供“预测式响应”服务，在消费者对网页进行浏览时，智能系统会根据顾客偏好以及历史数据，对为顾客提供服务的全流程进行规划，减少物流中转与顾客等待的时间，真正做到“顾客还没有下单，包裹已经在路上”的极致响

① 王盼：《亚马逊仓库最忙的员工　仓库管理机器人》，智能生活，https://robot.zol.com.cn/493/4939984.html，2014年12月3日。

应。当你还在犹豫是否购买时，亚马逊早已备好包裹，等待你的订单。亚马逊秉承的“以客户为中心”的经营理念，也体现在亚马逊结合行业痛点优化用户体验，如针对“最后一公里”，亚马逊采取打车软件的资源整合形式，雇用了许多有车的非正式员工，可以随时进行配送，这一做法整合了运输资源，降低了物流总成本，达到与消费者“共赢”的良好平衡。

在对核心科技能力进行规划和整合后，亚马逊基于云技术、大数据分析等先进技术，首次发布“无人驾驶”建设方案，设计全流程的非人工操作，贯穿数据搜集与处理、流程设计与运营以及系统优化与升级等，实现真正意义上的无人操作。

（二）沃尔玛的大数据平台应用

沃尔玛作为零售商巨头，在供应商管理方面有大量的实践经验①。例如许多读者阅读过的，沃尔玛为了减缓牛鞭效应而采用的供应商管理库存模式（Vendor Management Inventory，VMI），是极为成功的管理实践，通过信息共享，沃尔玛与供应商有效降低了成本。从这个例子中我们也可以看出“信息”的重要性。沃尔玛每个小时有超过 100 万的顾客交易量，这使其获得了大量客户的数据信息。

如何充分利用这些数据呢？沃尔玛采用大数据技术，将顾客数据大量收集并储存在数据库中，等待综合技术平台的进一步处理。经过处理后的数据信息被分享给不同的部门，进行现行模式的运营优化。例如仓储经理会根据数据分析结果优化产品的分类，实现与当地社区的更好匹配。作为 VMI 模式的拓展，沃尔玛分布在多个国家共计两万家的供应商可以共享系统中的数据和分析结果。在获得销售一线的数据后，沃尔玛的信息系统可以对商场进货补货的时机数量给出优选建议。供应商还可以在沃尔玛的专属数据库中对销售装运等信息进行查询，在沃尔玛分类计划系统的协助下，依托数据与经验进行专门的结构调整和产品布局。

沃尔玛的大数据技术还被运用在打通城市生鲜配送渠道方面。沃尔玛将自己的小型商店、便利店与山姆会员店整合，与 Uber 等网约车公司

---

① CSCP 供应链经理人社区：《沃尔玛公司——大数据推动供应链转型》，知乎，https：//zhuanlan. zhihu. com/p/566180772，2022 年 9 月 19 日。

合作，开展生鲜配送服务。消费者在网络上下单后可选自提或配送，无论哪种方式，专业化的冷藏设备都会使生鲜的品质得到保证。在生鲜配送过程中，沃尔玛与Uber分工明晰，分别负责产品保鲜与路径规划，顾客可以在手机上获得全程信息。由于沃尔玛的广泛布局，这项自提服务在美国的44个城市的沃尔玛门店迅速普及开来，并受到消费者的广泛好评。

另一个大数据技术的成功实践是进仓物流。进仓物流最大的优点在于与传统的出仓物流相结合，大幅提高整体供应链的响应速度，一站式进行供应商服务，加快周转速率。基于大数据技术，一方面整合承运商的运力，通过信息网络实现集中调度各项资源，降低空车率；另一方面，整合中小型供应商的运输需求，达成行业规模化效应。进仓物流不仅有利于资源整合，还能降低成本，提高环境方面的价值。

第三节　以制造商案例为核心共享平台系统的转型分析

智能化、智慧化时代的到来，让传统加工制造业面对着供需双方的严峻挑战，即需求端产品多样性的提高、生命周期的缩短、消费者差异化等，而供给端面临定制化服务、柔性生产和越来越复杂、风险很高的供应链。如何应对这些挑战，并将之转化为机遇？一些传统加工制造业的数字化成功转型向人们证明了先进制造的必然和必要。本节选取几个正在进行智慧化转型的案例进行分析，阐述制造业数字化技术是如何为加工制造业注入了新鲜活力。

一　青岛海尔"衣联网"平台系统的转型分析①

物联网技术在21世纪的发展逐渐驶入快车道，人与人、物与物、人与物之间正在产生庞大的连接，企业间也由独立走向紧密协作。从2017年至2021年，海尔走出称王称霸的洗护领域，与服装、洗染、物联网企

① 上海家电网：《智慧阳台，万物互联的必争之地》，搜狐网，https：//www. sohu. com/a/356582475_200989，2019年11月26日；海尔：《海尔衣联网，将洗衣机"穿"到身上》，官网，https：//www. haier. com/guang/guide/20210618_162034. shtml，2021年6月18日。

业强强联手，搭建起衣联网生态平台，用智能技术与资源整合能力带给消费者更贴心、全流程的智慧洗护体验。作为全球智能家居产业的先行者，海尔衣联网打破传统洗衣 1.0 时代、智慧洗衣 2.0 时代，带领我国洗护领域正式进入衣物全生命周期管理的物联生态洗护 3.0 时代。

（一）打破壁垒：智能制造 + 智慧生活

海尔在 20 世纪 90 年代从家电洗衣机起步进军服装洗护市场，经过近 30 年的发展，逐步登顶成为全球洗衣机领导品牌。然而新一轮科技革命的到来将关乎生存的抉择摆在了海尔面前：是故步自封，坚守成绩斐然的家电洗衣机领域，还是大胆创新，在全球智能家居产业成为先行者？秉承精益求精、实事求是的宗旨，海尔开启了探索智能家居的道路。

传统衣物洗护行业的困境由来已久，买来衣服如何护理、个人护理存在的差异，这些都是消费者头疼的问题。这些问题的关键点在于作为上下游的服装行业与洗护行业存在影响供应链发展的壁垒，这极大地限制了用户获得流程便利、高质量的多场景服务。海尔清晰地认识到，抓住新兴技术带来的机遇，打通制造端与需求端的壁垒，促成服装制造业与衣物洗护行业的联动发展，是破局的关键。结合自身诉求，海尔将目光投向了有希望实现万物互联的热门技术——物联网技术。

然而物联网技术存在成本、数据孤岛以及方案落地周期长等碎片化难题，建立整合资源的平台是解决这些碎片化难题的必然之举，海尔将目光放在了无人尝试的衣联网平台（以下简称“海尔衣联网”）建设上。衣联网应当扮演怎样的角色？首先应当是给予用户更好的洗护体验。从服装的原材料到服装购买，再到洗护与衣物回收，衣联网应当使贯穿衣物全生命周期的所有企业都参与进来。与此同时，这些企业的收益与智慧升级也应当被考虑，通过与衣联网合作，各界企业形成服装联盟，互惠互生。最为重要的，要形成数据驱动、持续优化的良性循环，推动数字化升级在服装相关产业的进行。因此，海尔衣联网将服务模式设置为“厂、家、店”三种场景。如图 2 - 4 所示，平台围绕三种场景进行建设，在厂场景，衣联网面向智能制造，用数据能力与智慧技术实现设备互联、数字管理、定制生产等功能；在店场景，衣联网结合人工智能等技术，实现用户定制化的全流程服务；在家场景，用户可以享有智慧洗衣、智能衣橱、上门服务等轻松省力的居家生活。海尔衣联网生态平台作为核心整合三方数据资源，依托物联智能技术使接入衣联网的企业实现智能优化。

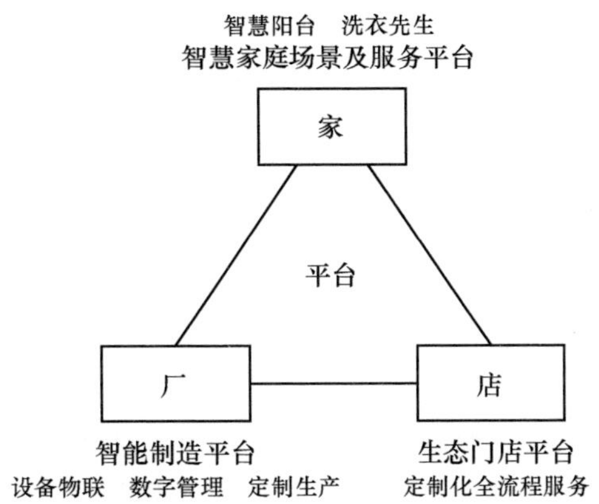

图2-4　海尔衣联网“厂、家、店”服务模式

2017 年初，海尔的衣联生态平台概念在中国国际服装服饰博览会 2017（春季）被正式提出，智慧生活与智能制造在服装行业长期以来存在的壁垒，在这一时刻开始被逐渐打破。以海尔牵头衣物全流程的识别生态为例，海尔与海澜之家等企业合作，对制造端衣物识别标准与用户端洗护的标准进行统一，搭载 RFID 技术的洗衣机可实现对衣物的智能识别与洗护方案的自动匹配。经过近 4 年的发展，海尔衣联网已主导及参与了 41 项标准的制定和发布。

一方面，智能制造下，衣物全流程的识别标准统一为用户提供了更贴心的智慧生活。海尔洗衣机的“智慧洗”平台产品作为衣联网生态中的重要产品，其搭载的 RFID 技术可借云端物联让洗衣机真正“认识”衣物，自动识别衣物的面料和颜色，并根据衣物自动匹配洗涤程序，免去用户洗护困扰。另一方面，智慧生活的优化推动了智能制造的发展。加入衣联网的母婴服装品牌，通过获取不同场景下的用户数据，在制造端开展定制化生产，成功实现了 10%—20% 的单店业绩提升。由此，海尔衣联网打通了智慧生活与智能制造的壁垒，连通“厂、家、店”三种场景，形成两端互促、三方受益的良性循环。

（二）跨界合作：互惠互生，融合谋变

在打破衣物供应链上下游智慧生活与智能制造间壁垒的同时，海尔衣联网也在寻求不同行业领域的融合，致力于打造服装全生命周期的智慧解决方案——从洗涤、存储、搭配、护理各个环节形成一个完整的数据链条闭环，为用户提供洗、护、存、搭、购的全场景最佳体验（如图2－5所示）。从原材料到成品，从销售到洗护，海尔衣联网为用户体验与企业发展保驾护航，相关业务覆盖服装的全生命周期，跨界合作吸纳服装、洗护等多方企业。正如海尔衣联网的成立宗旨，其开辟了洗护生态圈中众多企业的互惠互生、融合谋变。

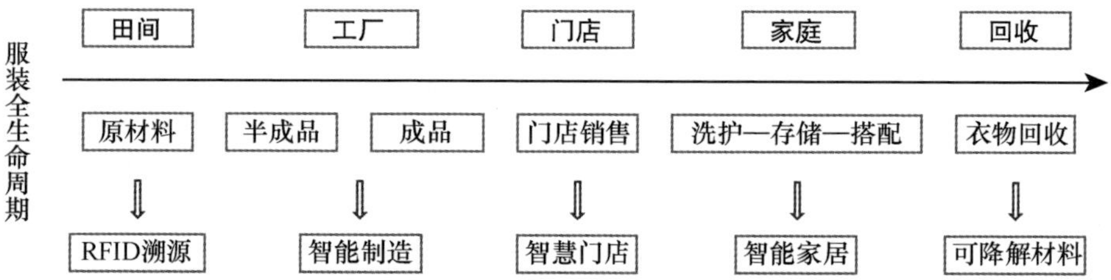

图2－5 海尔衣联网打造服装全生命周期智慧解决方案

2018年，海尔正式提出建立我国首个中国服装物联生态联盟，联盟成员包括来自全国各地的大中型服装企业，如海澜之家，也包括官方协会如中国服装协会、国家物品编码中心。实现了服装全生命周期涉及的多行业跨界合作。海尔衣联网智慧平台对联盟成员的共赢增值发挥着巨大的作用。以联盟厂商海澜之家为例，加入海尔衣联网，其衣物出入库实现数字化管理，物流识别环节效率大幅提升，收发货效率提升200%，人力成本降低50%。对于联盟的销售门店，接入海尔衣联网后可以达到收益增长15%，用户访问量增加18%，库存周转率也大大提高。海尔衣联网也联合了占据市场份额80%的洗涤行业，结合洗衣机技术实现区域内洗衣液用量的精准投放，既实现了资源整合又改善了用户洗衣液用量难以控制的问题。

自服装物联生态联盟成立以来，联盟成员突破发展瓶颈、打破生存困境的例子不胜枚举。加入海尔衣联网的企业都获得了打破自身发展瓶颈、实现智慧升级的解决方案，形成基于不同场景获得数据驱动的良性循环。目前，海尔衣联网接入15个行业5000家以上的企业，聚合超6500万生态用户，共同见证中国服装物联时代的到来。

（三）用户体验：一站式服务，智能家居

无论是打破服装供应链制造端智能制造与需求端智慧生活的壁垒，还是建立中国首个服装物联生态联盟推动各相关行业融合谋变，海尔衣联网的最终目标是提升用户体验，用科技手段与全流程设计打造衣物全生命周期的智慧解决方案。洗衣先生就是海尔重点孵化的解决方案之一。

洗衣先生是海尔衣联网旗下的一站搞定衣物洗护全流程生态品牌。洗衣先生凭借其“1 + N + 生态”商业模式快速发展，结合人工智能、大数据、物联网等技术打造拥有智能模块的贴心生活助理，如图 2 – 6 所示。3D 云镜是洗衣先生的一项重要成果。云镜依托的主要技术是人工智能技术，通过 3D 扫描获取人体各项数据，进一步创建定制虚拟形象，通过智能分析实现虚拟快速搭配变装。搭配在线购买功能，比网购的衣服更合身、更省时省力。针对衣物收纳杂乱问题，只要把衣服拍照上传并进行标记，3D 云镜就能帮忙管理衣橱，给予用户合适的收纳建议并附上简单易学的收纳小视频。洗衣先生的服务模式是海尔衣联网建设的一个缩影，如图 2 – 7 所示。在设计师与品牌方的指导下，通过智能设备与服装参数的数据采集，洗衣先生为用户提供人与衣物、衣物与洗涤方式、衣物与衣物间的智能匹配。智能设备搜集的数据还将通过集成处理反馈给海尔衣联网联盟的商家与工厂，实现制造端与门店生态场景的双重优化，为用户解锁更多的家庭智慧场景与服务优化。

图 2 – 6 洗衣先生的“1 + N + 生态”商业模式

资料来源：根据海尔衣联网官网资料整理。

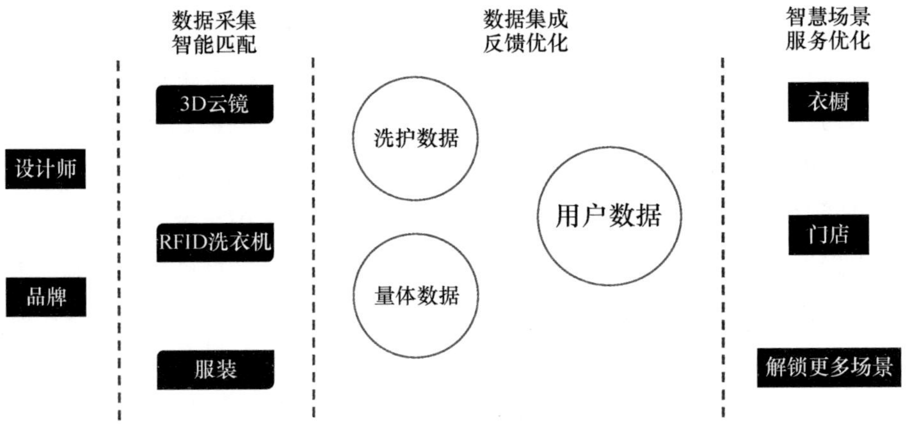

图 2-7　以洗衣先生为例的海尔衣联网服务模式

结合多个贴心小功能，洗衣先生以衣物的洗护服务为起点，丰富衣物的全生命周期服务，最终通过 N 种到家服务完成对家庭智能化“衣”场景的全面覆盖。截至 2021 年 3 月，洗衣先生的线下门店已经达到 700 家。经过测评，来自全国 23 个城市的 7718 家洗护门店获得海尔衣联网的联网资质。

在推出衣物一站式服务获得广泛好评的同时，海尔衣联网还开创了智慧阳台新场景，进一步探索智能家居领域。智慧阳台场景的主要功能在于将洗衣服与晾晒烘干衣服联动起来。烘干机与洗衣机同步，无须用户进行手动设置即可选择合适的烘干程序；晾衣架也是全自动的黑科技，轻触即可上升下降。也有企业开设智慧阳台，但海尔衣联网的创新之处在于，其在上述设备智能互联的基础上更进一步，考虑到阳台的养花、养宠物场景，海尔衣联网的智能场景还能实现自动浇水和投食，构建了“洗、晒、养”模式的全新产业链。

2019 年末，海尔衣联网宣布成立上海智研院，整合更多资源用于新智能新品开发与场景挖掘。衣联网场景实验室是海尔衣联网下一步奋斗目标，该实验室将构建一个全面开放的协作平台，覆盖超过 13 个相关行业，开展在智慧家居中各种关于衣物的新场景的探索，创新更多关于衣物的新业态和新物种。

二　美国嘉吉智慧鸡场管理系统的转型

嘉吉是美国农产品老牌企业，被称为国际“四大粮仓”之一，目前已形成谷物、肉类、工业、金融多元化的产业格局。作为一家已经成立了155年的综合性跨国企业，嘉吉在新技术方面拥有敏锐的嗅觉，以不断优化农产品供应链结构。早在2008年，嘉吉就设计了全球实施的TARTAN系统，通过标准流程的建立、数据和信息技术的应用来推进业务的持续优化运营。

近年来，基于大数据与物联网打造的覆盖全球的通信卫星系统，嘉吉可以实时获得其全球企业分布的天气与地理情况，并可以做到数据的累积与分析。这为嘉吉的客户服务和风险管控提供了帮助，在同行业中获得充分的竞争优势。

物联网上云养鸡，是指2017年10月嘉吉上线的农业管理移动应用，“智慧鸡场管理系统”（Cargilifarm2017）。Cargilifarm2017的感知主要通过农产探测器实现，该探测器可以搜集到监测鸡群的基础数据，例如饮水量、温度等，通过网络上传到服务器，数据在实时更新的情况下反映出鸡场的环境状态与鸡群的生命体征，在检测到异常数据时及时“预警+双重警报”。为避免出现数据被篡改的情况，数据在系统内显示为只读，且异常数据波动会向养殖场员工和更高级别的管理人员双方发出警报，避免无人响应情况的发生。在完备的应急机制设置外，Cargilifarm2017还在成本管控上显现出了充分的优势。该系统在未来会推广到全球17个工厂，并添加正反向溯源的模块，用以提高消费者信任度。

物联网养鸡不是嘉吉探索新技术的终点。近日，嘉吉旗下的Honeysuckle White正在研究如何将区块链技术运用到火鸡品牌方案中，让消费者全面而客观地了解到食物来源和生产链条。也许某一天，消费者也可以通过嘉吉的系统实现云养鸡。

第四节　以第三方物流案例为核心的数据化平台转型分析

第三方物流（3PL）企业是指一个具有实质性资产的企业，不拥有商品，不进行商品买卖，而是为交易双方提供与物流相关的服务，具体体现在运输、提供仓储和存货管理、设计物流方案等方面；也指形成物流行业联盟，在物流领域具有专业团队和技能的物流企业。3PL 企业具有以下特点。

1. 关系合同化。3PL 企业此时是发货人（第一方）与收货人（第二方）的中间人。3PL 与其余两方的合作通过合同进行规范，即 3PL 按照合同要求为客户管理物流过程并提供物流服务。此外，3PL 联盟也以合同为基本准则明晰成员的权责关系。

2. 服务定制化。3PL 不以一套固定的业务流程面对市场，而是根据客户需求与特点，提供针对性强的定制物流服务。3PL 企业也发展核心特色业务，以此提高自身的市场竞争力。

3. 能力专业化。即"专业的事情交给专业的人来做"，传统企业的垂直解体是优化资源配置的必然途径，3PL 所提供的物流服务是专业的物流服务。从物流基础设施设备，物流环节的设计与布局，再到物流业务的运营与管理，3PL 必须具备专业化素质和高水平的物流建设能力，以提高自身竞争优势，面对不断变化的市场需求。

4. 业务数字化。从互联网到物联网，越来越多的企业认识到信息数据的重要性，这对 3PL 信息处理的能力提出了更高的要求。例如建设信息共享平台，提高物流环节的效率，3PL 的信息网络能力成为选择物流服务商时的一项重要指标。

一　"食品社区"配送数字化平台系统的应用

法米戈是连接农场和顾客的中间企业，负责在线商城的搭建与线下配送服务，是美国标杆性的农产品电商物流运营商。美国农民愿意与其合作，因为减少了中间商赚取的利润，打通了线上渠道，通过这个平台，自行管理自己种植的农产品的销售和物流；对于消费者来说，农产品也可以网购，提高了生活便利度。大受欢迎的法米戈在建立初期遇到了整个行业都存在的难题：如果订购的客户订单小且分散，那么配送产生的高额成本都无法被覆盖，更别提产生利润了。如何把这些客户订单集合在一起，或者说在同一个地区创造更多的订单，来降低配送的成本，提高配送的效率呢？法米戈开创性地提出了“食品社区”的概念[①]。“食品社区”模式类似于我国的拼多多，是通过团购获得批发价的模式，但这里的社区除了代表团购以外，还有确切的实际意义——生活在同一地理区域。与此同时，法米戈也将小农场联合起来，形成一个大型的农产品超市。

食品社区的具体规则是：有一个消费者充当发起人角色向网站申请建立本区域的食品社区，这个发起人成为该食品社区的“主管”，“主管”必须至少邀请20个同地区的邻居或朋友加入到这个社区中。假设这个已满足20人条件的食品社区被命名为A Group，那么法米戈会专门为A Group制作专门的购物网页，“主管”可以将A Group的农产品需求通过两周一次的征集形成公告并进行发布，当达到20人消费时，A Group的参与者可以获得食物折扣。为了让消费者更积极地参加社区团购，法米戈将社区“主管”发展成为了自己的“员工”，“主管”会获得A Group社区销售利润的10%。当A Group附近农场联盟获得订单时，会以周为单位对订单进行整合，每周为每个食品社区定点配送一次。这种模式鼓励了消费者进行团购的积极性，通过聚集性的大订单降低了物流成本。

二　基于区块链的马士基全球贸易数字化平台[②]

丹麦企业马士基是世界上最大的集装箱供应链运营商，是物流领域的领军企业。在2018年，双方正式宣布组建合资公司，计划将区块链技术推广到全球，为全球的供应链运输网络提供更加高效、更加安全的信息交互平台，并将结合区块链技术的全球贸易数字化平台命名为Trade

① 赤焰信息智慧社区：《海外生鲜社区团购新模式：Farmigo首创社区理念和团购形式?》，搜狐，https：//business. sohu. com/a/642229633_120815710，2023年2月17日。

② 物流巴巴网：《马士基与IBM合资建立区块链国际货运公司，旨在实现全球贸易数字化》，网易，https：//www. 163. com/dy/article/D8C4RDLB0525D7PP. html，2018年1月17日。

Lens，基于区块链技术的去中心化和不可篡改，平台宗旨建立在改造并促进全球供应链网络现代化的目标上。Trade Lens 平台主要用于解决跨境和贸易区内货物运输方面的需求，取代昂贵的运输过程，以一个数字平台连接所有参与者，实现实时共享信息，透明度，效率，协作和更容易进入航运市场。随着越来越多的全球领先航空公司加入该平台或宣布有意这样做，世界上一半的航运货物将很快实现数字化管理。

Trade Lens 平台最初在多个国家的多个港口海关以及大型企业进行试点，如中国广东检疫局、休斯敦港等。当这些机构接入 Trade Lens 时，也就意味着全球的质量溯源系统得以连接。对于供应链网络上的各个主体来说，参与该平台可以有效解决目前行业面临的“困境”。海关方面希望通过 Trade Lens 平台促进全球贸易往来并提高安全系数。该项目同样受到了许多跨国企业的关注，如通用汽车、宝洁公司希望能够简化自身复杂的供应链运营；货代和物流公司也致力于希望经由该平台负责清关业务等服务，提升企业运营绩效。预计供应链网络的参与者，包括生产商、航运公司、货物代理、港口和码头运营商及海关和相关部门都可以从 Trade Lens 平台受益，消费者也将享受到更快捷的服务。

第五节　我国智慧供应链转型中的问题分析

前面四节对智慧供应链中典型案例进行了介绍，这些案例主要概括了智慧供应链建设过程中以零售商为核心的、以制造商为核心的、以第三方物流为核心的数字化过程中的商业模式变革和技术支持，且都在企业实践过程中取得了阶段性的成功。但目前智慧供应链的建设还存在很多问题，国内外文献成果也处于起步阶段，技术层面的创新已经趋于饱和，如何促进技术落地，降低技术运用的门槛，是智慧供应链建设者进一步要思考的问题。本节主要从供应链上的主题成员——制造企业智慧化转型视角以及中小企业智慧化转型视角来进行问题阐述。

一　我国制造业智慧化转型中的困境

智慧化转型是我国各产业供应链面对新一轮科技与产业革命的应有之举。制造业作为供应链的重要环节，其智慧化转型更是重中之重。从

《中国制造 2025》以及之后的一系列政策文件，可以窥见我国对制造业智慧化转型的推进之迫切。进行转型的前提是，认清我国制造业智慧化转型中存在的问题以及面临的巨大挑战。

（一）制造业智慧化转型中的问题

现阶段，制造企业已意识到智慧化转型的优势以及转型的必要性，但由于制造企业的特殊性质，使得其和很多产业不同，包括不管是制造企业中基础设施的数字化改造的困难程度，还是企业内部的组织结构、管理流程及其规范化程度等，制造业的数字化都还处在起步阶段，即因为制造企业的基础设施智慧化转型基础都很薄弱，则其中有效数据链条并没有搭建起来。因此，其智慧化转型的困难程度较高①。主要表现如下。

1. 工业数据链搭建方面

和金融、信息技术及其互联网、零售业等领域相比较，我国制造业虽然信息化起步较早，但其数字化的基础还是很薄弱的。尤其是制造企业属于重资产的行业，它们很多在早期进行基础设施投入中，并没有考虑未来数字化的转型策略。因此，很多制造企业的设备、设施老龄化，且各种型号不标准、不统一等现象很严重。同时，企业内部工厂的作业车间中各类设备及其设备之间的数据采集、数据传输与共享设备都成为智慧化转型的主要问题。另外，制造业属于最复杂的产业链之一，不仅是企业内部工艺的复杂性，其外部供应链上涉及的各类角色众多，外部涉及各方的数据获取及其互联互通、融合采用都是困难点。

例如，考虑某个制冷制造企业，因为其制造生产的产品很多都运输到全国各地的工厂，因此，在其外部各地工厂的数据采集、数据互联与融合过程中遇到很多阻力，全国各地的工厂基本都不配合，而相关生产数据也不愿意实现共享，造成各地工厂的数据无法及时地、全面地进行同步更新。类似这种制造业中企业存在的传统老旧基因，导致其各个工厂车间内的数据提取、挖掘、向外部传输融合都面临技术挑战，搭建一个完整的、有效的工业数据链存在挑战。

2. 制造管理的组织、运营变革方面

事实上，制造企业的智慧化转型不仅仅是技术上的进步，工业数据

① 路红艳、梁威：《制造业数字化转型的难点与对策》，《智慧中国》2019 年第 7 期。

链的搭建，更重要的是企业管理战略、组织结构与运营流程等各方面、全方位实现变革，需要制造企业高瞻远瞩。首先，供应链上制造企业的数字化属于企业的战略发展问题，是一把手工程，需要实施长远规划。特别是，企业高层管理者需要达成一致，达成认识上对数字化过程的共识，如转型过程中如何进行，是全局实施优化，还是一部分局部进行优化，各个部分的业务协同是从业务聚焦视角出发，还是从制造设备的全系统智能化视角出发等，这些问题牵一发而动全身，需要进行详细调研，认真设计，逐步推行。

另外，制造企业的智慧化转型实际是一项全面的系统性工程，执行过程中需要各个部门的协调与配合，但是，当前很多企业的内部却没有组成一个应对企业智慧化转型的正式组织架构。再加之，各个企业部门对实施的智慧化转型态度不一致，出现很多职、权、利不明晰的现象。此种情形下，更需要“一把手”工程来保证智慧化转型的顺利实现。

3. 制造领域的复合型人才方面

在制造企业智慧化转型过程中，另一个典型的问题是缺乏既有技术，又懂业务管理的复合型人才队伍。目前在制造企业实施智慧化转型中，都是通过建立一个独立部门来进行推动的，但企业内部的员工还是以前的技术人员与管理业务人员，非常缺乏具有智慧化转型的专业人才。因此，企业常常是投资巨大，引入了先进的数据化、智能化设备后，却没有相关技术人员和业务人员进行交流，来发挥这些设施的作用。因此，为制造企业培养具有复合型人才队伍也是当前重要的任务。

（二）我国制造业智慧化转型的必要性

显然，我国供应链上的制造企业都已经意识到智慧化转型的紧迫性，实现数字化可以帮助制造企业在供应链上的价值增值，故智慧化转型势在必行。

目前很多咨询调研指出，通过工业互联网的赋能，可以帮助制造企业在智慧化转型中实现完整数据链条的搭建，如图 2－8 所示。

工业互联网的主要功能有三点，分别是机器闭环、生产制造与经营管理。机器闭环，顾名思义，是形成智能制造中设备与生产线的优化闭环。基于工业互联网，机器操作数据与生产环境数据被收集，进一步采用优化算法进行生产计划的动态调整，实现产线的运营维护与优化。生

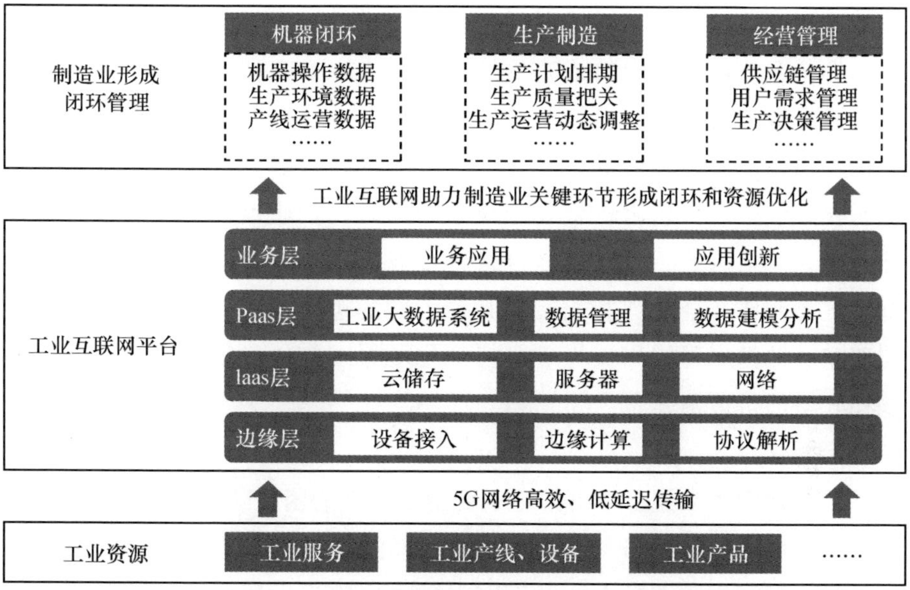

图2－8　工业互联网赋能制造企业的智慧化转型

产制造闭环，是指结合工业互联网技术，从生产计划排期、质量把控以及运营管理等生产相关决策的角度进行智能优化，构造全流程、多场景、动态的智慧生产模式。经营管理闭环的重点在于提高用户体验。通过对供应链、用户需求以及生产决策等多方面的数据进行分析处理，在商业模式与经营管理中寻求创新，开创定制化更贴心的服务模式。

基于工业互联网的三大功能，我国制造业企业将自身特点与之相适应，建立具有时代与行业特色的智慧化转型支撑平台。事实上，制造企业智慧化转型中强调强大支撑平台的支持，目前工业互联网的出现，是现代信息技术、现代工业发展融合变革的新模式，其以数据资源利用为纽带，把制造企业中的设施设备、海量数据、技术研发、经营管理与需求市场等要素集成连接，搭建具有开放性、数据共享性的价值链网络。同时，在制造企业的经营管理、设计与生产制造、设备控制与产品维护等各个环节形成资源优化与闭环管理，与供应链上下游之间达到高效的协调。

同时，智慧化转型应以市场价值为中心、以业务驱动、以技术为支撑，做好战略规划。在实施层面，我国制造业企业进行智慧化转型应当秉承着在合适的实践与空间践行合适的技术的原则，将智慧化转型的战略目标与企业自身发展的战略目标一一对应，不应盲目追求技术而忽视了运营管理的重要性，而是要根据自身特点充分发挥工业互联网技术的辅助作用，形成不同时期不同侧重点的企业智慧化转型规划。

在形成企业智慧化转型战略规划的同时，企业也应当注重自身管理体系与人才架构是否完善，是否符合企业智慧化转型的要求。开放性与互联性是制造业企业智慧化转型必须考虑的重要因素，人才架构中的阶层壁垒、部门障碍应当被打破，扁平化的管理、项目为主导的多部门协同模式也值得被推崇。

二 我国供应链上中小微企业智慧化转型的困境

我国供应链上存在大量中小微企业，它们在智慧化转型中困难重重。尤其是在新冠疫情蔓延下，由于链上的中小微企业体量小、抗风险能力弱，受到严重的冲击，主要表现为资金供应链、销售渠道、原材料供应等方面。

首先，中小微企业的基本特征和当前存在的问题迫切需要智慧化转型。目前，在我国 1.3 亿户的市场主体中，90% 来自中小企业。中小企业虽然占据了市场主体的大多数，相较于大企业仍存在许多制约其发展的弊端，在各行各业处于底层，数字化能力也较为薄弱。中小企业主要存在着以下基本特征：经营规模小，抗风险能力差；管理水平弱化，融资能力不足；经营方式灵活，创新能力不够，其低投入低回报的业务模式不仅增大了应对市场扰动的风险，更限制了中小企业向专业化、精细化、特色化、科技创新等“专精特新”高质量高品质的发展，中小企业的核心竞争力难以得到提升。一旦外部市场环境恶化或产品价格出现波动，中小企业极易出现现金流中断、资金链断裂的风险，严重威胁到企业的持续经营[①]。其中中小微制造业因为先进技术、融资能力、产业链的限制，出现资金短缺、订单减少、原材料成本增加而导致的一系列生产经营问题[②]。而以云计算、

① 张海晏：《中小企业数字化转型之思考》，《统计与管理》2021 年第 6 期。

② 王欢：《新冠疫情下数字经济支持中小微企业复苏路径研究》，《时代金融》2020 年第 34 期。

大数据、物联网为代表的数字经济为中小微企业有效的复工复产提供了重要的计划和措施。此外，随着疫情防控进入常态化，大多数中小微企业过去传统增量市场的“红利”将逐步退去，企业的战略模式也从“活得好”转变为“活下去”，因此面对时代与技术的变革，通过技术手段以建立数字化经营管理模式，实现链上中小微企业智慧化转型对于获得企业新的增长动力尤为必要①。

数字化经济的迅速发展及领先企业转型成功的案例，为中小企业的智慧化转型升级创造了条件，分享了宝贵经验。智慧化转型已经成为中小企业提升核心竞争力，促进创新发展的必由之路②，数字化与产业的深度融合成为推动经济高质量发展的新动能。有关机构研究推测，在不考虑疫情影响的情况下，智慧化转型可以使制造业企业成本降低 17.6%、营收增加 22.6%，使物流服务业企业成本降低 34.2%、营收增加 33.6%，使零售业企业成本降低 7.8%、营收增加 33.3%③。此外，面对突如其来的新冠疫情，中小微企业受到供给和需求的双重冲击，而由劳动力供给中断导致的订单萎缩、延期交付等加剧了供应链上下游的成本，严重降低了链上中小微企业的盈利能力，进而制约着其发展④。与之相对，完成智慧化转型的企业在面对疫情展现出更强大的稳定性，其供应链结构具有较高的柔性。因此，发展数字经济有助于我国进一步提高市场稳定性。

其次，面对席卷全球的新冠疫情，以及随之而来的疫情防控常态化持久战，构成我国市场经济主体、维护经济增长稳定性的中小微企业的生存发展应当得到足够重视。改革开放以来，国家对中小企业的支持力度不断加大。2016 年 6 月，国家工业和信息化部发布的《促进中小企业发展规划（2016—2020 年）》明确提出，我国中小企业将以提质增效为中心，重点提升企业创新能力，推动企业间的协同创新作用，促进中小

---

① 陈林楚、潘艳君：《浅析新业态下的中小微企业数字化转型》，《商场现代化》2020 年第 14 期。

② 刘金洁：《数字经济时代中小企业数字化转型路径》，《中国外资》2021 年第 6 期。

③ 张汉青：《中小企业数字化转型进入政策共振期》，央广网，https://baijiahao.baidu.com/s?id=1665994926259453776&wfr=spider&for=pc，2020 年 5 月 7 日。

④ 黄群慧：《新冠肺炎疫情对供给侧的影响与应对：短期和长期视角》，《经济纵横》2020 年第 5 期。

企业进一步发展。

党的十四大召开以来，包括中小企业在内的非公有制经济的发展步入快车道，中小企业创造的社会财富迅猛发展，而随着我国经济进入新常态，中小微企业劳动力成本优势丧失、产能过剩问题严重、消费迫切需求升级的背景下，经济发展模式已逐渐从投资驱动转向创新驱动①。而数字经济可以通过大数据、互联网和物联网技术有效促进中小微企业的创新发展。由于中小企业大多处于生产链的末端，体量小、盈利能力弱、现金流少；而技术开发需要投入大量的资金、人员成本高、时间周期长、研发风险大②。中小企业在艰难求生的同时，难以兼顾技术创新，面对智慧化转型表现出捉襟见肘。在此情景下，以数字技术和数据资源为核心的数字经济与科技创新的深度融合，将是未来创新的重要力量。一方面，数据资源作为一种新的要素投入，因其流动性不受地理空间限制，正在成为重构全球产业链、供应链和价值链的变革力量；另一方面，越来越多的企业通过智慧化转型创造新的生产方式，创新商业模式，产生新业态，获得新的发展动能③。

最后，智慧化转型是我国制造业供应链转型升级并适应全球竞争发展的需要。随着我国科技实力的增强，当前的制造业供应链需要向精细化供应链管理转变，同时在全球数字经济蓬勃发展，各国纷纷推进制造业智慧化转型进程下，明确我国制造业数字化发展方向尤为重要（张夏恒，2020）。虽然我国在全球数字经济市场中的地位举足轻重，但相较数字经济市场总量第一位的美国仍存在较大差距。对比发达国家制造业数字化发展进程，我国制造业数字化仍存在总体发展水平偏低、核心技术缺位、数据标准建设、数据安全保障和数据开放共享程度较低等问题④。在中小企业的竞争环境和竞争对手都发生了变化的情形下，随着我国对

---

① 江林、江柳：《中小企业经济发展的现状与发展对策》，《产业创新研究》2019 年第 12 期。

② Zhang M. , Merchant H. , “A Causal Analysis of the Role of Institutions and Organigational Proficiencies on the Innovation Capability of Chinese SMES”, *International Business Review*, Vol. 29, No. 2, 2020, pp. 1 – 13.

③ 何玉梅：《面向数字化转型的科技型中小企业创新激励政策探讨》，《中国科技论坛》2021 年第 6 期。

④ 李杨、高媛：《加快推动我国制造业数字化发展》，《中国经贸导刊》2020 年第 13 期。

外开放的不断深入，全球制造业供应链格局将呈现巨大变化，势必对中小企业的结构和布局造成严峻的考验，智慧化转型能够赋予企业在新时代存活的新生命①。

新冠疫情常态化下，为应对国内外市场冲击，在2020年5月14日召开的中央政治局常委会会议上，“深化供给侧结构性改革，充分发挥我国超大规模市场优势和内需潜力，构建国内国际双循环相互促进的新发展格局”被重点强调。这意味着国家会大力支持新冠疫情冲击过后的供应链企业破局发展，对构建数字经济体系尤为重视。中小微企业作为我国制造业供应链的重要一环，应当把握政策与发展机遇，积极推进自身智慧化转型，打造数据驱动的高效率企业，从供给侧为实现经济高质量发展提供有效途径。

第六节　我国智慧供应链转型评估分析的必要性

供应链的智慧化转型已经是趋势，然而供应链企业在智慧化转型的发展中复杂度高，困难多，其中企业在实施过程中均会面临“不敢投入、不会转型”等诸多情形。即供应链企业通常面对自己的现实情况，常常是没有足够的智慧化转型能力、投资改造的成本很高、管理转型的战略模糊等问题。在此情形下，若想预期进行供应链的智慧化转型成功，首先需要针对目前我国的发展现状进行调研与评估。尤其是目前新冠疫情状态下，考虑到我国供应链发展中存在的问题及其国家政策的导向，找准定位，来积极探索智慧化转型的发展方向。

从前面阐述已经看到，我国供应链的智慧化转型存在很多好处。首先，从链上视角看，智慧供应链将促进现代信息技术在供应链上各个企业之间进行普及和应用，伴随着链上业务交易的进行，相关数字化资源将通过各种各样的形式往供应链的每一个环节进行渗透。这不仅为供应链上的无缝衔接与协调助力，还加强了管理模式的变革和传统动能的转

① 唐德龙、徐作圣、丁堃：《基于创新网络的产业数字化转型需求要素研究》，《管理现代化》2021年第4期。

化。借助于数据资源的利用，可能会诞生出无穷多的“创新模式组合”，在原有基础上创造出新的额外价值，实现供应链的调整和重塑升级发展。其次，从链上企业视角看，供应链的智慧化转型将促使链上参与各方及其企业也快速实现智慧化转型与升级改造。这样就迫使企业应用各类数字化技术全面赋能其采购、研发与生产、销售与服务等全生命流程，把业务关键要素与数据要素结合在一起相伴相生，用管理流程来驱动供应链上的业务演化成基于数据驱动的业务过程，来提高企业各类数字资产的使用价值与利用率，实现供应链全流程优化，提高供应链响应效率，最终提升企业的市场竞争力。

事实上，供应链的智慧化转型作为连接传统管理模式与创新管理模式、促进传统供应链企业与现代信息科技企业相融合的纽带，会牵涉众多的、垂直细分的上下游链条，一方面这意味着链上数字化会蕴含很大的需求市场机会和商业利益，催生链上各种类型的智慧化转型管理模式的产生；另一方面，这也表明在通过信息技术服务与平台建设等方法赋能传统供应链企业中，需要不断进行企业管理变革与重塑，需要不断进行搭建数字化的链路，还需要提高企业进行数据资源应用的能力等，这些都可能需要针对智慧供应链过程中的发展现状进行诊断，包括：政策环境、营商环境、链上交易情况、技术支持环境等多方面。可以相信，只有在我国政府、相关行业、供应链企业等多方努力下，才能借助于现代信息技术，实现供应链上下游数据要素与资源利用的有效整合，才能实现良性发展。

第三章

我国智慧供应链发展现状的评估研究*

从本章开始将主要针对我国智慧供应链转型发展现状、智慧化转型中的风险预警及其发展路径与预测等进行分析评估。即首先考虑相关问题背景，并查阅大量资料，结合国家政策与实践需求，构建了相关的评价指标体系；其次，选取采集我国不同地区多年来智慧供应链发展的统计数据，通过建模与综合评估方法来探索对这些地区中智慧化转型发展现状的实证分析；最后，在综合评价结果基础上，结合实际需求，针对实证分析结果进行诊断与评估，给出其中各地区智慧供应链转型中的现状问题、风险预警状况及其发展路径，用于指导未来我国其他地区转型过程中的发展。

第一节　引言

随着全球化进程的加快和供应链互联性的不断增强，传统供应链面临着更多的复杂性和不确定性，其中存在的诸如成本难以控制、可视性欠佳、对风险的管理困难等问题越发严重，传统供应链亟须转型。信息科技的发展提升了供应链上下游企业之间协同工作的能力，为决策层的智能化、操作层的自动化工作提供了可能性，对供应链的管理运作方式改革起到了推动作用，传统供应链开始融合新兴技术，并与现代供应链管理的新理论和新方法相结合，在企业间构建更具互联性、智能性、协

* 彭树霞、李波、甄紫嫣:《智慧供应链发展指数的构建及评价研究》,《工业技术经济》2021 年第 11 期。

作性以及可持续性的综合集成系统。

供应链互联化、数字化、智能化的改革方案一经提出就受到政府和相关企业的高度重视。《关于积极推进供应链创新与应用的指导意见》和《关于开展供应链创新与应用试点的通知》两个文件都提到要实现以大数据技术作为支撑的智慧供应链网络，推进供应链的创新与协同发展。随后，我国各企业也着手将数字化技术与自身产业相结合，推动产业智能化发展。

例如，海尔公司的 COSMOPlat 供应链智慧生态系统，使用大规模定制的模式，通过将食联网、衣联网、农业等多个行业与供应链智慧生态系统互联互通，从而提供大规模定制服务，帮助企业升级创收。此外，中外运的智慧物流逐渐由智慧化信息技术在仓库、运输等方面的应用过渡到资源的智能化、数据化衔接及智慧化管理上。在政府与市场需求的双重推动下，目前智慧供应链正处于飞速发展阶段，因此，构建智慧供应链的发展评价体系，从总体上测评智慧供应链的发展状况将具有很重要的实践及管理意义。

事实上，在智能化不断普及的时代背景下，基本功能早已不能满足客户对产品的需求，客户对产品功能的需求正逐步向个性化定制方向发展。为应对这方面的变化，制造行业必须拥有将生产资源进行快速整合与重构的能力。从传统上来说，制造企业往往依赖自身掌握的相关生产资源，通过实现产品或制造系统结构的优化实现生产上的差异化。然而随着产品制作工艺的复杂度和产品品种多样性的增加，仅依靠制造企业其内部资源的整合，很难对产品实现及时以及高质量的差异化。制造企业之间只得使用更加开放的方式来实现信息之间的共享、产能之间的互补与资源之间的协同，从而全面提升制造行业应对差异化产品生产要求的能力。

高新信息技术的发展，使得全球制造业向智能制造的转变。因此，为实现智能制造的快速发展，世界上各个工业国家都相继制定了相关的政策。从制造与管理的领域来看，以高新技术为支撑的制造业行业已经基本实现对产品制造与信息资源的动态响应、智能化处理以及优化控制，为生产过程中实现物物互联、实时定位以及智能决策提供了相关的技术支撑。据国家相关调查报道，在 2012—2019 年间，我国数据化融合水平已稳步由 45.1% 提升至 54.5%。中国“两化”融合服务平台中数据显示，我国的东南部地区有将近过半的企业均具备发展智能制造的能力，而部分西部地区的智能制造发展能力是较强的①。

我国作为全球第一的制造业国家，不断向数字化转型的同时也带动着物流市场的蓬勃发展。2014 年，我国将物流业列为国家战略性产业范围，并出台相关政策以支持物流产业的发展。在随后的一年，物流产业逐渐与新兴技术相融合，开始实现智慧化转型。2016 年，为促使相关部门从各领域推进物流行业数字化的转型，我国发布《“互联网 +” 高效物流实施意见》。物流业与信息技术相融合后，其工作效率以及工作质量大大提升，这促使着大量的物流企业加大使用高新技术更新设备的力度，实现流程高效运行。

例如，京东 X 事业部自主开发了一系列物流业与互联网相结合的工作场景，主要包括密集存储系统、货到人拣选解决方案、智能搬运系统和京东自主研发的软件系统等一系列尖端智能项目。京东完全自主研发的数字系统为 JDWCS 系统，该系统集成了多种设备，使得生产制造端、数字化调度端以及决策端均实现了无人化工作环境，不仅提升了工作效率，更提升了工作质量。另外，菜鸟物流采用包括有智能语音、车辆路径规划、机器视觉以及货运导航方案等的大量智能化设备，实现了物流与高新技术的结合，助力物流行业的智慧化转型。

农产品方面供应链数据化、智慧化的形成对推动农产品的流通、促进农业产业发展有着关键作用。传统的农业供应链中，农产品从种植到餐桌经历着从农民到销售者最终到消费者的过程，这中间存在着参与主体多但各环节信息化水平低等问题，使得农产品供应链不得不向智慧化转型，农业供应链的数据化指将互联网和物联网、大数据及其云计算深入融合到农业供应链中。农产品数字化发展实现了消费者与菜农的无障碍交流与信息共享，满足了消费者需求的同时也帮助菜农合理安排生产、运输、存储以及销售的工作，完善了资源配置，从而推进农业的结构性改革，加快农业的现代化进程。

虽然我国在制造业、农业及其物流业等进行了大量智慧供应链转型的工作，但涉及智慧供应链发展现状评价的研究还寥寥无几。因此，针

---

① 杨清清：《〈2022 年中国数实融合发展趋势白皮书〉发布：数实融合将步入全新分水岭》，21 经济网，https：//www. 21jingji. com/article/20230116/herald/d60dc6e0d33eb9093c4ae58a67ca480c. html，2023 年 1 月 16 日。

对目前智慧供应链的发展水平，还无法客观科学地对其进行评价，也无法对其中存在的问题提出合理有效的解决方案，这严重影响了供应链智慧化的改革进程。故而本章结合智慧供应链相关文献和政府对智慧供应链行业的规划，提炼出供应链智慧化进程中的主要影响因素，构建科学合理的智慧供应链评价指标体系，并基于最优组合赋权法，提出了智慧供应链的发展指数评价方法。本章构建的智慧供应链发展指数评价方法不仅可以有效衡量供应链智慧化发展的水平，还为政府部门制定智慧供应链的发展方针提供了有效的建议，这不仅可以帮助有关部门发现其中存在的问题并实现重点突破，还有利于政府合理分配资源，实现智慧供应链的均衡发展。

因此，本章从国家政策建议和企业革新措施出发，总结提炼出智慧供应链发展中涉及的三个重要因素：创新性水平、协调性水平和可持续性水平，由此构建了包含 3 个一级指标、16 个二级指标的智慧供应链发展指数评价体系，同时采用最优组合赋权方法对智慧供应链的发展指数进行评价。本章所采用的组合赋权法将主观赋权法与客观赋权法相结合，完善了评价主体的主观随意性较强和计算得到的结果过于依赖数学推导的缺点，能够充分利用原始数据反映出的发展情况，并给出合理的评价和政策建议。

第二节 相关文献综述

在智慧供应链的评价方面，已经有很多学者做出了理论贡献，如智睿（2018）从规范性和科学性的视角出发，探究了互联网驱动背景下智慧供应链的设计方向，建议从充分反映用户需求、操作过程可视化、集成化、联合化、实时化和及时预警这几方面进行体系设计①。黄成成等（2018）从大数据和人工智能等新兴技术的角度出发对智慧供应链的功能要素进行识别，探究了智慧供应链的核心体系构建方向②。张彤（2019）

① 智睿：《现代智慧供应链是未来发展方向探究》，《智库时代》2018 年第 26 期。

② 黄成成、叶春森、王雪轩：《智慧供应链体系构建研究》，《价值工程》2018 年第 23 期。

以供应链的组织、运营和信息化三个要素为基础探究了智慧供应链的体系构建方式①。范江东等（2021）界定了智慧供应链的体系及概念，从实体层面和数字层面两方面对物资、资源、主体、技术和信息五大要素进行分析②。

从智慧供应链的发展评价的方法视角，邢淋淋（2015）构建了评价模型，采用的方法为层次分析法与因子分析法相结合③。李玉凤等（2017）从汽车业、制造业、物流业、医药行业、农业以及快消品六个行业的供应链管理模式出发，探究了我国智慧供应链的绩效发展水平④。另外，当前对智慧供应链的一部分评价研究集中在风险评估研究方面，例如 Gupta（2019）使用组织信息处理理论说明了智能供应链与信息系统灵活性之间的关系，为管理人员提供了基于理论的指导，以便在动态条件下获得更高的系统灵活性⑤。远亚丽（2020）基于物元可拓法和 Vague 集对农产品智慧供应链进行了风险评估⑥。Sun 等（2020）针对智慧供应链环境中具有多个周期的并行生产系统，讨论了并行生产过程中的最低预期成本，并分析了并行生产系统的最佳切换策略⑦。Li（2020）研究了智慧供应链技术的投资条件，并解决了供应链效率和协调问题⑧。上述研究主要集中在核心企业上，而对于智慧供应链整体的评价指标体系构建及

---

① 张彤：《大数据背景下智慧物流业务体系构建与运营》，《商业经济研究》2019 年第 21 期。

② 范江东、高瞻、郑逸林：《电网现代智慧供应链数字物流体系构建要素、演化及其实践》，《物流技术》2021 年第 2 期。

③ 邢淋淋：《基于 IDEFO 模型的智慧供应链构建及绩效研究》，博士学位论文，海南大学，2015 年。

④ 李玉凤、邢淋淋：《智慧供应链绩效评价指标体系构建》，《统计与决策》2017 年第 3 期。

⑤ Gupta Shivam，Drave Vinayak A.，Bag Surajit，"Leveraging Smart Supply Chain and Information System Agility for Supply Chain Flexibility"，*Information Systems Frontiers*，Vol. 21，No. 3，2019，pp. 547 – 564.

⑥ 远亚丽：《基于物元可拓法和 Vague 集的农产品智慧供应链风险评估》，《物流科技》2020 年第 3 期。

⑦ Sun Jing，Yamamoto Hisashi，Matsui Masayuki，"Horizontal Integration Management：An Optimal Switching Model for Parallel Production System with Multiple Periods in Smart Supply Chain Environment"，*International Journal of Production Economics*，Vol. 221，2020.

⑧ Li Xiang，"Reducing Channel Costs by Investing in Smart Supply Chain Technologies"，*Transportation Research Part E：Logistics and Transportation Review*，Vol. 137，2020.

研究却很少。

此外，本章的研究主要侧重于对我国智慧供应链发展的多属性综合评价研究，而对于多属性决策研究的评价模型构建已经有一些成果，如卫宇杰等（2019）采用组合赋权法和基于最优离差平方的方法构建了中国物流业质量发展指数评价模型①。黄鑫沛等（2020）针对海外基建的环境评价问题提出了组合赋权方法②。姜旭等（2020）采用组合赋权法对我国的物流企业绩效进行评价③。

通过对以上研究成果的梳理分析发现，对智慧供应链发展的评价研究主要侧重于对行业的分析以及风险的评价，但是针对智慧供应链的综合发展水平的研究并不多，同时目前的研究中智慧供应链的多属性评价体系研究还很少有涉及，因此对于智慧供应链的发展还缺少综合评价指标体系，本章旨在填补这一空缺。本章将基于智慧供应链发展的切实需求，通过构建智慧供应链发展评价指标体系，采用组合赋权法对智慧供应链的发展状况进行综合评价。

第三节　我国供应链现状发展指数体系构建

一　构建原则与指标筛选

智慧供应链是在科技高速发展的时代下应运而生的，在智慧供应链的指标体系构建中需要衡量时代的发展和相关国家政策的要求，在指标构建过程中，要时刻把握国家对智慧供应链行业的规划，《关于开展2018年流通领域现代供应链体系建设的通知》和《关于积极推进供应链创新与应用的指导意见》提到我国的目标是要与国家发展现状相适应，实现重点产业与最先进的技术相结合，构造适用于我国的具备创新性、协同性以及绿色化的智慧化供应链产业，如图3-1所示。

---

① 卫宇杰、于博文、潘浩顺：《基于组合赋权法的中国物流业质量发展指数研究》，《工业工程与管理》2019年第2期。

② 黄鑫沛、宋斐、樊林玉等：《基于组合赋权法的海外基建环境综合评估研究》，《工业工程与管理》2021年第3期。

③ 姜旭、胡雪芹：《基于组合赋权模型的物流企业绩效评价指标体系构建研究》，《管理评论》2020年第8期。

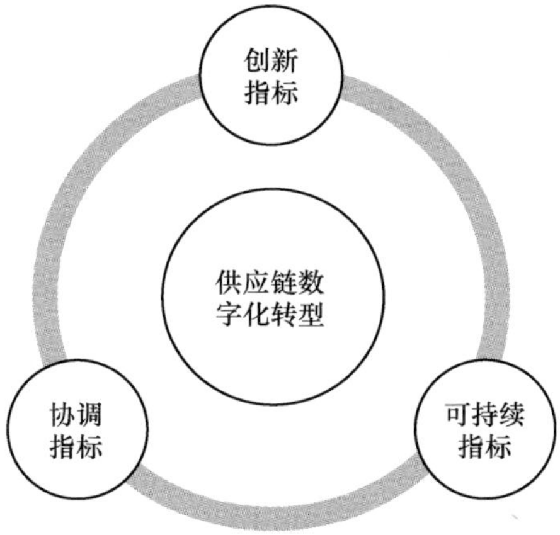

图3－1　我国智慧供应链转型发展的分项评价特征

综上所述，根据对政策的解读和总结，本章遵循着可行性原则、科学性原则、实用性原则以及定量与定性结合性原则构建智慧供应链评价指标体系，主要考虑智慧供应链发展评价的三个方面，分别是创新性指标、协调性指标以及可持续性指标，如表3－1所示。

表3－1　智慧供应链指标体系

总指标	一级指标	二级指标
智慧供应链发展指数 D	创新指数 D_1	物流申请专利数量 D_{11}
		物流业从业人员年平均增加值 D_{12}
		物流与供应链相关科技论文 SCI 论文新增收录数量 D_{13}
		快递企业拥有计算机＋手持终端台数 D_{14}
		中国物流信息化投资金额 D_{15}
	协调指数 D_2	货物周转量 D_{21}
		5A 级物流企业 D_{22}
		邮政和快递投诉量 D_{23}
		社会物流总费用与 GDP 比率 D_{24}
		快递服务质量指数 D_{25}
	可持续指数 D_3	能源消费总量 D_{31}
		环境污染治理支出总额 D_{32}
		财政环境保护支出 D_{33}

续表

总指标	一级指标	二级指标
智慧供应链发展指数 D	可持续指数 D_3	废气排放量 D_{34}
		废水排放量 D_{35}
		废物排放量 D_{36}

基于这三项主要衡量指标，考虑到国家权威统计机构中的数据、出版物专业统计数据、权威数据库中的数据，本章根据智慧供应链发展过程中需要衡量的发展指标，对其进一步细分并构建底层指标，经反复推敲，共划分出 16 项二级指标。表 3－1 是本章建立的智慧供应链发展指数评价体系。对应的指标说明以及使用的数据选取将在下文中进行详细说明。

（一）供应链创新性指标

创新性指标用于评价与现代物联网技术相结合的智慧供应链的技术渗透性水平，反映了供应链行业目前的创新水平和发展潜力，主要衡量智慧供应链在学术方面的研究成果以及供应链领域信息科技化的发展程度。物流申请专利数量 D_{11} 反映了我国供应链行业技术发展的活跃度与创新能力的高低。从业人员年平均增加值 D_{12} 衡量供应链行业从业的相关人员在创造经济价值上的能力。物流与供应链相关 SCI 论文新增收录数量 D_{13} 这一指标数据来源于 Web of Science 数据库，以供应链相关词汇作为关键词进行检索，得到的每年 SCI 文献收录情况的数据，可衡量我国供应链行业的科研发展水平与发展潜力。拥有计算机以及手持终端台数 D_{14} 反映了我国供应链行业智能化水平。中国物流信息化投资金额 D_{15} 是反映投资规模和发展速度的综合性评价指标。

（二）供应链协调性指标

协调性指标主要考虑货物周转量、服务质量指数以及服务的投诉量等方面，用于衡量采用智慧供应链后行业的服务能力以及消费者接受相关服务的便捷性和可得性。货物周转量 D_{21} 衡量相对于其他产业尤其是制造业而言，供应链行业的支撑性。5A 级物流企业数量 D_{22} 体现市场中的企业聚集密度程度以及优质企业的总体数量。消费者对相关服务的质量感知来源于与供应链行业从业者进行接触交流时的感受以及对服务的满意程度，邮政和快递投诉量 D_{23} 和快递服务质量指数 D_{25} 反映消费者对服务质量的满意度。社会物流总费用与 GDP 比率 D_{24} 用来反映年度社会经济运行过程中物流行业的综合成本情况，是反映不同区域以及国家物流行业降低成本、提高效率情况的重要评价指标，这一指标被广泛应用于学术研究以及政府工作评价中。

（三）供应链可持续指标

可持续性指标主要考虑供应链行业在生产交易过程中对能源的消耗、环境的保护投入以及“三废”的排放量等，主要衡量供应链的智慧化对环境造成的压力水平以及为提高可持续程度进行的投资水平。能源消费总量 D_{31} 衡量供应链在创造经济价值时对能源的消耗情况。环境污染治理支出总额 D_{32} 反映了对于治理供应链造成的污染所进行的投入。另外，财政环境保护支出 D_{33} 是衡量对环境保护重视程度的重要指标。“三废”的排放量指的是废水、废气、废渣的排放程度（D_{34}，D_{35}，D_{36}），这些指标能充分衡量智慧供应链的绿色化水平。

二　权重计算

本章采用组合赋权法对评价指标的权重进行计算。组合赋权法结合了主客观赋权法，克服了主观赋权法的人为主观性以及客观赋权法的数学公式依赖性，可综合反映各指标的权重大小。

步骤 1：主观赋权法

本章使用层次分析法，用于体现评价领域专家的判断力。采用的一级指标为供应链创新指标、供应链协调指标和供应链可持续指标，二级指标共有 16 项。以上的指标构建首先确定了本节中采用的层次分析法的层次结构。选用数字 1—9 以及其倒数作为衡量标度，对不同的指标进行比较。由于相对重要性在衡量中各指标所占权重并不相同，因此由领域专家通过衡量每一指标相对于相邻指标的重要性来构造判断矩阵，最终确定层次分析法下的权重向量 w_1^* 。

步骤 2：客观赋权法

本章采用熵值法。

基于上节构建的指标体系，对于每项评价指标 m 年的数据 x_1，x_2，…，x_m，根据数据无量纲化的处理方法，对于正指标，使用

$$f_{ij} = \frac{x_{ij} - \min\limits_{1\leqslant j\leqslant m} x_{ij}}{\max\limits_{1\leqslant j\leqslant m} x_{ij} - \min\limits_{1\leqslant j\leqslant m} x_{ij}} \tag{3-1}$$

对于负指标，使用

$$f_{ij} = \frac{\max\limits_{1 \leqslant j \leqslant m} x_{ij} - x_{ij}}{\max\limits_{1 \leqslant j \leqslant m} x_{ij} - \min\limits_{1 \leqslant j \leqslant m} x_{ij}} \tag{3-2}$$

用极值处理法得到评价指标 i 在 m 年的无量纲化数据为 f_{i1}，f_{i2}，…，f_{im}。

归一化处理数据，公式为：

$$r_{ij} = \frac{f_{ij}}{\sum\limits_{j=1}^{m} f_{ij}},\ i = 1,\cdots,n,j = 1,2,\cdots,m \tag{3-3}$$

接下来，计算第 i 项指标的熵值：

$$e_i = -k\sum_{j=1}^{m} r_{ij}\ln(r_{ij}),\ i = 1,2,\cdots,n \tag{3-4}$$

其中，k 表示调节参数，$k = \frac{1}{\ln n}$.

计算信息熵的冗余度：

$$d_i = 1 - e_i \tag{3-5}$$

计算各指标的权重值：

$$w_i = \frac{d_i}{\sum\limits_{i=1}^{n} d_i} \tag{3-6}$$

最终确定熵值法下的权重向量 w_2^*。

步骤 3：组合赋权法

本章采用的组合赋权法核心在于步骤 1 和步骤 2 中权重的组合系数的构造，本章建立基于离差平方和最大的组合赋权模型①。

对于具有 n 个指标的指标体系，假设共有 k 种赋权方法，赋权权重向量为 $W_1,\cdots,W_k$，因此第 i 种赋权方法的权重向量为：

$$W_i = (w_{1i},w_{2i},\cdots,w_{ni}) \tag{3-7}$$

各权重分量要满足：

$$w_{li} \geqslant 0,\ \sum_{l=1}^{n} w_{li} = 1,\ i = 1,\cdots,\ k,\ l = 1,\cdots,n \tag{3-8}$$

考虑如下组合赋权方法以综合主观赋权方法和客观赋权方法的特点：

$$W_C = \sum_{i=1}^{k} \theta_i W_i = (w_1,w_2,\cdots,w_n) \tag{3-9}$$

---

① 赵伟：《供应链协同风险评价与管理研究》，博士学位论文，华北电力大学，2013 年。

其中，W_C 为组合赋权的权重向量，θ_i 为第 i 个权重向量的组合系数，需要满足单位化的约束条件：

$$\sum_{i=1}^{k} \theta_i^2 = 1 \tag{3-10}$$

对指标评价的关键是该年的综合评价值，这里用 V_i 来表示第 i 年的综合评价值，表达式为：

$$V_i = \sum_{j=1}^{n} f_{ij} w_j \tag{3-11}$$

综合评价值 V_i 的取值代表第 i 年智慧供应链的发展水平，从表达式可以看出，在给定的无量纲化的数据后，各指标权重向量的取值会影响综合评价值 V_i 的判断水平，因此组合权重的系数取值十分关键。

为求得组合赋权的系数，首先构造目标函数：

$$F(W_C) = \sum_{i=1}^{m} \sum_{i_1=1}^{m} \left[\sum_{j=1}^{n} (f_{ij} - f_{i_1j}) w_j \right]^2 \tag{3-12}$$

令矩阵 B 为

$$B = \begin{bmatrix} \sum_{i=1}^{m} \sum_{i_1=1}^{m} (f_{i1} - f_{i_11})(f_{i1} - f_{i_11}) & \cdots & \sum_{i=1}^{m} \sum_{i_1=1}^{m} (f_{i1} - f_{i_11})(f_{in} - f_{i_1n}) \\ \vdots & \ddots & \vdots \\ \sum_{i=1}^{m} \sum_{i_1=1}^{m} (f_{in} - f_{i_1n})(f_{i1} - f_{i_11}) & \cdots & \sum_{i=1}^{m} \sum_{i_1=1}^{m} (f_{in} - f_{i_1n})(f_{in} - f_{i_1n}) \end{bmatrix} \tag{3-13}$$

从 B 的表达式可以看出 B 为 n 阶对称矩阵，目标函数的表达式可以转化为：

$$F(W_C) = W_C^T B W_C \tag{3-14}$$

令分块矩阵 $W = (W_1, W_2, \cdots, W_k)^T$，$\Theta = (\theta_1, \theta_2, \cdots, \theta_k)^T$，则对于目标函数中组合权重向量 $W_C = W\Theta$ 的求解可进一步转化为对组合赋权系数 Θ 的求解，因此对于目标函数的求解可表达为：

$$F(\Theta) = \Theta^T W^T B W \Theta \tag{3-15}$$

这里，Θ 需满足 $\Theta^T\Theta = 1$，$\Theta \geqslant 0$ 的约束条件。

通过矩阵理论中 Rayleigh 商的性质，在不考虑约束条件的情况下，$G(\Theta) = \Theta^T W^T B W \Theta / \Theta^T \Theta$ 存在极大值，通过求解 $W^T B W$ 的特征值，得出

W^TBW 对应的最大特征值 λ 及其特征向量 Θ^*，可得 $G(\Theta)$ 的最优解为 Θ^*，Perron-Frobenius 定理指出非负矩阵只有一个最大的特征值，其相对应的特征向量中各分量值为正。由此即可求出目标函数对应的最优组合权重的组合系数，通过线性组合可得组合权重为：

$$W_C^* = W\Theta^* \tag{3-16}$$

通过对 W_C^* 进行归一化处理可最终确定最优的组合赋权法权重。

第四节 实证分析

一 数据来源

本章使用国家统计局 2011—2018 年各年统计年鉴中的公开数据、以“物流、供应链、智慧化转型”等为检索词在专利检索及分析网统计的数据、以“supply chain”为关键词在 Web of science 数据库中进行检索，得到我国相应年度的文献收录情况、中国产业信息网以及国家邮政局等中的公开数据对我国智慧供应链发展现状进行评价。本章首先区分正向性指标和负向性指标，本章设置的指标体系中，正向性指标包括：物流申请专利数量、物流业从业人员年平均增加值、物流与供应链相关 SCI 论文新增收录数量、快递企业拥有计算机 + 手持终端台数、中国物流信息化投资金额、货物周转量、5A 级物流企业、快递服务质量指数、环境污染治理支出总额以及财政环境保护支出。负向性指标包括邮政和快递投诉量、社会物流总费用与 GDP 比率、能源消费总量、废气排放量、废水排放量以及废物排放量。

因此，本书构建的指标体系中，正向性指标包括：D_{11}、D_{12}、D_{13}、D_{14}、D_{15}、D_{21}、D_{22}、D_{25}、D_{32} 以及 D_{33}。负向性指标包括：D_{23}、D_{24}、D_{31}、D_{34}、D_{35}、D_{36}。

二 指标权重计算

基于组合赋权法，本章首先利用层次分析法确定步骤 1 中的权重向量 w_1^*，其次，使用熵值法确定步骤 2 中的权重向量记为 w_2^*。各指标对应的权重分量如表 3-2 所示。

利用步骤 3 中的组合赋权方法，首先给出矩阵 B 的表达式：

$$
B=\begin{bmatrix}
14.75 & 6.22 & 3.67 & 7.14 & 6.22 & 5.85 & 6.33 & -8.41 & 5.53 & 5.32 & -6.29 & 4.95 & 7.42 & 0.21 & 7.83 & -7.74 \\
6.22 & 12.28 & 1.98 & 1.91 & 0.75 & 0.40 & 1.34 & -4.18 & 2.03 & 0.92 & -0.78 & -0.50 & 1.87 & 3.36 & 2.60 & -2.41 \\
3.67 & 1.98 & 18.91 & 10.43 & 15.21 & 11.62 & 14.87 & -16.16 & 16.53 & 9.91 & -13.00 & 10.99 & 14.68 & -7.21 & 12.68 & -14.34 \\
7.14 & 1.91 & 10.43 & 12.93 & 10.67 & 9.88 & 10.88 & -12.44 & 10.40 & 12.30 & -10.07 & 7.41 & 11.57 & 1.56 & 12.88 & -12.01 \\
6.22 & 0.75 & 15.21 & 10.67 & 14.39 & 11.22 & 13.91 & -15.30 & 15.42 & 10.34 & -12.46 & 10.47 & 13.89 & -4.76 & 13.61 & -14.12 \\
5.85 & 0.40 & 11.62 & 9.88 & 11.22 & 10.28 & 11.04 & -11.94 & 11.06 & 9.60 & -10.20 & 9.12 & 10.92 & -2.46 & 11.28 & -11.35 \\
6.33 & 1.34 & 14.87 & 10.88 & 13.91 & 11.04 & 13.62 & -15.03 & 14.86 & 10.39 & -12.33 & 10.53 & 13.64 & -4.31 & 13.25 & -13.76 \\
-8.41 & -4.18 & -16.16 & -12.44 & -15.30 & -11.94 & -15.03 & 17.37 & -16.74 & -11.82 & 13.42 & -10.79 & -15.25 & 3.12 & -15.53 & 15.71 \\
5.53 & 2.03 & 16.53 & 10.40 & 15.42 & 11.06 & 14.86 & -16.74 & 17.58 & 10.25 & -13.12 & 10.90 & 14.71 & -5.07 & 14.57 & -15.03 \\
5.32 & 0.92 & 9.91 & 12.30 & 10.34 & 9.60 & 10.39 & -11.82 & 10.25 & 12.20 & -9.48 & 6.84 & 10.83 & 2.24 & 12.88 & -11.62 \\
-6.29 & -0.78 & -13.00 & -10.07 & -12.46 & -10.20 & -12.33 & 13.42 & -13.12 & -9.48 & 11.43 & -10.33 & -12.30 & 4.00 & -11.83 & 12.29 \\
4.95 & -0.50 & 10.99 & 7.41 & 10.47 & 9.12 & 10.53 & -10.79 & 10.90 & 6.84 & -10.33 & 11.44 & 9.91 & -5.46 & 8.75 & -9.59 \\
7.42 & 1.87 & 14.68 & 11.57 & 13.89 & 10.92 & 13.64 & -15.25 & 14.71 & 10.83 & -12.30 & 9.91 & 13.99 & -3.77 & 13.57 & -14.03 \\
0.21 & 3.36 & -7.21 & 1.56 & -4.76 & -2.46 & -4.31 & 3.12 & -5.07 & 2.24 & 4.00 & -5.46 & -3.77 & 10.82 & 0.80 & 2.24 \\
7.83 & 2.60 & 12.68 & 12.88 & 13.61 & 11.28 & 13.25 & -15.53 & 14.57 & 12.88 & -11.83 & 8.75 & 13.57 & 0.80 & 16.01 & -14.78 \\
-7.74 & -2.41 & -14.34 & -12.01 & -14.12 & -11.35 & -13.76 & 15.71 & -15.03 & -11.62 & 12.29 & -9.59 & -14.03 & 2.24 & -14.78 & 14.63
\end{bmatrix}
$$

构造由权重向量 w_1^* ，w_2^* 组成的分块矩阵 $W = (w_1^*, w_2^*)$ ，利用矩阵 B 及 W 计算可得 W^TBW 为：

$$W^TBW = \begin{pmatrix} 4.00001 & 3.48004 \\ 3.48007 & 3.11747 \end{pmatrix}$$

通过求解 W^TBW 的特征值，确定其最大特征值为 $\lambda = 7.0666$ ，对应的特征向量，即组合赋权法最优组合系数为：

$$\Theta^* = (0.75026, 0.66114)$$

利用 w_1^* ，w_2^* 以及 Θ^* 可得 W_C^* 为：

$$\begin{aligned} W_C^* &= 0.75026w_1^* + 0.66114w_2^* \\ &= (0.07642, 0.0664, 0.12680, 0.21701, 0.08142, 0.10576, 0.08183, 0.06585, \\ &\quad 0.05402, 0.06406, 0.12724, 0.09368, 0.07795, 0.05105, 0.07568, 0.04611)^T \end{aligned}$$

对 W_C^* 进行归一化处理得到最优的组合赋权法权重 w^* 如表 3－2 所示。

表 3－2　智慧供应链指标体系及权重

总指标	一级指标	二级指标	w_1^*	w_2^*	w^*
智慧供应链发展指数 D	创新指标 D_1	D_{11}	0.0473	0.0619	0.0541
		D_{12}	0.0262	0.0708	0.0471
		D_{13}	0.1163	0.0597	0.0898
		D_{14}	0.2118	0.0878	0.1538
		D_{15}	0.0581	0.0571	0.0577
	协调指标 D_2	D_{21}	0.0925	0.0549	0.0749
		D_{22}	0.0584	0.0575	0.0580
		D_{23}	0.0355	0.0593	0.0467
		D_{24}	0.0195	0.0596	0.0383
		D_{25}	0.0151	0.0798	0.0454
	可持续指标 D_3	D_{31}	0.1213	0.0547	0.0902
		D_{32}	0.0802	0.0507	0.0664
		D_{33}	0.0511	0.0599	0.0552
		D_{34}	0.0205	0.0540	0.0362
		D_{35}	0.0322	0.0780	0.0536
		D_{36}	0.0135	0.0544	0.0327

对组合赋权法确定的权重向量进行计算，可以得到2011—2018年智慧供应链的发展指数以及创新性、协调性和可持续性三项指标对应的发展情况，通过线性加权方法可以得到各一级指标以及综合指标的得分情况，将［0，1］之间的得分通过线性换算转换至［60，100］之间，其分数的大小体现了各年间智慧供应链的发展水平，分析结果如图3－2所示。

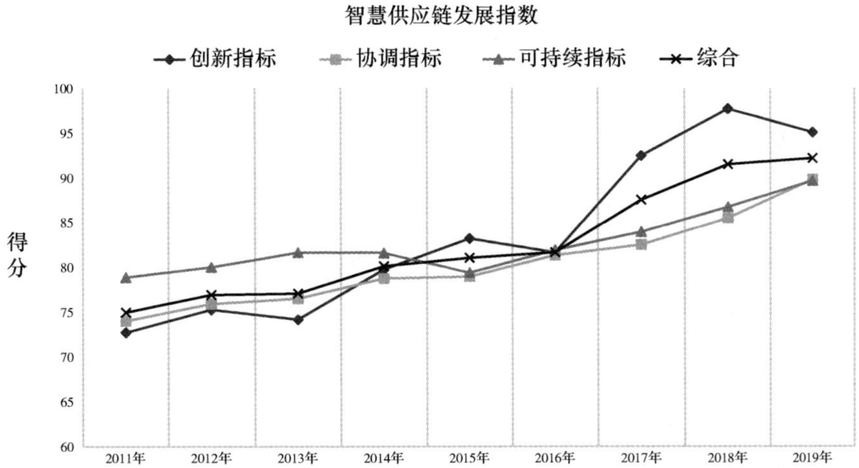

	2011年	2012年	2013年	2014年	2015年	2016年	2017年	2018年	2019年
创新指标	72.73908192	75.28274172	74.19191696	79.77193202	83.2070425	81.65459249	92.44886164	97.66785914	95.03005795
协调指标	74.03633744	75.93798415	76.52383099	78.769896	78.96605107	81.33201617	82.50454371	85.49885007	89.80379441
可持续指标	78.89148587	80.02136163	81.66057309	81.58814884	79.39716566	81.91719698	83.94691258	86.73849181	89.65599454
综合	74.98804426	76.93885911	77.0894433	80.12957967	81.05421921	81.66701194	87.53850931	91.4914272	92.16052069

图3－2　2011—2018年智慧供应链和分项指数发展趋势

第五节　智慧供应链转型的分项指标分析

一　供应链创新性指数分析

2011—2018年智慧供应链创新指数在2013年以及2016年出现低谷，但在之后的2013—2015年以及2016—2018年中创新指数水平逐渐回暖，同时总体水平保持上升趋势。2013年创新性指数出现低谷的原因主要在于专利申请数量增长量由前一年的36.7%降低至15.5%，2016年的创新性指数再次出现小幅度下降的原因在于中国物流信息化投资金额同期减少，其增长量由60.5%降低至45.1%。

可以观察到创新性指数整体的水平呈现增长态势，从数据中可以观察到，科研创新水平不断提升，智慧供应链行业智能设备的数量每年保持着持续增长，前沿科技产品的转换率不断提升，促进了智慧供应链行业科研成果的落地以及应用，例如，京东 X 事业部的密集存储系统、货到人拣选、智能搬运、软件系统 - JDWCS 和菜鸟物流的智能语音、车辆路径规划、机器视觉、货运导航方案等代表智慧化的科技产品不断应用到供应链中，这是智慧供应链行业的共同期待，也是整个行业实现智慧化发展的重要推手，也体现了智慧供应链行业的创新水平保持着一个健康良好的发展状态。

二　供应链协调性指数分析

2011—2018 年智慧供应链协调性指数总体呈现上升水平，但增长水平缓慢，其原因主要在于随着物流行业特别是快递行业的迅猛发展，各大企业着眼于业务的扩张以及服务规模的扩大以应对消费者数量的激增，但与此同时各企业忽视了服务的质量水平以及服务人员的素质水平，由于缺乏相关培训以及行业的统一规则，消费者投诉量逐年大幅度增加，但随后更多企业意识到服务水平和服务质量是市场中的核心竞争力，是在行业中立足的重要因素之一，并在竞争中不断提高服务水平，因此智慧供应链协调性指数发展水平虽然提升缓慢，但保持了良好的上升趋势。

三　供应链的可持续性指数分析

2011—2018 年间智慧供应链可协调性指数在 2015 年有较小下降，低谷之后在 2016—2018 年稳步回升，可协调性指标在 2015 年出现较小下降的原因主要在于环境污染治理投资总额在该年有所下降，随后的 2016—2018 年可持续性指标开始回升。从整体水平来看，可持续性指数呈缓慢但稳步增长的状态，这符合自 2007 年以来我国将环境保护相关支出正式纳入国家统筹的财政预算后，发布的《大气污染防治行动计划》以及“十三五”规划要求，展现了我国为实现环境良好发展做出的努力与成果。

同时，从图 3 - 2 结果上来看，自 2016 年后，智慧供应链的可持续性指数相较于往年呈大幅度增长，这也与相关政策有关，2016 年 12 月由环境保护部下发的《全国城市生态保护与建设规划（2015—2020 年）》文件中明确提出环境保护投资占国内生产总值（GDP）的比重不得低于 3.5%。从可持续性指数的发展变化情况可以看出智慧供应链的发展符合国家愿景，保持着发展的良好势头。

四　现状发展综合诊断分析

2011—2017 年智慧供应链综合发展指数总体呈稳步增长的趋势，这一发展势头得益于智慧供应链创新性指数、协调性指数以及可持续性指数的稳步增长，但从每年的发展趋势上来看，整体发展水平在 2013 年和 2016 年增长相对缓慢，这是由于创新性发展指数对整体发展水平的影响重大，这也体现了智慧供应链对创新科技的高要求这一标准。总体来看，智慧供应链发展态势良好，在近几年属于快速增长状态。

第六节　结论

本章从智慧供应链的发展形势出发探究智慧供应链创新性、协调性以及可持续性三方面的综合评价体系，采用组合赋权法对构建的智慧供应链发展指标体系进行评价。最终结果表明，智慧供应链的整体发展水平处于稳步上升的状态。在智慧供应链的创新性发展水平上，随着科技的进步和各企业重视水平的提升，未来会将更多高新的前沿科技应用到供应链行业，并进一步加大对智能化技术的投资，未来的发展有望继续实现快速发展的趋势。从协调性指标来看，智慧供应链的发展水平处于缓慢提升的状态，提升的关键在于对服务质量的进一步优化，例如优化运作模式，对相关从业人员进行专业化培训，优化资源的重复利用等方面。从可持续性指标来看，整体趋势处于上升水平，尽管情况不容乐观，但随着国家政策的支持以及环保意识的逐步提升，未来加大环保型设备的投入使用、构建环保型物流运作方式，同时加大对环境保护以及污染治理方面的投资，智慧供应链的可持续水平有望实现快速发展。同时，供应链智慧化水平的不断提升也有利于其他行业整体智能化的高效运行，有助于创造更多的效益并提升整体的效率，推动社会的进一步发展。

尽管本章构建了基于智慧供应链的评价指标体系，从创新性、协调性和可持续性三个方面衡量了智慧供应链的发展水平，弥补了这方面的理论空缺，但是也存在一些不足。如本章在构建评价指标体系时，只选取了具有代表性的16个指标，并没有完全覆盖智慧供应链的全部特征，在未来的研究中可以通过研读国家政策、阅读相关文献以及进行调研的方法来不断补充完善智慧供应链的指标体系。

第四章

我国智慧供应链发展的风险信号灯预警分析

第一节　问题提出

随着全球经济一体化以及物联网、大数据、人工智能、区块链等新一代信息技术的迅猛发展，传统供应链开始逐步向信息化、数字化的供应链转型，我国政府和企业相继对智慧供应链的发展提出了建设目标和要求，基本目标是要适应我国国情，将重点产业与数字化相结合。我国相关企业如京东、苏宁等都已将新兴技术与自身产业相结合，基本实现智慧化转型。但传统供应链向智慧供应链的智慧化转型又是充满风险的，如多变的市场需求、高成本的信息化投资、新技术的研发应用等，都将对智慧供应链的转型与发展造成一定的影响。因此，在研究智慧供应链的转型与发展时，能准确地识别、评定出所面临的相应风险具有现实意义。

一　风险信号灯思想概述

风险信号灯是对预警系统中划分的不同预警区间采取类似交通管制信号灯的方法，用于提醒不同程度的警情。本章主要使用“蓝”“绿”“黄”“橙”“红”五种标示的信号灯来表示“低”“较低”“中等”“较高”“高”五种风险程度的警情。风险信号灯评价法常常被用于财政及金融等行业，主要方法是根据历史数据对评价指标进行分析，并确定达到风险的数据值，当数值高于历史风险数据时则代表着当前情况危险[①]。如基于风险信号灯评级法和时间序列模型，有学者对2004—2020年陕西省金融风险问题进行了综合评价和预警研究[②]；还有文献基于因子分析和信号灯模型对P2P网络借贷平台的风险进行了评估与预警分析[③]。但目前我国智慧供应链评价体系的研究多为绩效评价或核心技术评价，对风险评价的研究还不多。

二 智慧供应链转型中面临风险分析

在当前“互联网+”的时代背景下，智慧化、信息化是我国传统供应链转型升级的必然趋势之一。随着产品创新、信息化程度在现代经济环境中占据着越来越重要的地位，传统的供应链运作在许多应用场景下已无法完全满足供应链数据的分析与应用要求，因此，传统供应链开始向智慧化供应链升级转型。然而，这个转型过程中也面临着各种不同的风险，例如由于信息共享不足带来的上下游之间交易上的风险、由于管理组织结构与当前快速发展的信息技术不匹配带来的风险、消费者偏好与供应链各环节产物之间的误差带来的顾客流失的风险等。

而我国还处于发展的初级阶段，仍面临着基础设施建设薄弱、信息技术运用率低、信息共享不足、供应链协同性差等问题。如目前我国一些龙头企业已经率先依靠信息技术创新向智慧化迈进，但大部分物流企业仍未实现机械化、自动化。大多数物流园区重建设轻运营，重硬件轻软件，信息化水平低，“牛鞭效应”严重，供应链对市场变化反应迟缓，忽视了运用高新技术和大数据、物联网思维实现各环节的有机整合。

综上所述，虽然传统供应链向数字化智慧化转型发展是必然趋势，但由于高成本的信息化投资、新技术的研发应用、多变的市场需求等，都将对区域内的转型与发展造成一定的影响。因此，在研究智慧供应链的转型与发展时，能准确地识别、评定出所面临的风险是具有现实意义

---

① 方磬：《智慧物流园区供应链协同运作模式及风险评价研究》，博士学位论文，南京财经大学，2019年。

② 吴田：《基于风险信号灯等级设定的金融风险预警研究》，《统计与决策》2015年第8期。

③ 黄熙：《P2P网络借贷平台风险评估与预警研究——基于因子分析和KLR信号灯模型》，博士学位论文，湖北武汉科技大学，2019年。

的。本章将发展面临的风险主要分为以下三个方面：信息化风险（供应链协同风险）、技术性风险及市场性风险，基于此进行智慧供应链发展风险评价和预警研究。

综上可以看出，对智慧供应链进行发展风险信号灯评价的研究领域几乎为空白。因此，本章综合考虑智慧供应链的发展特点以及区域发展特征，构建从信息化风险、技术性风险及市场性风险三个视角出发的智慧供应链风险评价指标体系，同时利用熵值法和灰色模型采集广东省的统计数据，采用风险信号灯评价方法对风险等级进行分析预测，旨在为智慧供应链的未来发展方向提供一定的现实借鉴。

第二节　相关文献综述

本部分主要从供应链系统的协同风险评价、不同行业供应链发展中存在风险的评估及供应链系统中涉及的中小企业信用风险评价等方面进行文献综述。

在供应链系统协同风险评价方面，赵伟（2013）采用梯形模糊数相似度方法，对供应链风险管理提出合理建议①。温磊等（2013）基于梯形模糊数相似度方法评价了供应链系统中企业的风险②。方磬（2019）对智慧物流园区供应链协同的内外部风险进行分析③。郝丽等（2020）使用逼近理想点排序法探究了双渠道供应链环境下的协同风险④。

现实市场中，不同行业的供应也都面临一定的发展风险，对风险进行评估和预警十分重要，许多学者对此进行了风险评价的相关研究。如马丽娟（2012）从外部风险、内部风险和中间风险三个方面评价了绿色供应链发展过程中所存在的风险⑤。钟慧玲等（2015）从生产风险、储存

---

① 赵伟：《供应链协同风险评价与管理研究》，博士学位论文，华北电力大学，2013 年。

② 温磊、赵伟、王锐：《供应链协同风险评价研究》，《物流技术》2013 年第 1 期。

③ 方磬：《智慧物流园区供应链协同运作模式及风险评价研究》，博士学位论文，南京财经大学，2019 年。

④ 郝丽、郝新军、胡大伟：《基于 T-JIT 理论背景下的双渠道供应链协同风险优化研究》，《公路交通科技》2020 年第 2 期。

⑤ 马丽娟：《绿色供应链风险的模糊综合评价》，《中国流通经济》2012 年第 11 期。

风险、装卸搬运风险、运输风险、使用风险、处理风险、掩埋风险七个方面建立了危化品供应链风险评价指标体系，并给出了相应的风险度量模型，为我国危险化学品相关的主管部门管理提供了决策支持①。刘彩虹和徐福缘（2016）基于模糊物元评价方法对供应链系统中的质量风险进行分析②。

在供应链系统上中小企业信用风险评价方面，高更君和张盈（2018）采用熵值法对电商平台中中小企业的信用风险进行了评估③。侯文捷等（2018）采用局部变权综合评价方法评估了互联网供应链中中小企业的金融风险④。刘兢轶等（2019）构建了对中小企业进行金融风险评价的指标体系，并采用因子分析法对其进行了分析⑤。陈柏彤和鲍新中（2020）基于综合三角模糊法和熵权法分析了电商平台下的中小企业的信用风险⑥。

综上可以看出，对智慧供应链进行发展风险信号灯评价的研究领域几乎为空白。因此，本章综合考虑供应链转型的发展特点以及区域发展特征，采集广东省的相关数据，采用风险信号灯评价方法对风险等级进行分析预测，旨在为智慧供应链的未来发展方向提供一定的现实借鉴。

第三节　我国智慧供应链发展风险评价指标体系构建

随着信息技术的快速发展，当前供应链系统的信息整合性和技术渗透性均更强，能快速获取供应链内外部信息，针对市场变化及时调整与

---

① 钟慧玲、叶炽球、张冠湘：《基于风险评价体系的危化品供应链风险度量》，《物流技术》2015 年第 3 期。

② 刘彩虹、徐福缘：《基于模糊物元的制造业供应链质量风险评价》，《上海理工大学学报》2016 年第 5 期。

③ 高更君、张盈：《基于云模型的电商平台供应链金融风险评价》，《计算机应用与软件》2018 年第 11 期。

④ 侯文捷、向东、武传德：《基于局部变权综合评价法的互联网供应链金融风险评价》，《商业经济研究》2018 年第 24 期。

⑤ 刘兢轶、王彧婧、王静思：《供应链金融模式下中小企业信用风险评价体系构建》，《金融发展研究》2019 年第 11 期。

⑥ 陈柏彤、鲍新中：《基于二次加权 TOPSIS 法的电商小微企业信用风险动态评价》，《金融理论与实践》2020 年第 10 期。

反馈，来提升供应链绩效[①]。因此，根据智慧供应链的以上特征，本章将智慧供应链发展过程中面临的风险评价指标分为三大类，即市场性风险、技术性风险和信息化风险。下面详细阐述三大类指标下细化指标的设计情况。

一　市场性风险指标（A1）

市场需求是驱动技术进步和信息服务的推动力。目前用户需求正在向高度个性化发展，导致市场需求快速变化且不确定性凸显，随之制造商的产品生产节拍也不断加快等，这些都对智慧供应链系统发展带来了挑战。目前供应链企业应用智能与智慧技术，提升供应链各渠道间信息共享能力，提高效率。因此，这里考虑智慧供应链中市场性风险指标，主要从企业自身或市场波动两方面来设计二级评价指标[②]。

首先是供应链中的企业成长性（B1）指标，即企业自身发展状况良好是企业考虑供应链智能化、智慧化转型的基础，其中具体以“企业平均资产负债率（C1）和利润率（C2）”两个三级指标来衡量其在智慧供应链转型背景下企业对抗外部冲击的能力。同时，增加“合作型企业数量（C3）”这个三级指标，来分析在市场不确定背景下，若企业在供应链条中有更多的相关合作方，或是通过技术的引入，与供应链上更多的合作伙伴进行运营创新与合作，表明其具有更强的链上资源、信息等整合能力。因此，可有效抵御各类市场需求不确定带来的风险。

其次是供应链中市场需求的供求关系（B2）。当供应链企业不能充分利用先进技术来及时采集与处理市场中迅速变化的消费者需求，且不能对需求变化进行精准预测时，企业发展将会面临一定的风险，从而导致供应链上的合作与运营受到影响。所以，首先，本章设计了三级指标“商品零售价格指数（C4）”来间接反映市场供求中价格影响关系，而以

① 吴田：《基于风险信号灯等级设定的金融风险预警研究》，《统计与决策》2015 年第 8 期；黄熙：《P2P 网络借贷平台风险评估与预警研究——基于因子分析和 KLR 信号灯模型》，博士学位论文，湖北武汉科技大学，2019 年。

② 黄熙：《P2P 网络借贷平台风险评估与预警研究——基于因子分析和 KLR 信号灯模型》，博士学位论文，湖北武汉科技大学，2019 年；温磊、赵伟、王锐：《供应链协同风险评价研究》，《物流技术》2013 年第 1 期。

"实物商品网上零售额（C5）"来反映企业在市场供需风险中实际执行的情况。另外，目前智慧供应链中大量的先进技术已经应用在供应链的下游，如零售端平台的应用，使得零售价格能随着用户的需求变化灵活进行调整；而很多零售平台的需求挖掘与推荐预测，已经开始用于指导上游制造端的产品研发与生产，如京东与罗技鼠标的合作[①]。由此，这里考虑智慧供应链中零售端需求预测能力及其与上游制造端的合作，采用三级指标"市场中产销值差异（C6）"来反映供应链中制造端与零售端对用户需求变化合作应对的程度。

二　技术性风险指标（A2）

与传统供应链不同，智慧供应链需要高科技含量的技术作为支撑来构建供应链体系。显然，智慧技术的研发与应用水平是评价智慧供应链发展的关键方面[②]。同时，我国各级政府也高度重视智慧技术的发展应用，出台了各项政策鼓励和推动智慧技术的研发和落地。然而，我国各个地区智慧供应链技术研发与投入的发展并不均衡[③]，这直接制约了不同区域智慧供应链的发展步伐。因此，本章考虑智慧供应链技术性风险的二级指标将从技术研发程度（B3）和技术应用程度（B4）两个方面来进行衡量[④]。

因为智慧供应链的发展很大程度上取决于智慧技术的研发与投入，若一个地区研发与投入的能力不足，则在智慧供应链发展中就可能会面临技术瓶颈，出现跟不上时代发展的风险。因此，为了体现智慧技术的研发、创新及其在企业应用的转化能力，在技术研发程度方面，这里具体设计三级指标"研发（R&D）活动企业数量占比（C7）"和"有效发明专利数量（C8）"，其中第一个指标表明该区域各类智慧技术研发的能

① 温磊、赵伟、王锐：《供应链协同风险评价研究》，《物流技术》2013 年第 1 期。

② 吴田：《基于风险信号灯等级设定的金融风险预警研究》，《统计与决策》2015 年第 8 期。

③ 陈柏彤、鲍新中：《基于二次加权 TOPSIS 法的电商小微企业信用风险动态评价》，《金融理论与实践》2020 年第 10 期。

④ 高更君、张盈：《基于云模型的电商平台供应链金融风险评价》，《计算机应用与软件》2018 年第 11 期；刘兢轶、王彧婧、王静思：《供应链金融模式下中小企业信用风险评价体系构建》，《金融发展研究》2019 年第 11 期。

力情况；而第二个指标表明该区域企业中进行研发投入企业的比例大小，若比例越大，表明企业越重视研发且投入研发的力度越高，这为智慧供应链的良性发展打下坚实的技术基础。而在技术应用程度方面，具体设计三级指标“高新技术企业占比（C9）”和“供应链互联企业数量（C10）”。增加 C10 这一指标，是因为在供应链上企业之间通过日常运营和交易的合作，不仅加强了互联互通，还能够有效提升企业间的合作研发与共同创新。因此，供应链上互联企业数量越多，依托链上业务运营的整合能力与创新能力就越强，其智慧供应链抵御风险的能力就越强。

三　数据化风险指标（A3）

目前智慧供应链的发展基础是传统供应链上相关物流业务运营的信息化程度，包括数据获取、传输、处理与应用中各类软硬件及其信息服务类的投入和应用等。若这些信息化投入不足，就必然会影响供应链上信息系统的柔性，即不能灵活地随着需求变化来提供很好的信息服务能力。Gupta 也指出智慧供应链与信息系统柔性能力间是正向关系，并表明构建智慧供应链可以提高供应链的柔性水平①。显然，智慧供应链的发展要求相关的工作设备不断升级，相互融合，涉及信息化、自动化等相关设施设备的投资。而应用智慧供应链相关技术后，信息技术服务收入的提高也象征着智慧供应链系统的优化，因此首先从这部分的投资成本与收入视角对风险进行识别和预警是具有现实意义的。因此，本章设计了一个二级指标“固定投资与收入（B5）”来反映智慧供应链发展对信息系统柔性水平的依赖性。具体地从信息技术视角、供应链上物流业务（运输、仓储等）视角及其信息服务视角三方面构建量化信息化投资与收入的三级指标，分别为“信息传输、计算机服务和软件业新增固定资产投资（C11）”“交通运输、仓储及邮电通信业固定资产投资（C12）”和“信息技术服务收入（C13）”。

同时，智慧供应链的发展，意味着整条供应链上将面临越来越多的

---

① Gupta Shivam, Drave Vinayak A., Bag Surajit, “Leveraging Smart Supply Chain and Information System Agility for Supply Chain Flexibility”, *Information Systems Frontiers*, Vol. 21, No. 3, 2019, pp. 547 – 564.

自动化设备、相关智能设施连入信息系统及其各类信息系统之间进行互联互通等，这就要求供应链上实现标准化的信息采集与高性能的通信传输能力。因此，这里设计二级指标“基础投资与应用（B6）”来反映智慧供应链发展中对获取与传递数据能力的依赖性。具体的，本章以锐思数据库中“信息获取类基础设施投资（C14）”和“通信设备类高新企业数量（C15）”两个三级指标来表征，前一个表示投资的强度，后一个表示应用的能力。显然，获取基础设施投资和通信设备高新企业越多，意味着供应链上的数据获取和传递分享能力越强，表明智慧供应链的底层信息化基础设施能力越强。

表4－1给出了智慧供应链转型风险评价指标体系。

表4－1　　智慧供应链转型风险评价指标体系

一级指标	二级指标	三级指标	单位
A1 市场性风险	B1 企业成长性	C1 企业平均资产负债率	%
		C2 企业平均利润率	%
		C3 合作型企业数量	个
	B2 市场供求关系	C4 商品零售价格指数	/
		C5 实物商品网上零售额	亿元
		C6 市场中产销值差异	亿元
A2 技术性风险	B3 技术研发程度	C7 研发（R&D）活动企业占比	%
		C8 有效发明专利数量	件
	B4 技术应用程度	C9 高新技术企业占比	%
		C10 供应链互联企业数量	个
A3 数据化风险	B5 固定投资与收入	C11 信息传输、计算机服务和软件业新增固定资产投资	亿元
		C12 交通运输、仓储及邮电通信业固定资产投资	亿元
		C13 信息技术服务收入	亿元
	B6 基础投资与应用	C14 信息获取类基础设施投资	亿元
		C15 通信设备类高新企业数量	个

第四节　基于熵值法的我国智慧供应链发展现状评价

本节采用了熵值法与灰色预测结合的一种综合分析方法来进行智慧供应链发展风险的评价与预警分析并进行预测，如图4－1所示。首先，通过熵值法对表4－1中不同三级指标下的数据进行无量纲化处理并计算各指标所对应的权重。本章计算指标权重所采用的方法为熵值法，这是一种客观赋权法，精确度和准确度都相对较高，同时有效解决了主观赋权法过于依赖评价主体的主观性问题①。其次，基于十年间风险综合评价值的波动程度，划分预警界限，得出2009—2018年十年广东省智慧供应链发展风险在信号灯评判系统中所处的风险等级②。最后，考虑灰色模型可通过少量的、不完全的信息建立预测模型，保证预测精度较高的特性，对2019—2023年广东省智慧供应链发展风险情况进行了预测。这两种方法的结合可以很好地完成本章智慧供应链发展风险评级和预测的相关内容，如图4－1所示。

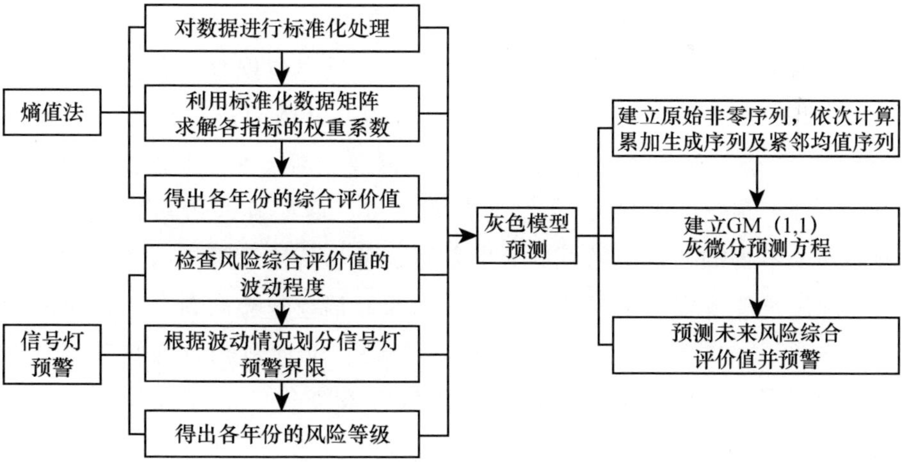

图4－1　本节采用的研究方法

① 郝丽、郝新军、胡大伟：《基于T-JIT理论背景下的双渠道供应链协同风险优化研究》，《公路交通科技》2020年第2期；马丽娟：《绿色供应链风险的模糊综合评价》，《中国流通经济》2012年第11期；刘彩虹、徐福缘：《基于模糊物元的制造业供应链质量风险评价》，《上海理工大学学报》2016年第5期。

② 郝丽、郝新军、胡大伟：《基于T-JIT理论背景下的双渠道供应链协同风险优化研究》，《公路交通科技》2020年第2期。

一 数据选取与数据预处理

本节将表4－1建立的智慧供应链风险指标体系中的15项三级指标为研究对象来进行实证统计分析。因为受制于多种因素（如地理因素、经济差异等）的影响，我国不同区域、省市之间智慧供应链的发展程度并不完全一致。而随着信息化在我国的不断发展，越来越多的供应链企业都在进行自身的数字化战略转型。由于智慧供应链的转型势必面临短期的“阵痛”，因此，部分刚刚起步的地区所具有的基础设施和功能并不完善，所产生的数据也无法完整地反映智慧供应链的转型程度。而在发展较成熟区域，如广东省，其智慧供应链具有更好的发展基础及其数据基础，更加适合作为研究智慧供应链发展的样例。同时，此类地区的市场需求变化较快，创新程度较高，更加适合研究智慧供应链的柔性以及分析智慧供应链发展过程中面临的多种风险。

考虑以上所述，本章选择我国代表性省份广东省的统计数据作为研究对象，来讨论其智慧供应链发展的风险评价问题。全文所用数据来源情况引用为：2009—2018年的《广东统计年鉴》，还有一部分数据来源于2009—2018年的国家统计局及锐思数据库。具体数据来源包括：相关企业平均资产负债率、相关企业平均利润率、市场中产销值差异、研发（R&D）活动企业占比、有效发明专利数量及创新技术企业占比6个指标来源于《广东统计年鉴》；合作型企业数量、商品零售价格指数、实物商品网上零售额、供应链互联企业数量、信息传输计算机服务和软件业新增固定资产投资、信息技术服务收入及通信设备类高新企业数量7个指标来源于《国家统计局广东省相关数据》；交通运输、仓储及邮电通信业固定资产投资，信息获取类基础设施投资2个指标来源于锐思数据库。

由于不同三级指标采用的数据量纲不同，这里应用阈值法对各项指标数据进行无量纲化处理[①]。也就是对于采集整理的广东省2009—2018年15项指标值 $c_1, c_2, \cdots, c_{15}$ ，用指标实际值与阈值相比来得出指标的初

---

① 高更君、张盈：《基于云模型的电商平台供应链金融风险评价》，《计算机应用与软件》2018年第11期。

步评价值，即对于正指标，有 $\bar{c}_i = \dfrac{c_i - \min\limits_{1\leqslant i\leqslant 15} c_i}{\max\limits_{1\leqslant i\leqslant 15} c_i - \min\limits_{1\leqslant i\leqslant 15} c_i}$；对于负指标，有 $\bar{c}_i = \dfrac{\max\limits_{1\leqslant i\leqslant 15} c_i - c_i}{\max\limits_{1\leqslant i\leqslant 15} c_i - \min\limits_{1\leqslant i\leqslant 15} c_i}$，$i = 1,2,\cdots,15$。以上得出的指标评价值序列 $\bar{c}_1,\bar{c}_2,\cdots,\bar{c}_{15}$ 都属于 $(0,1]$，且为无量纲数据。

考虑广东省2009—2018年间共10年份，而三级指标共15项，定义 c_{ij}，$i = 1,2,\cdots,10$；$j = 1,2,\cdots,15$ 表示第 i 个年份中第 j 个指标的评价值，则10年份15个准则组成的评价矩阵为：$\bar{c} = \begin{bmatrix} \bar{c}_{11} & \bar{c}_{12} & \cdots & \bar{c}_{1,15} \\ \bar{c}_{21} & \bar{c}_{22} & \cdots & \bar{c}_{2,15} \\ \vdots & \vdots & \vdots & \vdots \\ \bar{c}_{10,1} & \bar{c}_{10,2} & \cdots & \bar{c}_{10,15} \end{bmatrix}$。

二　基于熵值法的评价指标权重计算

下面基于熵值法来计算各项评价指标的权重。首先，这里考虑智慧供应链近期的发展比较快，故取广东省2009—2018年十年间数据的差异性，实现在统一基准下进行比较，这里先对 $\bar{c}$ 中数据进行标准化处理，即 $x_{ij} = \dfrac{\bar{c}_{ij}}{\sum\limits_{i=1}^{10} \bar{c}_{ij}}$，$j = 1,2,\cdots,15$。

则基于信息熵的计算公式得出：$h_j = -\gamma \sum\limits_{i=1}^{10} x_{ij} \ln x_{ij}$，$j = 1,2,\cdots,15$，这里参数 γ 为调节参数，因为当前计算数据涵盖年份为10年，因此有 $k = \dfrac{1}{\ln 10}$。

由此，可计算出15项不同三级指标分别对应的信息熵值。进一步，可根据不同指标对应的信息熵值，来计算得出其对应的不同权重值是 $w_j = \dfrac{1 - h_j}{15 - \sum\limits_{j=1}^{15} e_j}$，$j = 1,2,\cdots,15$，进行计算得出广东省智慧供应链发展风险评价的15个三级指标体系的权重分别为：

（1）市场性风险A1指标下，二级指标企业成长性B1与市场供求关系 B2 的 6 个三级指标权重分别是（C1，0.0677）、（C2，0.0719）、（C3，0.0700）与（C4，0.0725）、（C5，0.0680）、（C6，0.0688）；

（2）技术性风险 A2 指标下，二级指标技术研发程度 B3 与技术应用程度 B4 的 4 个三级指标权重分别是（C7，0.0621）、（C8，0.0702）与（C9，0.0524）、（C10，0.0641）；

（3）信息化风险 A3 指标下，二级指标固定投资与收入 B5 和基础投资与应用 B6 的 5 个三级指标权重分别是（C11，0.0575）、（C12，0.0671）、（C13，0.0676）与（C14，0.0693）、（C15，0.0706）。

以上权重和指标的具体对应关系如表 4－2 所示。首先，由以上计算得出的权重可以看出，对智慧供应链发展风险评价影响最大的方面为市场性风险，其中企业成长性风险和市场同步风险均占据了较大的比重，权重分别为 0.2096 和 0.2093。这表明在智慧供应链发展过程中，企业要注重对市场风险的把控，在重视企业自身发展，提升运营能力的同时，更要对市场需求及时做出准确预测与反馈，把握市场动向，降低企业向智慧供应链转型时面临的发展风险。其次，指标权重影响较大的方面是信息化风险，两个二级指标信息化基础设施建设、基础投资与应用的权重分别为 0.1922 和 0.1400，这说明智慧供应链的发展需加强相关信息基础设施投资建设，为供应链上信息资源的高效整合传递提供基础。最后，影响权重相对较低的方面为技术性风险，两个二级指标的权重分别为 0.1323 和 0.1166，智慧供应链发展过程中离不开相关技术的研发与应用，我国各个区域应该支持企业相关技术的研发，鼓励企业向智慧供应链转型，可以在一定程度上降低发展风险。

表 4－2　广东省发展风险评价指标体系及权重

一级指标	二级指标	三级指标	指标权重
信息化风险	信息化投资与收入	1. 信息传输、计算机服务和软件业新增固定资产投资	0.044428
		2. 交通运输、仓储及邮电通信业固定资产投资	0.060617
	信息治理风险	3. 信息技术服务收入	0.070907
		4. 信息获取类基础设施投资	0.069914

续表

一级指标	二级指标	三级指标	指标权重
信息化风险	信息治理风险	5. 通信设备类高新企业数量	0.071097
技术性风险	技术研发程度	6. 研发（R&D）活动企业占比	0.068295
		7. 有效发明专利数量	0.063656
	技术应用程度	8. 创新技术企业占比	0.058092
		9. 区块链技术企业数量	0.068268
市场性风险	企业成长性风险	10. 相关企业平均资产负债率	0.068864
		11. 相关企业平均利润率	0.071801
		12. 合作型企业数量	0.072243
	市场同步风险	13. 商品零售价格指数	0.069478
		14. 实物商品网上零售额	0.071139
		15. 市场中产销值差异	0.071201

最后，通过各项指标的权重值以及综合评价值计算公式 $FKLR_i = \sum_{j=1}^{15} w_i r_{ij}, i = 1,2,\cdots,10$，可以得到广东省在2009—2018年十年间智慧供应链发展的风险综合评价值，结果如图4-2所示。

图4-2　广东省智慧供应链发展风险综合评价值

三　确定风险信号灯的等级

以上计算过程是对2009—2018年十年间广东省智慧供应链发展风险的评价，依据这十年间风险评价值的波动范围进行预警界限划分，以中位值为界，这里划分为 4 个区间。其中以中位值为基准，往下波动 0—25% 的区间定义为低风险区间，往下波动 25%—50% 的区间定义为正常区间；而中位值往上波动 0—25% 的区间定义为中风险区间，中位值往上波动 25%—50% 的区间定义为高风险区间，如表 4 -3 所示。

表 4 -3　　智慧供应链发展风险的信号灯预警机制设计表

风险等级	正常	低风险	中风险	高风险
风险值区间	0—0. 00484	0. 00484—0. 00645	0. 00645—0. 00806	>0. 00806
信号灯颜色	绿灯	蓝灯	黄灯	红灯

由此，十年间广东省智慧供应链发展所面临的风险信号灯等级如表 4 -4所示。从结果中可以看出 2009—2011 年智慧供应链发展风险信号灯为黄色，处于中风险区间。这主要是因为在这期间智慧供应链概念刚刚提出，相应的发展理念、基础设施方面还不够完善，相应的研发以及技术运用都处于相对较初级的层次，因此面临的风险相对较高。在之后的 2012—2017 年六年期间，可以看出除 2016 年由于市场产销值差异增大，不准确的需求预测导致市场风险有所升高，使其处于中风险区间外，其余年份风险评价值虽稍有波动，但均处于蓝灯预警界限内，处于发展低风险区间。这意味着智慧供应链的发展开始逐渐得到重视，在相关的基础投资建设、技术研发投入以及市场需求预测等方面都较发展初期有了一定的进步，因此所面临的风险也有所下降。

表 4 -4　　广东省智慧供应链发展风险的信号灯评级

年份	风险评价值	信号灯	风险警戒程度
2009	0. 0072	黄灯	中风险
2010	0. 0065	黄灯	
2011	0. 0066	黄灯	
2012	0. 0064	蓝灯	低风险
2013	0. 0052	蓝灯	
2014	0. 0053	蓝灯	
2015	0. 0055	蓝灯	

续表

年份	风险评价值	信号灯	风险警戒程度
2016	0.0065	黄灯	中风险
2017	0.0054	蓝灯	低风险
2018	0.0087	红灯	高风险

关于2018年广东省的智慧供应链发展面临高风险等级，经过数据来源以及细分指标的分析，发现造成这种现象的主要原因包括两个方面：一是广东省行业内部研发（R&D）活动企业数量减少，且创新技术企业占比降低，这导致智慧供应链发展面临的技术性风险升高；二是市场产销值差异增大，对市场需求预测的不准确导致智慧供应链的发展面临较高的市场风险。因此，科研及创新技术的缺乏和不准确的市场预测导致了广东省在2018年面临着更高的风险等级。

第五节　基于灰色模型的风险等级预测分析

由于智慧供应链的发展在我国面临十分广阔的市场前景，并且得到全方位的发展支持。事实上，对于智慧供应链发展的风险不仅仅要求对过去的风险情况进行评价与预警，更需要对未来几年内可能达到的风险值水平进行较为准确的预测。在之前的分析内容中，本章主要使用了阈值法、熵值法来进行风险信号灯的等级判定，然而这样的计算分析方法并不适用于对未来情况的准确预测。为了能够实现对广东省未来几年内发展风险等级的预测，本节将采用灰色模型对广东省2019—2023年智慧供应链的发展风险情况进行预测分析。

基于之前的分析内容，这里以2009—2018年广东省智慧供应链发展所面临的风险综合评价值作为预测基础，基于$GM(1,1)$模型预测未来几年内的风险综合评价值。首先，需要建立原始非零数列$X^{(0)}$，$X^{(0)}=[X^{(0)}(1),X^{(0)}(2),\cdots,X^{(0)}(n)]$。由于这里选用综合评价值作为预测对象，因此可得到原始序列：$X^{(0)}=(0.0072,0.0065,0.0066,0.0064,0.0052,0.0053,0.0055,0.0065,0.0054,0.0087)$。

然后根据原始序列计算累加生成序列。设$X^{(1)}$为$X^{(0)}$的累加生成序列，

有 $X^{(1)}=[X^{(1)}(1),X^{(1)}(2),\cdots,X^{(1)}(n)]$，其中，$X^{(1)}(k)=\sum_{i=1}^{k}x^{(0)}(i)$，$k=1,2,\cdots,n$。由此，可得出综合评价值的累加生成序列为：

$$X^{(1)}=(0.0072,0.0137,0.0203,0.0267,0.0319,0.0371,0.0426,0.0491,0.0545,0.0632)$$

最后，计算 $X^{(0)}$ 的紧邻均值生成序列。设 $Z^{(1)}$ 为 $X^{(1)}$ 的紧邻均值生成序列，有：$Z^{(1)}=[Z^{(1)}(2),Z^{(1)}(3),\cdots,Z^{(1)}(n)]$，其中 $Z^{(1)}(k)=\frac{1}{2}[X^{(1)}(k)+X^{(1)}(k-1)]$。

则可以得到紧邻均值生成序列为：

$$Z^{(1)}=(0.0105,0.0170,0.0235,0.0293,0.0345,0.0399,0.0459,0.0518,0.0589)$$

下面对未来的风险综合评价值进行预测。基于 $GM(1,1)$ 模型，有：

$$X^{(0)}(k)+aZ^{(1)}(k)=b$$

设 $\hat{a}$ 为待估参数向量，即 $\hat{a}=[a \quad b]^T$，则基于最小二乘法估计方法，辨识的参数列满足：$\hat{a}=(B^TB)^{-1}B^TY$，其中 $B=\begin{bmatrix}-z^{(1)}(2) & 1\\ -z^{(1)}(3) & 1\\ \cdots & \cdots\\ -z^{(1)}(n) & 1\end{bmatrix}$，

$$Y=\begin{bmatrix}x^{(0)}(2)\\ x^{(0)}(3)\\ \cdots\\ x^{(0)}(n)\end{bmatrix}$$

将上述数值代入相应矩阵，计算可得：$a=-0.0171,b=0.0056$。

进一步地，为了最终得到 $GM(1,1)$ 的预测方程，需通过该微分方程的时间响应序列进行推导分析，即灰微分方程 $X^{(0)}(k)+aZ^{(1)}(k)=b$ 的时间响应序列为：

$$\hat{x}^{(1)}(k+1)=\left(x^{(1)}(0)-\frac{b}{a}\right)e^{-ak}+\frac{b}{a}$$

设初始条件为 $x^{(1)}(0)=x^{(0)}(1)$，则有：$\hat{x}^{(1)}(k+1)=\left(x^{(0)}(1)-\frac{b}{a}\right)e^{-ak}+\frac{b}{a}$

经过累减生成还原得到原始序列为：$\hat{x}^{(0)}(k+1)=\hat{x}^{(1)}(k+1)-\hat{x}^{(1)}(k)$

这即为灰色 $GM(1,1)$ 的最终预测方程。

在得到这样的灰色预测模型后，首先对该预测模型的准确度进行检验，所用到的数据即为 2009—2018 年的风险综合评价值。检验过程及结果如表 4－5 所示。

表 4－5　　广东省智慧供应链风险综合评价值灰色模型预测结果

年份	2009	2010	2011	2012	2013	2014	2015	2016	2017	2018
实际值	0.0072	0.0065	0.0066	0.0064	0.0052	0.0053	0.0055	0.0065	0.0054	0.0087
预测值	0.0072	0.0058	0.0059	0.0060	0.0061	0.0062	0.0063	0.0064	0.0065	0.0066
绝对误差	0	0.0007	0.0007	0.0004	0.0009	0.0009	0.0008	0.0001	0.0011	0.0021
相对误差	0	11.40%	10.37%	6.74%	17.56%	16.75%	14.54%	0.91%	19.82%	23.81%
平均相对误差	12.19%									

可以看出平均误差较小，在可接受范围内，计算得出的预测模型具有较为良好的准确度，能够用来预测未来的风险综合评价值。基于这样的预测模型，将相应年份的次序代入累加序列预测模型，可以得到 2019—2023 年的风险综合评价值，如表 4－6 所示。

表 4－6　　2019—2023 年广东省智慧供应链风险评价值预测结果

年份	预测综合评价值	风险信号灯等级	风险警戒程度
2019	0.0067	黄灯	中风险
2020	0.0068	黄灯	中风险
2021	0.0070	黄灯	中风险
2022	0.0071	黄灯	中风险
2023	0.0072	黄灯	中风险

对比前文所计算出的风险信号灯预警界限，发现在未来几年内，广东省智慧供应链发展所面临的风险等级均处于中风险（黄灯）范围内，且有小幅上升趋势。从现实情况来看，智慧供应链经过初期的较高发展风险，以及平稳期的低发展风险阶段后，已进入快速成长发展期，越来越多的企业开始寻求向智慧供应链转型发展的新道路。然而，由于相关

技术设备及企业自身发展条件的限制，一味追求智慧供应链和向智慧供应链转型，在追求快速发展的同时风险也随之升高。从以往数据及细分指标来看，造成这种现象的原因主要包括两个方面：一是在2017年和2018年两年间，广东省的交通运输、仓储、邮电通信业以及信息传输、计算机服务和软件业等高新技术资产投入产生了波动，而智慧供应链的发展强调信息的数字化及可视化，相关技术的资产投入是该项能力的基本保证，相较于之前的年份，更低的资产投入导致了这两年智慧供应链发展更高的信息化风险。二是2018年研发企业数量和创新技术企业占比的降低以及市场需求预测的不准确导致了较高的市场风险。因此，在近几年起伏波动较明显的风险评价数据基础上对未来进行预测，结果会显示出风险中等且不断升高的趋势，这也意味着如果不对风险加以控制，进行防范，智慧供应链发展将面临越来越高的风险。

宏观上来看，虽然预测显示未来几年发展为中风险等级，且有小幅升高趋势，但这种趋势是可以通过一定的措施进行遏制，进而使风险处于可控状态的。预测结果说明广东省在智慧供应链的发展以及抗冲击、风险防范方面还需要进一步增强实力，在进一步加强基础设施布局以及创新技术研发之外，未来广东省的智慧供应链发展方向还可考虑加强区块链技术的运用、扩展智慧网络覆盖的行业数量、加强信息收集以及分析能力、优化市场需求预测及仿真等方面的内容。这几项内容均与整体风险评价指标体系中权重相对较高的指标有较强的联系，因此也可以考虑作为规避风险的有效手段。

第六节　结论

本章主要从市场性、技术性和信息化三个方面考虑了广东省智慧供应链的发展风险预警问题，构建了包括6个二级指标、15个三级指标的智慧供应链风险评价模型，主要分析以及预测结果如图4-3所示。

根据风险评价结果，2009—2023年广东省智慧供应链发展主要可分为四个阶段。

第一阶段：2009—2011年。在这三年期间，智慧供应链发展风险综合评价值虽稍有波动，但均处于黄灯预警区间，在中风险区间范围内。

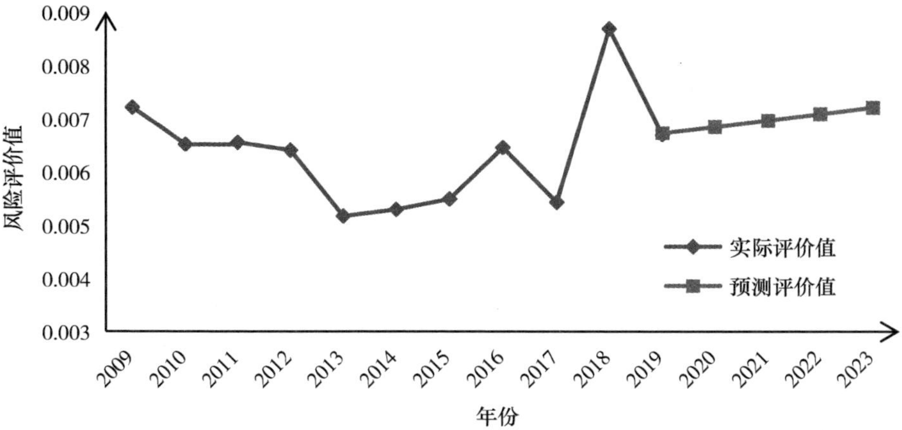

图 4－3　2009—2023 年广东省智慧供应链发展风险综合评价及预测图

由于智慧供应链相关的发展理念、基础设施以及相应的技术研发等都处于初级阶段，因此风险综合评价值在这三年较高。

第二阶段：2012—2017 年。随后几年的发展，广东省明显增加了相关基础设施设备的投入以及创新技术的投入与应用，智慧供应链的发展逐渐得到重视，在相关的基础投资建设、技术研发投入以及市场需求预测等方面都较发展初期有了一定的进步，因此所面临的风险也有所下降。随之而来的是广东省整体信息服务相关收入的增长以及相关专利数的上升，这进一步为广东省搭建智慧供应链的信息分享平台巩固了基础，保证了未来的可持续性发展。除个别数据外，均处于蓝灯预警区间，总体上来说，这一阶段的智慧供应链发展是呈向好趋势的。

第三阶段：2018 年。2018 年风险等级增高，达到红灯预警区间，因此将这一年单独作为一个阶段，表示其拐点特殊性。根据相关的细分指标以及数据分析，在 2018 年宏观经济体量的增长并没有让广东省加大智慧供应链相关行业及产业的投入与研究。同时，创新技术的应用没有达到预期，因此智慧供应链的功能无法得到有效发挥。此外，市场需求的多变也是重要原因之一，在 2018 年的基础设施布局略显不足以及创新技术应用无法准确对市场需求及时做出响应，这进一步影响到了智慧供应链的柔性，因此总体上而言，风险等级升高，进入红灯预警区。

第四阶段：2019—2022 年。根据灰色模型预测方法，对这一阶段的风险评价值进行了预测，均处于中风险黄灯预警区间。上文提到，由于2017 年和 2018 年的相关基础建设投资有所波动，没有保持稳定提升，另外创新技术企业占比降低和对市场需求预测的偏差增大导致未来几年预测的发展风险呈上升趋势。但在相关措施的控制和防范下，预计随着信息化基础设施设备的完善以及创新技术的发展和对市场需求越来越准确地把控，未来几年的发展风险还是处于可控范围内的。

综上所述，可以看出广东省智慧供应链的发展风险与信息基础设施投资、创新技术研发、市场需求预测准确性等密切相关。由此，可对政府和企业提出一些管理建议：政府应加大对信息基础设施建设的投资，为供应链上信息资源的高效整合和传递提供一定基础，以提高供应链上下游之间的协同运作能力；还应加大对相关企业技术研发的支持力度，以鼓励企业向智慧化、智慧化转型等。企业在发展过程中应着重关注对市场风险的把控，通过对相关风险指标的分析及预测，为智慧供应链的转型发展提供一定的现实借鉴意义。

第五章

智慧供应链转型发展的路径评价研究*

第一节 引言

智慧供应链转型不仅需要结合物联网、人工智能、云计算和大数据等技术，还需结合现代供应链管理理论与方法，以便在供应链的企业内部与企业之间构建实现具有智能化、数据化与智慧化的综合集成管理系统①。智慧供应链一经提出就受到政府和业界的高度关注，如 2017 年 10 月国务院办公厅发布《关于积极推进供应链创新与应用的指导意见》与 2018 年 4 月商务部等 8 部门联合印发《关于开展供应链创新与应用试点的通知》等。可以看出，国家政策的不断出台大大加速了智慧供应链在各行各业的飞速发展，而一大批企业也开始纷纷构建自己的智慧供应链体系，如阿里巴巴、京东、顺丰、货车帮等。在政府推动与市场需求的双重影响下，一方面我国智慧供应链的发展成绩斐然，另一方面也出现了全国各个区域智慧供应链发展不均衡的问题②。因此，如何评价当前我国智慧供应链的发展现状，以更有效地促进未来智慧供应链的发展成为

---

* 李波、韩飞燕、陈圣等：《基于综合评价方法的智慧供应链发展路径研究》，《华东经济管理》2022 年第 2 期。

① Zhao Jixin，Ji Meng，“Smarter Supply Chain：A Literature Review and Practices”，*Information and Management*，No. 2，2020，pp. 95 – 110.

② 李若男：《经济全球化下中国智慧物流面临的机遇与挑战》，《中国物流与采购》2019 年第 4 期。

值得研究的问题①。

目前针对智慧供应链的研究还不多，主要是从智慧供应链管理相比传统供应链系统或信息系统的优势来进行分析。如 Zhao 等给出目前智慧供应链研究的综述，还分析了一些智慧供应链管理的成功实践②。而 Gupta 等讨论智慧供应链与信息系统柔性之间的关系，指出智能供应链的管理特征与信息系统柔性之间存在正相关关系，即智慧供应链管理可以实现更高水平的供应链柔性③。还有一些学者考虑先进技术支持下智慧供应链构建与作用，如薛楠和姜溪在"互联网+"背景下，针对京津冀农产品智慧供应链的一体化构建进行研究，并探讨了发挥该智慧供应链作用的路径④。而马彦华与路红艳指出智慧供应链具有智能高效、开放共享、协同创新等特点，并指出智慧供应链发展需要解决供应链产业定位、数据互联互通、人才培养等问题⑤。

以上关于智慧供应链的研究主要侧重在分析其内涵、柔性、体系结构与作用视角，还有一些学者是从物联网、区块链与大数据等技术应用的视角来研究智慧供应链的构架及其评价问题。如 Mohamed 等应用物联网来构建一个智慧与安全的供应链系统，并提出一个集成层次分析评价方法的 N-DEMATEL 技术来帮助设计该系统⑥。而 Viriyasitavat 等考虑应用区块链技术时需选择一些智慧合同来满足支付条件，给出一个智慧合同

---

① Liu Yupeng, Wang Hao, "From Measure to Guidance: Galactic Model and Sustainable Development Planning Toward the Best Smart City", *Journal of Urban Planning and Development*, Vol. 144, No. 4, 2018.

② Zhao Jixin, Ji Meng, "Smarter Supply Chain: A Literature Review and Practices", *Information and Management*, No. 2, 2020, pp. 95 - 110.

③ Gupta Shivam, Drave Vinayak A., Bag Surajit, "Leveraging Smart Supply Chain and Information System Agility for Supply Chain Flexibility", *Information Systems Frontiers*, Vol. 21, No. 3, 2019, pp. 547 - 564.

④ 薛楠、姜溪：《基于互联网+的京津冀一体化农产品构建》，《中国流通经济》2015 年第 7 期。

⑤ 马彦华、路红艳：《推进供给侧结构性改革：以京东商城为例》，《企业经济》2018 年第 6 期。

⑥ Mohamed A., Gunasekaran M., Mai M, "Internet of Things (IoT) and its Impact on Supply Chain: A Framework for Building Smart, Secure and Efficient Systems", *Future Generation Computer Systems*, Vol. 86, 2018, pp. 614 - 628.

的创新框架来便利支付过程，并评价了该框架的有效性[①]。Affaf Shahid 等利用区块链和智能合同的关键特性，为农业食品供应链缺乏透明度、问责制和可审计性提供了一个完整的解决方案[②]。余娟等从大数据技术的优势出发，考虑由制造商—零售商—消费者构成的供应链管理分析框架，探索供应链中用数据化支撑精益化，实现流通业的管理新路径[③]。由此看出，这些文献都是侧重在某一技术支撑下的架构设计及其评价问题。显然，目前针对我国区域性智慧供应链发展的评价现状研究还比较少。事实上，准确评价我国各区域智慧供应链的发展现状来帮助政府或企业做好规划，对进一步促进我国智慧供应链的良性发展具有重要意义。

本章结合以上文献成果，从我国智慧供应链的发展现状出发，提出从市场、智慧技术、供应链和国家政策四个视角构建评价指标体系。考虑我国发展较好的典型六省市，即广东省、上海市、浙江省、北京市、天津市和河北省，采集 2010—2018 年的相关指标数据，基于“纵横向”拉开档次法和双向激励方法，提出一种混合的系统性评价方法，来分析我国这些区域智慧供应链发展的水平状况。评价结果表明，分析的六省市中智慧供应链的发展水平能归为三类，可以发现各省市在科研投资和运输基础设备升级方面普遍较好，但在供应链领域的基础设施应用率、从业人员及基础设施建设方面还存在不足。最后，从评价指标的不同得分揭示出我国南北方智慧供应链发展的不同路径，提出了“技术拉动型”和“需求拉动型”的两类发展模式，分析了它们的优劣势且给出了管理建议，这些可为政府制定相关政策及企业规划智慧供应链建设提供相关理论依据。

第二节　国内外相关研究现状

近年国外学者关于智慧供应链、智能化的研究还比较少，主要从智

---

① Viriyasitavat W., Hoonsopon D., Bi Z, “Augmenting Cryptocurrency in Smart Supply Chain”, *Journal of Industrial Information Integration*, Vol. 21, 2021, p. 100188.

② Shahid A., Almogren A., “Blockchain-based Agri-food Supply Chain: A Complete Solution”, *IEEE Access*, No. 8, 2020, pp. 69230 – 69243.

③ 余娟、张滨丽：《基于大数据视角的流通业供应链管理分析》，《商业经济研究》2018 年第 7 期。

能供应链管理相比传统供应链管理的优势考虑。Zhao 等人综述了智能技术与数字化技术支持下的供应链管理相关研究，将文献分为四个方面，包括信息共享和供需预测、更智能的供应链流程集成和更智能的决策、更智能的供应链风险管理和更智能的供应链合作。文章还介绍了智能供应链管理的成功实践和现有解决方案①。Gupta 等人解释了数字化、智慧化供应链和信息系统柔性之间的关系。研究表明，这种供应链管理的特征与信息系统柔性之间存在正相关关系，从而可以实现更高水平的供应链柔性②。

而关于信息化评价，国外学者主要从大数据、物联网和区块链技术评价体系建立的角度来研究。Liu 等人提出一个评价指标体系来准确衡量现实世界中影响具有智慧化、数字化城市可持续发展的主要因素，并通过对威海和青岛两个中国城市发展的实证分析，验证了该方法的有效性。结果表明，不同维度和标准之间存在绩效差距，提出了缩小这两个智慧城市绩效差距的改进策略③。Yan 等人首先对之前描述智能城市发展的部分进行定性数据分析。然后结合研究结果构建了一个全面、综合的智慧城市体系框架。最后，以智能交通系统及其在中国的现状为案例进行讨论④。Sally 和 Cairda 等人对英国五个城市进行案例研究，提出了一种借鉴了城市研究和衡量框架的合适的智慧城市评估方法⑤。Kao 等人提出一种理论模型来确定可能影响物联网产业可持续性的不同因素，最后得到了一个案例的验证。此外，分析结果还提供了促进物联网产业可持续性的

① Zhao Jixin, Ji Meng, "Smarter Supply Chain: A Literature Review and Practices", *Information and Management*, No. 2, 2020, pp. 95 – 110.

② Gupta Shivam, Drave Vinayak A., Bag Surajit, "Leveraging Smart Supply Chain and Information System Agility for Supply Chain Flexibility", *Information Systems Frontiers*, Vol. 21, No. 3, 2019, pp. 547 – 564.

③ Liu Yupeng, Wang Hao, "From Measure to Guidance: Galactic Model and Sustainable Development Planning Toward the Best Smart City", *Journal of Urban Planning and Development*, Vol. 144, No. 4, 2018.

④ Yan Jianghui, Liu Jinping, "An Evaluation System Based on the Self-organizing System Framework of Smart Cities: A Case Study of Smart Transportation Systems in China", *Technological Forecasting and Social Change*, Vol. 153, 2020.

⑤ Sally P. Cairda, Stephen H. Hallett, "Towards Evaluation Design for Smart City Development", *Journal of Urban Design*, Vol. 24, No. 2, 2019, pp. 188 – 209.

若干政策建议[①]。Shahid 等人利用了区块链和智能合同的关键特性，为农业和食品（农业食品）供应链缺乏透明度、问责制和可审计性提供了一个完整的解决方案[②]。

随着中国关于推进智能化、数字化与智慧化供应链项目的政策不断提出，智慧供应链转型的研究逐渐上升，国内学者对这方面的研究越来越重视，对供应链信息化、数字化评价研究的探索不断深入，主要可分为以下两个方面。

第一，从供应链智能化、数字化特点和带来的供应链管理变革角度出发。邢淋淋建立了一个可量化的有关供应链实现智能化、智慧化的绩效评估模型。在该研究中通过选择供应链管理中有关计划、采购、生产、柔性和智慧度等在内的评价指标，获取我国6个行业分布在9个不同的城市企业数据来进行实证分析。研究发现供应链企业的供应链智慧化绩效水平偏低，虽然大多数企业开始具有供应链管理的意识，但对基于技术的供应链智能化管理还不成熟。最后从宏观和微观两个视角，提出了有关企业提高供应链智慧化绩效水平的建议[③]。薛楠、姜溪讨论了有关京津冀农产品的系统及其一体化构建中面临的挑战，指出在“互联网+”环境下，为有效地促进京津冀的农产品实现一体化进程，首先要倡导政府进行主导这个构建过程；其次要进行合理、公平的利益分配机制；再次是需要构建京津冀的农产品大数据平台；最后是在不同的发展阶段，要选择合适有效的商业模式[④]。马彦华与路红艳也指出供应链实现数字化与智慧化，可以实现开放共享、智能高效与协同创新。他们还建议我国政府的有关部门应该代理解决当前供应链的产业定位、数据的互联互通及其人才培养问题，来积极促进智慧供应链下的创新应用，为进一步深化

① Kao Yu-Sheng, Nawata Kazumitsu, “Systemic Functions Evaluation Based Technological Innovation System for the Sustainability of IoT in the Manufacturing Industry”, *Sustainability*, Vol. 11, No. 8, 2019.

② Shahid Affaf, Almogren Amad, “Blockchain-based Agri-food Supply Chain: A Complete Solution”, *IEEE Access*, No. 8, 2020, pp. 69230-69243.

③ 邢淋淋：《基于 IDEFO 模型的智慧供应链构建及绩效研究》，博士学位论文，海南大学，2015 年。

④ 薛楠、姜溪：《基于互联网+的京津冀一体化农产品构建》，《中国流通经济》2015 年第 7 期。

供给侧的结构性改革，有效推动我国经济实施高质量发展来发挥积极作用[①]。

第二，从行业信息化、数字化、智慧化评价方面，主要以物联网等技术角度进行评价体系的构建，并提出合理建议。关于城市信息化评价的文献主要以城市智慧度为角度，关于城市间的评价研究几乎是空白。李颖和李佳玉选择我国在物联网产业方面，具有发展代表性的 9 个省或市相关统计数据，通过建立我国物联网产业领域的有关技术研发的评价指标与评价体系，采集 2007—2013 年的数据进行实证验证，给出我国物联网产业领域技术研发效率的评价结果。研究发现：我国的物联网产业当前技术研发的效率还是比较低下的，且各地区相关研发效率的差异比较大，其中技术衰退可以说明物联网产业的研发效率降低原因[②]。贾铖和夏春萍等针对农业信息化进行评价指标的构建，且分别对我国东部、中部与西部三地区的农业信息化情况与存在差异进行验证评价。结果显示我国三个区域地区的农业信息化发展水平很不一致、差距明显[③]。

王兰敬针对区域性的智慧物流配送能力构建相关评价的指标体系，来衡量研究我国不同区域的智慧化、数字化物流配送能力发展水平。结果展示出我国的智慧物流虽然近年来发展飞速，但其区域的发展差异很显著。其中一线城市，如北上广深，这些地区的智慧化程度很高，相应物流配送的能力也很强[④]。赵长伟等讨论创新创业的生态系统如何进行评价的问题，分别对粤、苏、浙、鲁与皖五个省的创新创业生态系统进行实证研究，通过比较得出广东省与江苏省的创新创业生态系统的整体水平较高，而浙江排在第三位[⑤]。胡军燕等考虑多维城市智慧度的综合评价

---

① 马彦华、路红艳：《推进供给侧结构性改革：以京东商城为例》，《企业经济》2018 年第 6 期。

② 李颖、李佳玉：《我国物联网产业技术研发效率动态评价》，《科技管理研究》2016 年第 6 期。

③ 贾铖、夏春萍、蔡轶：《我国农业信息化水平的区域评价与提升研究》，《南方农业学报》2017 年第 8 期。

④ 王兰敬：《基于物联网的我国区域智慧物流配送能力评价》，《商业经济研究》2020 年第 16 期。

⑤ 赵长伟、王留军、应向伟：《粤苏浙鲁皖五省创新创业生态系统比较研究》，《工业技术经济》2020 年第 2 期。

及其体系评价问题，并对2008—2016年我国38个城市的智慧度实现评价和分类。评价表明：多维城市智慧度在领跑者、追赶者与准备者之间的差距过大，表明智慧城市的建设仍更多依赖于原有的区位优势、资源与积淀能力，使得已经形成相关主导因子的城市智慧度特别显著。因此，追赶者与准备者需要尽快找准自己的定位，努力实现显著的追赶效应。同时，领跑者主要注意尽力避免对这些相关主导因子的路径依赖，采用加强其他短板因子的发展来实现跃迁①。王亚玲讨论了智慧化迈入新的阶段时，需要建立数字化的应用平台，增加公众的参与渠道；同时提高公众的数字素养，评价指标的设计需要突出善治的理念，并重视数字化的作用②。

由此看出，目前关于供应链智能化、数字化与智慧化的相关文献主要从供应链整体结构的角度着手，而关于相关评价的文献主要以信息化、数字化为背景，关于各省市间数字化、智慧化供应链绩效评价体系构建并评价智慧化水平方面还没有涉及。

本章首先从我国智慧供应链转型的发展现状出发，提出从市场、智慧技术、供应链和国家政策四个视角出发建立系统评价准则层。其次，采集国内发展较好的典型三区域，即长江三角洲地区、珠江三角洲地区和京津冀地区若干省、直辖市自2010—2018年的数据，基于“纵横向”拉开档次法和双向激励方法，提出一种混合的系统性评价方法，来反映我国目前发展的高水平情况。研究表明：采集数据涉及的六省市发展水平被归为三类，各类别间差距较大。可以发现各省市基础设施的使用率较低、从业人员较少，基础设施建设还存在不足。在科研投资和运输基础设备升级方面普遍较好。结论部分总结了智慧供应链转型中的两类发展模式，分别分析了优劣势并进行了未来展望。最后，本章对研究我国目前智慧供应链转型的发展现状提出针对性建议，为政府制定相关政策及企业规划智慧供应链转型的建设提供了理论依据。

① 胡军燕、修佳钰、潘灏：《基于面板数据的城市智慧度评价与分类》，《统计与决策》2020年第7期。

② 王亚玲：《公众参与：智慧城市向智慧社会的跃迁路径》，《领导科学》2019年第2期。

第三节　智慧供应链发展路径评价指标体系的建立

一　指标体系构建的依据

对我国智慧供应链的发展状况进行系统性评价，可以有助于准确把握其发展现状，以指导未来智慧供应链有效、良性发展。然而，智慧供应链的发展离不开市场的需求推动和先进技术的广泛采用，尤其随着人工智能、大数据等技术被实践界开始深度应用，使得消费者对高效便捷的个性化服务要求更高；同时，政府也不断在出台各类政策，积极鼓励智慧供应链的发展。鉴于此，提出从市场需求、智慧技术、供应链和国家政策四个视角出发来建立评价指标体系。

具体详述如下。

（一）市场需求视角

市场是衡量智慧供应链发展现状的一个重要方面。首先，目前有关供应链绩效评价的文献，大多基于 SCOR 模型分别从计划、采购、生产、配送等流程来设计评价指标体系，这类评价指标体系的构建更多关注在供应链上下游企业之间运营视角，其考虑的计划指标与市场需求息息相关。其次，在考虑区域物流发展的相关文献中，也常设计区域需求、空间布局等指标来反映市场需求①。借鉴这两方面的文献成果，本章认为，市场需求是智慧供应链能够蓬勃发展的一个主要动力，智慧供应链的应用要面向需求市场。虽然传统供应链中包含了巨量的企业和消费者，然而智慧供应链所触及的市场范围仍需要进行测度。因此，从需求市场出发，智慧供应链的应用量与普及率等因素可以体现出智慧供应链发展的范围程度。

（二）智慧技术视角

与传统供应链不同，智慧供应链需要高科技含量的技术作为支撑来构建供应链体系。显然，智慧技术的发展水平是评价智慧供应链发展现

---

① 李旭辉、朱启贵、胡加媛：《基于“五位一体”总布局的长江经济带城市经济社会发展动态评价研究》，《统计与信息论坛》2018 年第 7 期。

状的关键方面。借鉴工业4.0及其智能技术，或智慧供应链方面的相关文献①，可以发现，支持智能技术应用能力的相关指标是智慧供应链发展的重要技术基础。因此，智慧技术是影响智慧供应链发展的制约性因素，同时未来智慧供应链的发展情况也在很大程度上取决于智慧技术的应用程度。

（三）供应链视角

供应链系统本身是智慧供应链的根本所在，无论智慧供应链如何发展，其最终还是要依靠供应链系统本身作为载体。评价智慧供应链的发展在很大程度上也是对当下供应链系统本身在智慧技术应用方面的研究总结。有文献指出智慧供应链需要具备资源整合能力、柔性协调能力及其变革创新能力②，故在供应链企业中考虑智慧技术的应用程度来体现智慧供应链的发展现状，即从供应链系统本身对智慧供应链进行考量，测量供应链的整合、协调与创新能力，是评价智慧供应链发展现状的重要组成部分。

（四）国家政策视角

考虑区域经济发展的评价文献③，发现它们大多从政治、经济等视角来构建评价指标体系。我国智慧供应链的发展也得到了国家政策的大力支持，在智慧技术逐步深入市场的情况下，政府在引领智慧技术发展方面所起到的作用也日趋明显，故近年来我国政府对智慧技术的支持力度可以在一定程度上反映出智慧供应链的发展情况。

二　我国智慧供应链发展路径评价指标体系构建

根据上述的准则考虑依据，本章构建分别从需求市场、智慧技术、

---

① Sally P. Cairda，Stephen H. Hallett，“Towards Evaluation Design for Smart City Development”，*Journal of Urban Design*，Vol. 24，No. 2，2019，pp. 188 – 209；Kao Yu-Sheng，Nawata Kazumitsu，“Systemic Functions Evaluation Based Technological Innovation System for the Sustainability of IoT in the Manufacturing Industry”，*Sustainability*，Vol. 11，No. 8，2019.

② 马彦华、路红艳：《推进供给侧结构性改革：以京东商城为例》，《企业经济》2018 年第 6 期；胡军燕、修佳钰、潘灏：《基于面板数据的城市智慧度评价与分类》，《统计与决策》2020 年第 7 期。

③ 李旭辉、朱启贵、胡加媛：《基于“五位一体”总布局的长江经济带城市经济社会发展动态评价研究》，《统计与信息论坛》2018 年第 7 期。

供应链和国家政策四个视角出发的智慧供应链发展现状评价指标体系，如表 5 - 1 所示。

表 5 - 1　　智慧供应链发展现状的评价指标体系

目标层	准则层	二级指标
智慧供应链发展路径	市场需求视角	货物运输量（万吨）A1
		货物周转量（亿吨·公里）A2
		移动设施普及率（%）A3
		互联网用户（万户）A4
	技术投入视角	运输设备施工项目（个）B1
		运输设备施工项目建成投产率（%）B2
		交通运输、仓储和邮政业投资（亿元）B3
		计算机、通信和其他电子设备制造业施工项目（个）B4
		计算机、通信和其他电子设备制造业项目建成投产率（%）B5
		信息传输、软件和信息技术服务业投资（亿元）B6
		长途光缆线路长度（公里）B7
		研究与试验发展经费（亿）B8
		高新技术新产品产值（亿元）B9
		有效发明专利数（件）B10
	供应链视角	第三产业生产总值（亿元）C1
		公路通车里程（公里）C2
		载货汽车（万辆）C3
		载货汽车吨位数（万吨）C4
		供应链从业人员总数（万人）C5
		信息技术从业人员总数（万人）C6
		科学研究和技术服务业从业人员总数（万人）C7
	国家政策视角	财政科技经费支出（亿元）D1
		一般公共预算支出（亿元）D2

以下给出每一准则下的详细指标及其依据。

（一）市场需求视角的准则层

分析对智慧供应链市场需求的测度准则，本章借鉴区域物流发展中的细化指标，从供应链系统中的物流业务体量等方面选取评价指标①。在需求市场角度，包含的评价指标包括“货物运输量 A1”“货物周转量 A2”“移动电话普及率 A3”。指标 A1、A2 直接与物流业务体量相关，而从需求端客户出发，指标 A3 和 A4 可以衡量需求端客户利用智能电话、互联网等设施进行交易的便捷程度，如利用 App 程序一键上网进行下单、跟踪货物及其验收货物等，来实现需求快速接入、反馈和更新等操作。因此，这两个指标充分反映了不同地区需求端用户连入供应链系统的水平，展示出市场需求信息的传递效率及其信息共享设施的支持程度。

（二）智慧技术视角的准则层

智慧技术是智慧供应链的支撑基础，物联网、人工智能、大数据等应用展现出智慧供应链的鲜明特征②。在评价智慧技术方面，本章设计的评价指标包括“运输设备施工项目 B1”“运输设备施工项目建成投产率 B2”“交通运输、仓储和邮政业投资 B3”“计算机、通信和其他电子设备制造业施工项目 B4”“计算机、通信和其他电子设备制造业项目建成投产率 B5”“信息传输、软件和信息技术服务业投资 B6”“长途光缆线路长度 B7”“研究与试验发展经费 B8”“高新技术新产品产值 B9”“有效发明专利数 B10”。

因为智慧供应链系统中很多先进技术主要应用在货物移动、存储、配送等相关设备、项目与投资方面，故采用指标 B1、B2、B3 来衡量其中这三部分功能的基础设施状况。另外，智慧供应链中为了更好地协调链上各个成员及其货物流，基于大量感知设备、通信设备、互联互通设施等把信息获取、采集且传输接入计算机系统，实现实时跟踪、调度与控制。因此，指标 B4、B5、B6 和 B7 主要用于衡量从制造到传输及其服务的整个过程。最后，选择指标 B8、B9 和 B10 来体现智慧技术的研发、创新与应用转化能力。

（三）供应链视角的准则层

从供应链系统本身角度，本章主要选择的评价指标包括“第三产业

① 王兰敬：《基于物联网的我国区域智慧物流配送能力评价》，《商业经济研究》2020 年第 16 期。

② Kao Yu-Sheng, Nawata Kazumitsu, “Systemic Functions Evaluation Based Technological Innovation System for the Sustainability of IoT in the Manufacturing Industry”, *Sustainability*, Vol. 11, No. 8, 2019.

生产总值 C1”“公路通车里程 C2”“载货汽车数量 C3”“载货汽车吨位数 C4”“供应链从业人员总数 C5”“信息技术从业人员总数 C6”“科学研究和技术服务业从业人员总数 C7”。

供应链系统涵盖各行各业，但其各个活动功能的统计分属第三产业，故设计指标 C1 能从侧面反映出整体供应链系统运行的好坏程度。而公路路网结构，包括通车里程、载货车数量和吨位数是供应链系统中实现货物运输灵活性、门到门服务等物流无缝衔接的主要方式，因此，设计指标 C2、C3 和 C4 为典型代表来反映供应链操作层面的水平。另外，智慧供应链的发展需要相关从业人员素质的提高，事实上，目前大量先进技术的应用，很多相关 IT 研发人员、数据分析人员及其创新产品人员等都加入了供应链相关领域的研发队伍中。故这里选择了 C5、C6 和 C7 这三个指标来体现这种思想。

（四）国家政策角度准则层

政府对智慧供应链发展的扶持力度将对其发展程度造成重大的影响。从国家政策角度，本章选定的智慧供应链评价指标包括“财政科技经费支出 D1”和“一般公共预算支出 D2”。前一个指标体现出国家对科研创新的支持力度，而后一个指标反映国家在保障民生公共设施方面的投入，也包括对供应链中基础设施的支出。

第四节　实证分析

一　数据来源

对我国智慧供应链转型的发展路径进行系统性评价可以准确把握其发展状况，有助于指导我国智慧供应链转型进一步有效、良性发展。为了反映我国智慧供应链发展路径的最高发展水平，这里考虑以表 5 - 1 构建的评价指标体系。实证数据来源选取中国主要发达地区作为评价研究目标，这些地区包括长江三角洲地区、珠江三角洲与京津冀地区的主要省市，其中长江三角洲地区主要包括上海市、浙江省、江苏省，由于江苏省资源主要集中在南京市，相比体量较小，代表性不足故舍弃；珠江三角洲地区大部分属于广东省，故只收集了广东省数据。所选数据时间跨度为 2010—2018 年，从市场角度、智慧技术角度、供应链角度和国家政策角度对我国主要发达地区的发展进行系统性评价。

二 数据预处理

由于综合评价体系中涉及的各类指标的数据类型与量纲等存在差异，首先本节对数据进行一致化、标准化处理。假设 $v_n(n=1,2,\cdots,6)$ 分别对应本章选取的评价对象省市，$t_N(N=1,2,\cdots,9)$ 分别对应数据采集的年份，本章指从 2010—2018 年，$m=1,2,\cdots,23$ 代表本章设立的评价指标体系中的各项指标。将所有数据表示为 $x_{nm}(t_N)$，表明研究对象 n 在 t_N 年第 m 项指标的具体数值。这样就构成了一个 (t_N, v_n, m) 的时序立体数据表①。本章对数据进行标准化处理的方法为：

$$u_{nm}(t_N)=\frac{x_{nm}(t_N)-\bar{x}_m(t_N)}{s_m(t_N)} \tag{5-1}$$

其中：$u_{nm}(t_N)$ 表示经过标准化处理后的数据矩阵，$\bar{x}_m(t_N)$ 和 $s_m(t_N)$ 分别表示样本均值和标准差。经过处理后，标准化矩阵 $u_{nm}(t_N)$ 的样本均值为 0，样本方差为 1。

三 基于混合评价的方法应用

本部分提出一种基于“纵横向”拉开档次法与双向激励法的静态与动态混合的综合评价思想，如图 5-1 所示。首先，“纵横向”拉开档次法是一种基于三维时序立体数据集来解决评价指标权重系数的评价方法②，其赋权信息直接来源于被评价对象的各项原始数据，可最大限度地体现各评价对象间的整体差异，使各个评价对象、各时期之间都具有可比性，是一种适用于比较在多个时间节点、研究多个目标对象的评价方法③。也就是说，虽然本章选取的以上六省市不同指标的数据反映出了其

---

① 王亚玲：《公众参与：智慧城市向智慧社会的跃迁路径》，《领导科学》2019 年第 2 期。

② 李旭辉、朱启贵、胡加媛：《基于“五位一体”总布局的长江经济带城市经济社会发展动态评价研究》，《统计与信息论坛》2018 年第 7 期；祖培福、孙婷婷：《基于熵值-双向激励的黑龙江城市经济发展的动态综合评价》，《数学的实践与认识》2020 年第 5 期。

③ 赵长伟、王留军、应向伟：《粤苏浙鲁皖五省创新创业生态系统比较研究》，《工业技术经济》2020 年第 2 期；王亚玲：《公众参与：智慧城市向智慧社会的跃迁路径》，《领导科学》2019 年第 2 期。

客观存在的区域差异性，但基于“纵横向”拉开档次法进行各个区域的评价，可以将不同年份（2010—2018 年）与不同目标对象的评价结果进一步拉开档次，以清晰得出不同区域整体差异性的评价结果。此外，本章还采用双向激励的评价方法，确定当前的每一个研究对象在考虑时间因素下发展的综合评价值。

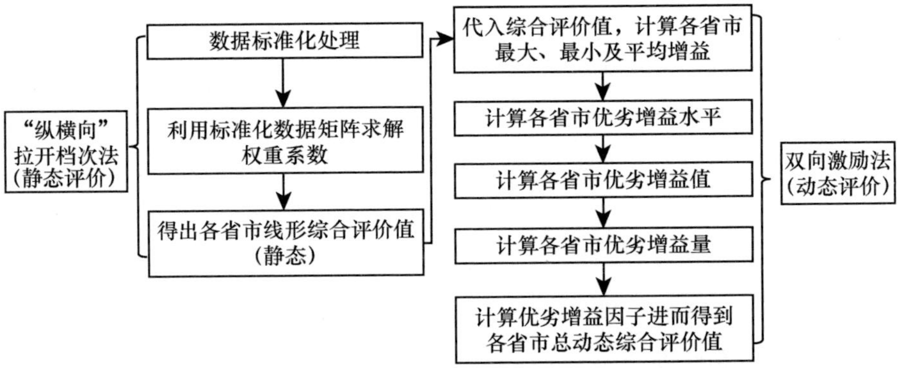

图 5-1　基于“纵横向”拉开档次法与双向激励法的综合评价

学者们之前的研究主要集中于用横截面数据或者时间序列数据的静态评价方法①。静态的评价方法一般不能实现从时空的视角进行全方位的分析，来评测对象发生的动态趋势与变化特征。本章这里讨论的智慧供应链转型发展路径，其显然属于一个动态变化过程，即随着时空的变化而呈现不同的演变发展规律。所以，这里关于各省市的智慧供应链转型的发展路径评价就需要考虑动态评价思想。采用的动态综合评价方法属于一类具有现实意义与实践应用价值的、多指标、多属性的决策问题。

因此，本书对 2010—2018 年间的 6 省市有关智慧供应链转型发展路径引入“纵横向”拉开档次法进行动态评价，由此从“纵向”视角探索各省市智慧供应链转型发展路径随时间变化的特征和规律，从“横向”视角揭示出某个时刻各省市智慧供应链转型发展路径的优势和

① 李世奇、朱平芳：《长三角一体化评价的指标探索及其新发现》，《南京社会科学》2017 年第 7 期。

不足。该方法的赋权信息可以直接取自于被评价对象中各项原始数据，保证最大限度来体现各评价对象间的整体差异，使得各个评价对象、各个时期之间都具备可比性，是一种适用于评价并比较在多个时间节点研究多个目标对象的综合评价方法。接下来，将首先依照“纵横向”拉开档次法从横向视角与纵向视角两个维度对选取的研究对象进行评价。

（一）基于“纵横向”拉开档次法的评价

“纵横向”拉开档次法可以通过使各评价对象的综合评价值差异较大，反映出评价对象的整体差异。在评价模型选择时，结合本章的研究问题和统计指标特征，采用线性评价模型对各个评价对象进行评估。因此，在 t_N 年，v_n 的评价值可以表示为：

$$v_n(t_k) = \sum_{m=1}^{23} \omega_m u_{nm}(t_k)\ ,\ n = 1,2,\cdots,6\ ,\ k = 1,2,\cdots,9 \quad (5-2)$$

其中：在公式（5－2）中，$v_n(t_k)$ 表示 v_n 在 t_k 年的评价值，ω_m 表示每个指标在评价模型中所占的权重。

依据“纵横向”拉开档次法，公式（5－2）中的 ω_m 是需要进一步确定的权重系数。“纵横向”拉开档次法的重要思想是将所有研究对象之间的差异最大化，所以权重的取值要符合差异最大化的要求，也就是要求评价值矩阵 $\{v_n(t_k)\}$ 的总体离差平方和 δ^2 最大化。即评价值矩阵 $\{v_n(t_k)\}$ 的总体离差平方和 δ^2 为：

$$\delta^2 = \sum_{N=1}^{9} \sum_{n=1}^{6} [v_n(t_N) - \bar{v}]^2 \quad (5-3)$$

因为原始数据的矩阵通过标准化的处理，则得到的标准化矩阵样本的均值与样本方差取值分别是 0 与 1，可得：

$$\bar{v} = \frac{1}{9}\sum_{k=1}^{9}\Big[\frac{1}{6}\sum_{n=1}^{6}\sum_{m=1}^{23}\omega_m u_{nm}(t_k)\Big] = 0 \quad (5-4)$$

由此，评价值矩阵 $\{v_n(t_k)\}$ 的总体离差平方和 δ^2 可以简化为：

$$\delta^2 = \sum_{k=1}^{9}\sum_{n=1}^{6} [v_n(t_k) - \bar{v}]^2 = \sum_{k=1}^{9}\sum_{n=1}^{6} [v_n(t_k)]^2 = \sum_{k=1}^{9} [\omega^T H_k \omega] = \omega^T H \omega \quad (5-5)$$

在公式（5－5）中，$\omega = (\omega_1,\omega_2,\cdots,\omega_m)^T$，$H = \sum_{k=1}^{9} H_k$ 是 $m \times m$ 阶对称矩

阵。而其中，$H_k = U_k^T U_k$，并且有 $U_k = \begin{bmatrix} u_{11}(t_k) & \cdots & u_{1m}(t_k) \\ \vdots & \cdots & \vdots \\ u_{n1}(t_k) & \cdots & u_{nm}(t_k) \end{bmatrix}$，$k = 1,2,\cdots,9$，

所以，权重系数 ω 的求解问题就转化为：在限定 ω 的取值条件下，ω 取何值可以使 δ^2 取得最大值。ω 可由下面的规划问题求解得出：

$$Max \quad \omega^T H\omega$$
$$s.t. \begin{cases} \omega^T\omega = 1 \\ \omega > 0 \end{cases} \tag{5-6}$$

利用 Mathematica 软件可求出上述规划问题的求解。可以证明，当选择 ω 为矩阵 H 最大特征值 $\lambda_{\max(H)}$ 相对应的特征向量时，$\delta^2 = \omega^T H\omega$ 可以取得最大值。

依据上述模型可以得到各个省市在不同年份的评价值，如表 5-2 所示。

表 5-2　基于"纵横向"拉开档次法在 2010—2018 年六省市的评价结果

地区	年份								
	2010	2011	2012	2013	2014	2015	2016	2017	2018
上海市	0.053	0.601	0.941	1.039	1.125	1.607	1.648	1.664	2.139
浙江省	-0.627	-0.813	-0.307	-0.076	0.143	0.568	0.391	0.538	0.676
广东省	2.827	3.498	3.871	4.531	5.251	5.299	5.372	5.380	5.627
北京市	3.161	3.828	3.100	4.107	3.983	3.658	4.019	4.089	4.187
天津市	-4.393	-4.174	-4.062	-3.767	-3.574	-3.392	-3.401	-2.979	-1.800
河北省	-4.443	-4.323	-4.378	-4.164	-3.961	-3.571	-3.159	-3.942	-3.286

（二）利用双向激励对各地区进行二次加权评价

基于以上评价结果，下面将采用双向激励的评价方法①，来计算出评

① 姜旭、胡雪芹：《基于组合赋权模型的物流企业绩效评价指标体系构建研究》，《管理评论》2020 年第 8 期。

价对象的平均最大 $\eta^{\max}$ 、平均最小增益 $\eta^{\min}$ 和平均增益 $\bar{\eta}$ 为：

$$\eta^{\max} = \max_{n}\left(\frac{1}{8}\sum_{k=1}^{8}[v_n(t_{k+1}) - v_n(t_k)]\right), \eta^{\min}$$

$$= \min_{n}\left(\frac{1}{8}\sum_{k=1}^{8}[v_n(t_{k+1}) - v_n(t_k)]\right),$$

$$\bar{\eta} = \frac{1}{6\times 8}\sum_{n=1}^{6}\sum_{k=1}^{8}[v_n(t_{k+1}) - v_n(t_k)].$$

进一步可计算得到评价对象的优劣增益水平，记为 η^{+} 和 η^{-} ，其公式为：

$$\eta^{+} = \bar{\eta} + (\eta^{\max} - \bar{\eta})k^{+} \tag{5-7}$$

$$\eta^{-} = \bar{\eta} - (\eta^{\min} + \bar{\eta})k^{-} \tag{5-8}$$

其中 k^{+} , $k^{-} \in (0,1]$ 记为浮动系数，常取 $k^{+} = k^{-} = 0.5$ ，将以上 η^{+} 和 η^{-} 代入下面公式，可得出评价对象的优劣激励值，即 $v^{+}(t_k)$, $v^{-}(t_k)$ 分别为：

$$v_n^{+}(t_k) = \eta^{+} + v_n(t_{k-1}), k = 2,3,\cdots,9 \tag{5-9}$$

$$v_n^{-}(t_k) = \eta^{-} + v_n(t_{k-1}), k = 2,3,\cdots,9 \tag{5-10}$$

因此，把表5－2数据代入以上公式，可求出评价对象的优劣激励值，如表5－3所示。

表5－3　　2011—2018年六个省市的优、劣激励值

地区	优激励值							
	2011年	2012年	2013年	2014年	2015年	2016年	2017年	2018年
上海市	0.358	0.906	1.246	1.344	1.430	1.912	1.953	1.969
浙江省	－0.322	－0.508	－0.002	0.229	0.448	0.873	0.696	0.843
广东省	3.132	3.803	4.176	4.836	5.556	5.604	5.677	6.432
北京市	3.466	4.133	3.405	4.412	4.288	3.963	4.324	4.492
天津市	－4.088	－3.869	－3.757	－3.462	－3.269	－3.087	－3.096	－2.674
河北省	－4.138	－4.018	－4.073	－3.859	－3.656	－3.266	－2.854	－3.637
	劣激励值							
	2011年	2012年	2013年	2014年	2015年	2016年	2017年	2018年
上海市	0.225	0.773	1.113	1.211	1.297	1.779	1.820	1.836
浙江省	－0.455	－0.641	－0.135	0.096	0.315	0.740	0.563	0.710

续表

地区	劣激励值							
	2011 年	2012 年	2013 年	2014 年	2015 年	2016 年	2017 年	2018 年
广东省	2.999	3.670	4.043	4.703	5.423	5.471	5.544	6.299
北京市	3.333	4.000	3.272	4.279	4.155	3.830	4.191	4.359
天津市	-4.221	-4.002	-3.890	-3.595	-3.402	-3.220	-3.229	-2.807
河北省	-4.271	-4.151	-4.206	-3.992	-3.789	-3.399	-2.987	-3.770

然后，考虑结合以上评价对象在各个年份得出的静态评价值，再进一步计算得出每个评价对象在各个年份的优、劣增益量 $\xi^{+}(t_k)$ 和 $\xi^{-}(t_k)$，即：

$$\xi_n^{+}(t_k) = \begin{cases} v_n^{+}(t_k) - v_n(t_k), v_n^{+}(t_k) > v_n(t_k) \\ 0, otherwise \end{cases}, k = 2,3,\cdots,9 \tag{5-11}$$

$$\xi_n^{-}(t_k) = \begin{cases} v_n(t_k) - v_n^{-}(t_k), v_n^{-}(t_k) < v_n(t_k) \\ 0, otherwise \end{cases}, k = 2,3,\cdots,9 \tag{5-12}$$

在 t_1 年定义 $\xi_n^{+}(t_k) = \xi_n^{-}(t_k) = 0$，得到各省市优、劣激励量如表 5-4 所示。

然后，计算得出优劣激励因子 h^{+},h^{-}（$h^{+},h^{-} > 0$）为：

$$\begin{cases} r = \dfrac{h^{+} \sum\limits_{n=1}^{6} \sum\limits_{k=1}^{9} \xi_n^{+}(t_k)}{h^{-} \sum\limits_{n=1}^{6} \sum\limits_{k=1}^{9} \xi_n^{-}(t_k)} \\ h^{+} + h^{-} = 1 \end{cases} \tag{5-13}$$

其中：r 为优劣激励总量的比例且 $r \in R^{+}$，再由下式可以得到第 n 个评价对象 v_n 在第 k 年的带激励的总动态综合评价值，计算公式如下：

$$\begin{cases} z_n(t_k) = h^{+} \xi_n^{+}(t_k) + v_n(t_k) - h^{-} \xi_n^{-}(t_k) \\ z_n = \sum\limits_{k=1}^{9} \tau_k z_n(t_k) \end{cases}, n = 1,2,\cdots,6 \tag{5-14}$$

其中：$z_n(t_k)$ 为 v_n 在第 t_k 年的动态综合评价值，z_n 为评价对象 v_n 在所有 9

个年份的带激励的总动态综合评价值，τ_k 为时间因子，在不强调时间偏好的情况下可取 $\tau_k = 1$ 。由此，可得到各省市在 2010—2018 年总的动态综合平均值以及排名，即广东省、北京市、上海市、浙江省、天津市和河北省各自综合得分是 4.659、3.843、1.177、0.091、－3.545、－3.877，如表 5－5 所示。

表 5－4　　　　2011—2018 年六个省市的优、劣增益量

地区	优增益值							
	2011 年	2012 年	2013 年	2014 年	2015 年	2016 年	2017 年	2018 年
上海市	0.000	0.000	0.207	0.219	0.000	0.263	0.290	0.029
浙江省	0.490	0.000	0.075	0.085	0.000	0.483	0.158	0.167
广东省	0.000	0.000	0.000	0.000	0.257	0.232	0.000	0.552
北京市	0.000	1.032	0.000	0.429	0.630	0.000	0.137	0.403
天津市	0.086	0.193	0.010	0.112	0.124	0.314	0.000	0.000
河北省	0.185	0.360	0.091	0.101	0.000	0.000	1.088	0.000
地区	劣增益值							
	2011 年	2012 年	2013 年	2014 年	2015 年	2016 年	2017 年	2018 年
上海市	0.376	0.168	0.000	0.000	0.309	0.000	0.000	0.104
浙江省	0.000	0.334	0.058	0.048	0.253	0.000	0.000	0.000
广东省	0.499	0.201	0.488	0.548	0.000	0.000	0.583	0.000
北京市	0.495	0.000	0.835	0.000	0.000	0.189	0.000	0.000
天津市	0.047	0.000	0.123	0.021	0.009	0.000	0.250	1.006
河北省	0.000	0.000	0.042	0.032	0.218	0.240	0.000	0.484

表 5－5　　　　各省市 2010—2018 年综合评价结果

省市名称	综合得分	排名
上海市	1.177	3
浙江省	0.091	4
广东省	4.659	1
北京市	3.843	2
天津市	－3.545	5
河北省	－3.877	6

从各省市 2010—2018 年各省市的动态综合评价得分可以看出，广东省和北京市得分较高，分别排名第一位和第二位，这表明在国内广东省和北京市在智慧供应链领域的发展较好。相对于广东省和北京市，上海市的动态综合得分偏低一些，浙江省的排位居于第四位，而天津市和河北省在各省市内得分较低，分别排位第五位和第六位。

第五节 智慧供应链转型发展路径分析

一 评价结果分析

依据以上评价分析，结合各省市一次加权评价值和总评价值结果（如图 5－2、表 5－6 所示），可以看出六省市智慧供应链发展水平总共可分为三大类，即广东省和北京市属于发展最好的区域、上海市与浙江省处于中游区域、天津市和河北省处于下游区域，如图 5－2 和表 5－6 所示。

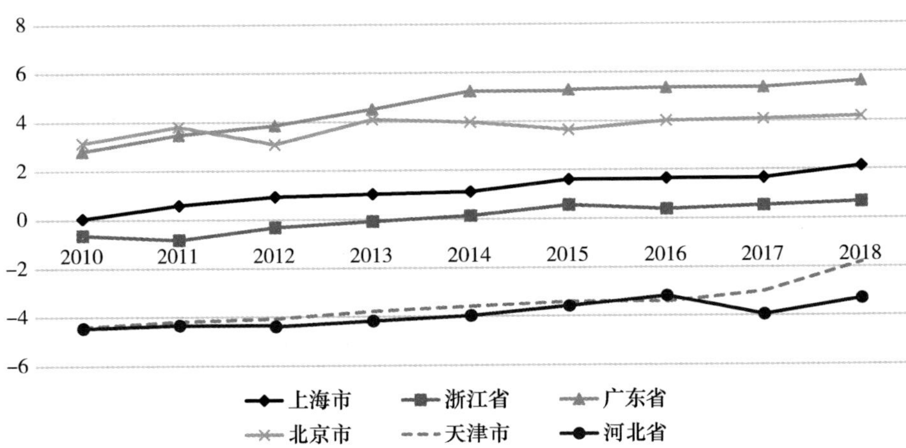

图 5－2 基于一次加权的六省市 2010—2018 年线性综合评价得分比较

首先，可以看出两区域智慧供应链的评价得分大幅领先其余省市，这表明它们在智慧供应链发展领域起到了一个示范先锋作用，对其他省市具有重要的借鉴意义。从图 5－2 可知，2010—2011 年北京市智慧供应链水平处于第一位，2012 年发展略微下滑，随后广东省反超成为首位并延续至 2018 年。显然，虽然早期北京市智慧供应链发展的基础很好，目前仍稳居六省市第二位，但因为2010—2018年综合评价的得分增长率仅为29%，位于六省市倒数第二位，则看出其未来发展中处于瓶颈期，发展波动可能较大。从评价准则层中细化指标得分看，科学研究和技术服务业从业人员总数优势明显，而交通、通信、财政政策等指数波动明显且与总得分趋势相近，表明北京市智慧供应链发展水平与经济发展水平、物价水平关联明显，未来需加强基础设施完善、人才聚集两个优势，稳住经济发展这一关键点，循序渐进推进智慧供应链发展，与广东省共同做好全国范围内的优秀示范。

其次，上海市和浙江省的智慧供应链发展水平处于中游。结合表5-6结果来看，上海市智慧供应链发展一直很平稳，相比较而言稳居第三名，且呈现逐年上升趋势。若看其四个准则层的详细得分，发现上海市在智慧技术角度发展迅猛，其研究与试验发展经费增长率、高新技术产品产值增长率在六省市排名首位。2010—2018年两指标得分增长1333倍和1280倍，而北京市同期仅增长1.751倍和1.752倍，但最终得分仅为北京市的21.03%和21.04%；其他指标数据上海市发展也远远优于北京市，但最终的评价得分仅为第二名北京市的30.6%，表明上海市智慧供应链的发展虽然近些年发展迅猛，但早期基础水平不高。因此，上海市在发展智慧供应链尖端技术的同时，也要注意其基础薄弱问题，需要大力发展基础设施建设，做到基础设施和高新技术“双发展”。

从表5-6中可以看出，浙江省的综合评价值在2010—2013年的得分一直为负，从2014年才开始为正，其中2011年和2016年智慧供应链发展均有一定程度的倒退，移动电话普及率发展趋势与之契合。从准则层详细指标得分，发现智慧技术方面的运输项目施工建成投产率、交通运输、仓储和邮政业投资和互联网用户数三项指标短板明显，得分低于其他指标的60%。交通运输等行业投资和运输项目建成投产率的羸弱导致早些年货物运输量、货物周转量无法突破发展瓶颈。因此浙江省智慧供应链的发展需要从政府层面加以重视，在加大物流运输基础投资与基础设施建设的同时，还需要出台相关政策引导社会大众使用并广泛享受高新技术带来的福利。

最后，结合图5-2和表5-6发现天津市和河北省处于智慧供应链发展水平的下游，且与第四位的浙江省发展还有不小的差距，即2010—

表 5-6　2010—2018 年各省市智慧供应链发展水平综合评价值及排名

城市	年份及时间权重																		二次加权以后总评价值	
	2010 年		2011 年		2012 年		2013 年		2014 年		2015 年		2016 年		2017 年		2018 年			
	1/45		2/45		3/45		4/45		5/45		6/45		7/45		8/45		9/45			
	得分	排名	得分	排名	得分	排名	得分	排名	得分	排名	得分	排名	得分	排名	得分	排名	得分	排名	得分	排名
上海市	0.053	3	0.601	3	0.941	3	1.039	3	1.125	3	1.607	3	1.648	3	1.664	3	1.939	3	1.177	3
浙江省	-0.627	4	-0.813	4	-0.307	4	-0.076	4	0.143	4	0.568	4	0.391	4	0.538	4	0.676	4	0.091	4
广东省	2.827	2	3.498	2	3.871	1	4.531	1	5.251	1	5.299	1	5.372	1	6.127	1	5.88	1	4.659	1
北京市	3.161	1	3.828	1	3.1	2	4.107	2	3.983	2	3.658	2	4.019	2	4.187	2	4.089	2	3.843	2
天津市	-4.393	5	-4.174	5	-4.062	5	-3.767	5	-3.574	5	-3.392	5	-3.401	6	-2.979	5	-1.8	5	-3.545	5
河北省	-4.443	6	-4.323	6	-4.378	6	-4.164	6	-3.961	6	-3.571	6	-3.159	5	-3.942	6	-3.286	6	-3.877	6

注：表 5-6 是图 5-2 中一次加权基础上，增加考虑第 t_k 年的时间权重系数 w_k，且采用在时间段 $[t_1, t_N]$ 内，第 t_k 时刻的时间权重系数为 $w_k = k \Big/ \sum_{k=1}^{N} k, k = 1,2,\cdots,N$ [18]。

2018 年的评价得分均为负。虽然在 2010—2018 年期间天津市的评价得分处于逐年上升的趋势，这几年中评价得分增长率高达 59%，高居六省市的第三位。在所评价的六省市供应链从业人员总数均发展不佳的环境下，受益于供应链角度第三产业生产总值、信息技术从业人员总数和科学研究和技术服务业从业人员总数三项评价指标的稳定发展，天津市在这部分评价得分很显著。但智慧供应链发展基础极为薄弱的现实还是阻碍了天津市智慧供应链的发展，想要打破这样的困局，要在加强基础设施建设的条件下，牢牢把握天津市的人才储备优势，吸引高端人才在前沿科技产品研发和高新技术产品开发方面“重点突破”，打造“高带低”“上层建筑反作用于经济基础”的反哺模式。

进一步，从表 5 -6 有关河北省的评价结果发现其智慧供应链的发展速度缓慢，2010—2018 年的评价得分增长率仅为 26%，居所评价六省市的末位，表明河北省的智慧供应链的发展还有较大差距，且在 2017 年又出现了较大倒退。事实上，在京津冀经济圈中，北京市市场较为宽广、人才集中，而天津市教育资源丰富，发展目标明确，而河北省无明显优势，需要国家政策给予扶持，发展优势产业及区位优势，增长空间较大，有望成为京津冀一个强有力的发展点。

二 发展路径诊断分析

本章以中国主要发达区域或直辖市智慧供应链发展水平为例构建相关评价指标体系，采集相关数据，基于一种静态评价与动态评价相结合的混合方法建立模型。从准则评级得分来看，所评价的六省市普遍在研究与试验发展经费、高新技术新产品产值和载货汽车吨位数三项指标得分较高，说明这些省市在科研投资和运输基础设备升级方面都较为重视，这为后期智慧供应链的发展提供了良好的基础；但在运输设备施工项目建成投产率、互联网用户和供应链从业人员总数三项指标方面的评价结果较低，这表明基础设施使用率较低、从业人员较少的短板较为明显，现阶段智慧化水平较低，基础较为薄弱。未来发展智慧供应链需要牢牢抓住痛点，加强基础设施的建设与应用，通过政策引导吸引人才流入供应链行业，使社会大众了解智慧产品、应用智慧产品，为智慧供应链发展提供广阔市场。

在智慧供应链发展的大背景下，六省市也面临着不同的个性化问题。依据前面评价结果可划分出两类发展模式，即以广东省、上海市、浙江省为代表的属于“技术拉动型”的智慧供应链发展模式和以北京市、天津市、河北省为代表的属于“需求拉动型”的智慧供应链发展模式。这两种模式显然带有较为明显的南北差异性，能为未来各省市制订个性化发展规划提供参考。

由此，通过针对以上六省市智慧供应链目前状况的评价研究，得出进一步发展的建议如下。

一方面，受益于区位优势，以广东省、上海市、浙江省为代表的“技术拉动型”智慧供应链发展中，两省市能够密切跟随国际发展前沿，对先进技术反应能力较快。这些特点使得它们在智慧供应链高新技术发展方面优势明显，尤其是在研究与试验发展经费、高新技术产值两项评价指标上表现显著，表明两区域的智慧供应链发展受先进技术的驱动影响较大，未来发展空间很大，是国家依靠技术提高竞争力的主要源泉。相对地，智慧供应链的基础设施发展不是很完善，而互联网接入用户、供应链从业人员总数两项指标评价结果也较低，这表明智慧供应链发展的基础设施及其从业的人力资源还有一定差距，需要作为未来发展关注的方向。

另一方面，以北京市、天津市、河北省为代表的区域属于“需求拉动型”的智慧供应链，尤其是北京市和天津市，依托丰富且优质的教育资源，辅之较为优惠的人才吸引政策，智慧供应链发展的基础较好，供应链从业人员较多且基础设施完善。因此，诸如信息技术从业人员总数和科学研究、技术服务业从业人员总数两项指标评价结果的得分都很高，表明智慧供应链的发展受需求影响较大，市场基础好，具备吸引外资、拓宽市场的条件。但在智慧供应链的自主创新能力、高新技术的应用贡献方面还需大大增强。

综上，依据评价结果，按各地区类型明确发展特点，找准重要抓手，即根据各省市自身特点按类型找准智慧供应链的发展优劣势，抓住痛点解决问题尤为重要。比如，对于本章评价的广东省、上海市和浙江省而言，智慧供应链发展中具有“技术拉动型”优势，则需要继续加大研究与试验发展经费、第三产业投入的发展等智慧供应链应用中的高尖端技术；但也需要注意发展基础设施建设，增加基础的利用率，做到需求端与高新技术端的“双发展”。而对于京津冀区域，虽然存在大量的市场需求，但需要在适度发展基础设施建设的同时，加强高新技术创新环节的应用，即将供应链从业人员的优势引导成为智慧供应链先进技术创新与应用的环境氛围，如制定合理的激励措施，形成良好的竞争环境，培养供应链领域的顶尖人才，建成北方智慧供应链产业基地，来加强创新能力。可以看出，单纯的“技术拉动型”或“需求拉动型”，都不是智慧供应链发展的目标，而是把“需求”与“技术”结合，即“需求与技术双引擎拉动”才是实现智慧供应链良性发展的根本方向。

第六节　总结

一　研究结论

本章构建了中国主要发达区域或直辖市智慧供应链转型发展水平的评价指标体系，采集时间维度自 2010—2018 年六省市的相关数据，基于二次加权的“纵横向”拉开档次评价方法建立模型，并在静态综合评价基础上引入激励因子，构建激励控制模型进行动态评价。通过分析可以看出：从六省市准则层得分来看，普遍在研究与试验发展经费、高新技术新产品产值和载货汽车吨位数三项指标得分较高，说明各省市在科研投资和运输基础设备升级方面较为重视，这为后期智慧供应链转型的发展提供了良好的后勤保障；在运输设备施工项目建成投产率、互联网用户和供应链从业人员总数三项指标得分较低，这表明基础设施的使用率低、从业人员较少的短板较为明显，现阶段智慧化水平较低，基础较为薄弱。未来发展智慧供应链转型需要牢牢抓住痛点，加强基础设施建设和使用，政策引导吸引人才流入供应链行业，使社会大众了解智慧产品、使用智慧产品，为智慧供应链转型发展提供广阔的市场。

在相似的大背景下，各省市也面临着不同的个性化问题。六省市大致可分为两种智慧供应链转型发展类型：以上海市、浙江省为代表的“技术拉动型”智慧供应链转型和以北京市、天津市为代表的“需求拉动型”智慧供应链转型，带有较为明显的南北差异，可以为未来各省市制定个性化发展规划提供参考。

“技术拉动型”智慧供应链转型以上海市、浙江省两个沿海省市为代表，受益于区位优势，与国际发展前沿联系紧密，对先进技术反应能力较快。主要特点为智慧供应链转型高新技术发展优势明显，研究与试验发展经费、高新技术产值两项指标得分较高，发展受技术拉动影响较大，未来发展空间大，是国家竞争力的主要来源，需要大力发展；与优势相对，基础设施发展不完善更为明显。互联网用户、供应链从业人员总数两项指标得分较低，智慧供应链转型发展民间基础较弱，制造的产品大量输出，市场用户对高新技术产品较为不敏感。

与之相对，“需求拉动型”智慧供应链转型以北京市、天津市为代表，依托丰富且优质的教育资源，辅之较为优惠的人才吸引政策，智慧供应链转型民间基础较好，供应链从业人员较多，基础设施完善、市场需求大。主要特点为信息技术从业人员总数和科学研究和技术服务业从业人员总数两项指标得分较高，发展受需求影响较大，市场基础好，具备吸引外资、拓宽市场的条件；主要是供应链的消费端，自主创新能力较差，高新技术贡献较少。

二　发展路径建议

中国智慧供应链转型建设依然处于起步阶段，还没有构建出统一的、完整的评价指标体系。其中各个省市在不同评价指标的选择、体系的构建与相关统计数据发布等方面依然存在一系列问题。因此，本章给出的发展建议如下。

按类型明确发展特点，找准重要抓手。中国地大物博、人口众多，各省市经济基础、自然环境、人口因素、文化习俗各不相同，很难找到普适性的发展模式，因此根据各省市自身特点按类型找准智慧供应链转型发展优劣势，抓住痛点解决问题尤为重要。对于“技术拉动型”智慧供应链转型发展类型，发展建议为继续发展智慧供应链转型尖端技术，加大研究与试验发展经费、第三产业投入的同时要注重基础薄弱的特点，发展基础设施建设，增加基础设施利用率，在本省内推广高新技术产品，采取试用等方式增加民间高新技术敏感性，做到基础设施和高新技术“双发展”；对于“需求拉动型”智慧供应链转型发展类型，发展建议与“技术拉动型”相反，在适度发展基础设施建设上主要加强高新技术创造环节，将供应链从业人员的优势发展为智慧供应链转型从业人员的优势。可以适当引进国外优秀企业，学习智慧供应链转型先进技术、管理文化等；制定合理的激励措施，形成良好的竞争环境，培养顶尖人才，建成北方智慧供应链转型产业基地，加强创新能力，为国家技术竞争力做出贡献。

建立网上智慧供应链转型数据和评价体系修改意见收集平台，为下一步建立全面的、完善的、符合中国国情且适应当前国家发展战略的智慧供应链转型评价指标体系给予指导意见，使智慧供应链转型发展的研究方法和评价体系不断进步，评价结果更真实可靠、贴近现实、具有代表性。智慧供应链转型网站是展示国家智慧供应链转型发展目标、发布智慧供应链转型政策信息，以及联系企业和公众的不可或缺的平台，也是电子政务建设的切入点和重要组成部分，在智慧供应链转型发展过程中具有举足轻重的作用。若可针对不同省市智慧供应链转型的发展现状，系统进行智能评估，通过横向、纵向对比，将不同省市表现良好的智慧供应链转型发展措施、相关政策加以推广，就可达到推动全国智慧供应链转型发展的目的。因此，网站建设及其后台支撑服务应该是建设智慧供应链转型过程中的核心工作之一。同时，构建全国统一的、标准化的统计数据获取平台，来完善相关统计数据的收集途径、增加统计数据的收集维度等，是目前我国智慧供应链转型中区域统计的数据收集工作面临的挑战。构建平台可以有利于我们选取实际数据更科学、更精准建立评价体系及评价模型，以得出更可靠的研究结果。

智慧供应链转型的评价指标体系构建与评估、诊断是在研究基础上的新探索。同时，随着智慧供应链转型建设的深入，智慧供应链转型背景下专项领域的评价和研究将成为今后研究的重点，如企业内智慧供应链转型新结构建设的评价，是研究供应链指标对智慧供应链转型发展影响的重点，但目前还未有全面、精准的测评体系，这将是未来的研究方向。

第六章

基于改进信号灯预警模型的城市智慧供应链发展研究*

在国家大力推动供应链创新与应用的背景下，许多城市纷纷开展供应链创新试点，城市智慧供应链已经成为检验城市发展水平的重要因素。开展城市智慧供应链发展水平动态预测有助于城市认识其智慧供应链的发展水平，识别薄弱环节，促进城市智慧供应链的可持续发展。为此，本章基于改进的信号灯模型构建了中国城市智慧供应链的预警框架。其一，从智慧基础设施建设情况、人力资源投入情况、资金投入情况、企业创新四个维度构建了城市智慧供应链发展的评价指标体系；其二，基于信号灯模型识别了四个评价维度下二级指标的信号灯状态；其三，利用层次分析法改进了信号灯模型的权重设置环节。我们判别了不同二级指标的重要程度，计算得到综合警情指数，并给出预警信息，为政府部门提供智慧供应链的发展建议。

第一节　引言

随着新一代信息技术的广泛应用，商流、信息流、资金流和物流“四流”得以高效连接，传统供应链发展到智慧供应链新阶段。智慧供应链是以物流互联网和大数据为依托，以增强客户价值为导向，通过协同共享、创新模式和先进技术，实现产品设计、采购、生产、销售、服务

---

* 刘伟华、侯家和、袁超伦等：《基于改进的信号灯预警模型的城市智慧供应链发展动态预测研究》，《工业技术经济》2021 年第 2 期。

等全过程高效协同的组织形态。2017 年 10 月，国务院发布《关于积极推进供应链创新与应用的指导意见》，相关配套政策陆续出台，各城市、企业积极进行智慧供应链的变革，我国城市智慧供应链快速发展。

然而，从实践层面来看，我国城市智慧供应链发展存在许多不足。一方面，智慧城市欠缺对供应链体系的规划。自 2012 年，政府陆续出台了有关智慧城市的政策文件，涵盖了智慧政务、交通、医疗等多方面内容，但对于智慧城市的重要保障——智慧供应链却关注不多。另一方面，各城市的智慧供应链缺乏合理的预警体系，导致建设效率低下。当前我国城市对于物联网、云计算等关注度较高，但可能忽略了物流等实体流动环节的投资建设，反而降低发展效率。因此，迫切需要对城市智慧供应链的发展进行评价并做出预警，以提高发展质量和效率。

从理论层面来看，既有文献缺乏专门的研究。其一，智慧供应链的文献对技术框架①、关键要素②、发展价值③、管理④、智慧城市与供应链的关系⑤等进行了研究。但上述文献关注智慧供应链的发展路径及变革产生的价值，对智慧供应链实际发展状态的监测与预警还没有相关研究。其二，供应链预警体系的相关文献从预警指标⑥，预警方法⑦进行了研究，

① Ivanov D., Dolgui A., Sokolov B., "A Dynamic Model and an Algorithm for Short-term Supply Chain Scheduling in the Smart Factory Industry 4.0", *International Journal of Production Research*, Vol. 54, No. 2, 2016, pp. 386 – 402.

② Gupta Shivam, Drave Vinayak A., Bag Surajit, "Leveraging Smart Supply Chain and Information System Agility for Supply Chain Flexibility", *Information Systems Frontiers*, Vol. 21, No. 3, 2019, pp. 547 – 564.

③ Wu L., Yue X., Jin A., "Smart Supply Chain Management: A Review and Implications for Future Research", *The International Journal of Logistics Management*, 2016.

④ Öberg C., Graham G., "How Smart Cities will Change Supply Chain Management: A Technical Viewpoint", *Production Planning & Control*, Vol. 27, No. 6, 2016, pp. 529 – 538.

⑤ Kumar M., Graham G., Hennelly P., "How will Smart City Production Systems Transform Supply Chain Design: A Product-level Investigation", *International Journal of Production Research*, Vol. 54, No. 23, 2016, pp. 7181 – 7192.

⑥ Yongsheng L., Li J., "Design of Early Warning Indicator System of Enterprise Logistics Risk Based on Supply Chain Management" In *2009 Second International Conference on Intelligent Computation Technology and Automation.* IEEE, 2009, Vol. 3, pp. 918 – 923.

⑦ Genc E., Duffie N., Reinhart G., "Event-based Supply Chain Early Warning System for an Adaptive Production Control", *Procedia CIRP*, Vol. 19, 2014, pp. 39 – 44.

但鲜有研究考虑到城市智慧供应链的特点，而给出针对性的评价指标和预警方法。与本书最相关的研究是李玉凤和邢淋淋（2017），该文从供应链柔性、智慧度等方面构建了智慧供应链的绩效评价指标，但其是基于企业层面的，并不能直接应用于城市[①]。其三，在预警方法上，一些学者利用景气信号灯法、计量预警模型等开展研究[②]。其中，信号灯预警模型通过区间状态代替了数值，更能体现趋冷趋热的发展态势，在经济趋势发展预测和企业风险管理等领域具有较广泛的应用[③]。但现有研究缺乏对指标重要性程度的衡量，在权重设置与综合警情计算方面还需要进一步研究。

因此，基于上述的实践需要和理论不足，本章拟针对城市智慧供应链发展开展研究，重点解决两个问题：一是哪些指标可以反映城市智慧供应链发展状态？二是如何监测城市智慧供应链发展动态，实现预警？

本书在 Wu et al. （2016）[④]、李玉凤和邢淋淋（2017）[⑤] 的研究基础上，首先构建了中国城市的智慧供应链发展评价指标，包括基础设施建设情况、人力资源投入情况、供应链资金投入情况、供应链企业创新情况，填补了城市智慧供应链评价研究的理论空白。其次，在殷克东和马景灏（2010）[⑥]、冯士超等（2019）[⑦] 的基础上，构建了改进的信号灯预警模型，基于层次分析法识别了不同指标的重要程度，克服了传统信号灯模型在综合警情计算时，进行简单代数加和而掩盖了重要指标险情的

---

① 李玉凤、邢淋淋：《智慧供应链绩效评价指标体系构建》，《统计与决策》2017 年第 3 期。

② 冯士超、周文涛、李成志等：《基于信号灯法的宏观经济预警分析》，《冶金经济与管理》2019 年第 2 期。

③ 殷克东、马景灏：《中国海洋经济波动监测预警技术研究》，《统计与决策》2010 年第 21 期。

④ Wu L. , Yue X. , Jin A. , "Smart Supply Chain Management: A Review and Implications for Future Research", *The International Journal of Logistics Management*, 2016.

⑤ 李玉凤、邢淋淋：《智慧供应链绩效评价指标体系构建》，《统计与决策》2017 年第 3 期。

⑥ 殷克东、马景灏：《中国海洋经济波动监测预警技术研究》，《统计与决策》2010 年第 21 期。

⑦ 冯士超、周文涛、李成志等：《基于信号灯法的宏观经济预警分析》，《冶金经济与管理》2019 年第 2 期。

问题，为智慧供应链的预警研究提供了理论框架。最后，本书的城市智慧供应链评价指标和预警框架，对城市政府部门规划智慧供应链建设方案具有参考价值。

第二节　中国智慧供应链现状及城市发展监测的必要性

本节将围绕中国智慧供应链发展现状、城市智慧供应链发展监测必要性两个方面开展文献综述。

一　中国智慧供应链发展现状

全球经济已进入供应链时代，企业与企业的竞争开始转化为企业所处的供应链与供应链之间的竞争①。智慧供应链通过数字化、信息化等技术的融合，大幅提升供应链的运作效率，是产业转型和经济发展的必然要求。

其一，国家积极出台智慧供应链发展政策与指导意见。从支持物流产业发展到中国制造 2025，国内发展智慧供应链的政策环境正在逐渐优化。2017 年 10 月，国务院发布《关于积极推进供应链创新与应用的指导意见》，指出到 2020 年形成一批适合我国国情的供应链发展新技术和新模式，基本形成覆盖我国重点产业的智慧供应链体系，中国将成为全球供应链创新与应用的重要中心。

其二，各城市出台智慧供应链政策，支持智慧城市建设。截至 2019 年 9 月，科技部、工信部等确定的智慧城市试点数量已经超过 700 个②。各城市也构建城市大脑来实现智慧城市感知、分析与协同。然而，一些重点城市在建设物联网、云计算过程中，缺乏统筹规划，造成了大量的重复投资与资源浪费。

---

①　黄世杰：《基于供应链集成的战略联盟与竞争优势研究》，博士学位论文，大连理工大学，2008 年。

②　前瞻产业研究院：《2019 年中国智慧城市行业发展现状和市场前景分析　中国智慧城市建设领先》，前瞻经济学人，https：//www. qianzhan. com/analyst/detail/220/191119 - 1a6b76c6. html，2019 年 11 月 10 日。

其三，企业也积极利用智慧技术打造智慧供应链，一批具有领先实践经验的企业发挥着重要示范作用。例如，京东于 2016 年 11 月成立 Y 事业部，致力于用大数据和人工智能技术打造智慧供应链。

二 城市智慧供应链发展监测必要性

城市供应链是企业供应链和产业链构建的重要保障，通过城市的供应链资源建设、协同整合，可以有效发挥产业集聚优势，提高资源要素配置水平，打造区域供应链竞争力。然而，从目前中国城市供应链系统构建的总体情况来看，对智慧供应链认识不充分、缺少智慧供应链战略、物流信息化水平低、信息孤岛大量存在、专业人才缺乏等问题依旧十分突出。

其一，我国有上百个地区提出建设“智慧城市”，30 多个省市将物联网作为产业发展重点，80% 以上城市将物联网列为主导产业①。然而，各地方、各城市的政府和企业对于国家的智慧供应链发展政策理解不全面，存在投资自动化设备、信息平台就是智能化转型的错误认识。

其二，我国城市供应链中物流等关键基础设施建设比较薄弱，还存在大量缺陷。例如，我国企业的物流系统建设落后于生产装备建设，物流作业仍处于手工或机械化阶段，物流智能化水平不高，导致智慧供应链无法有效地连接与实施。

其三，城市智慧供应链的建设不仅涉及信息技术，还包括管理科学、城市社会学等，其系统性和复杂性需要跨学科复合型人才的支撑②。然而，目前各城市都存在不同程度的人才缺口，而且高技术人才难以介入城市智慧供应链建设管理。

第三节 城市智慧供应链发展的动态预测模型

信号灯预警模型是通过指标评价和信号灯预警来实现研究对象监测

① 蔡进：《发展智慧供应链 迈向高质量发展的必由之路》，《学习时报》2019 年第 3 期。

② 陈俣含：《从传统智慧城市到新型智慧城市：建设现状及未来发展路径探讨》，《未来与发展》2020 年第 1 期。

的方法，其通过区间状态预警代替了数值预警，更能体现趋冷趋热的发展态势。然而，传统的信号灯模型在计算指标的综合警情指数时，只是代数的简单加和，即指标的权重相同。这有可能使得趋冷和趋热状态相互抵消，导致某些重要指标的险情无法体现。因此，在计算综合警情指数时，需要评判不同指标的重要性程度。已有文献已经进行了相关研究。吴田（2015）采用熵值法进行信号灯模型的权重确定，根据每一个指标的数据量来衡量其对综合评价结果的影响[①]。但本书研究城市智慧供应链某一年的发展状态，指标的数据量相同，无法采用熵值法进行权重确定。殷克东和马景灏（2010）采取因子分析法，重新组合成新的关联性较小的评价指标，并依据因子分析结果确定每个指标的权重[②]。但本书的研究指标关联性较小，不需要进一步的因子提取，但各指标之间的相对重要性具有一定的价值。因此，本书采用层次分析法对信号灯模型的权重确定环节进行改进，基于指标之间的相对重要性来确定各指标的相对重要性。

本章将首先介绍改进的信号灯预警模型的基本框架和实现流程，实现流程中包括城市智慧供应链的指标确定、指标临界值与综合警情指数三个过程。

一　城市智慧供应链发展评价指标体系

城市供应链是促进城市经济发展的核心要素，它通过对人流、物流、信息流和资金流的聚集，促进企业形成分工协作、功能衔接、优势互补的产业格局，为城市企业发展提供基础资源和持续动力。城市供应链需要具备完善的交通物流网络，区位、产业等软硬件环境，人才交往与资金结算等功能，才能为城市发挥最大价值。除了上述的特性要求外，城市智慧供应链还需要通过创新与智慧技术的综合应用进行供应链的协调和运作。因此，衡量城市智慧供应链发展水平，需从多个视角综合进行

① 吴田：《基于风险信号灯等级设定的金融风险预警研究》，《统计与决策》2015 年第 8 期。

② 殷克东、马景灏：《中国海洋经济波动监测预警技术研究》，《统计与决策》2010 年第 21 期。

考量和建立评价指标体系。

城市智慧供应链发展指标的建立应该满足以下原则[①]。

（一）整体性原则

城市智慧供应链发展指标体系应该兼顾城市和智慧两个角度，以智慧供应链整体结构为基础，保证智慧供应链结构的整体性和城市智慧供应链发展指数的整体性。

（二）代表性原则

指标直接或间接反映城市智慧供应链的各个方面，包括基础设施、人力、资金等状态。尽可能地选取具有高度代表性的指标，从多角度去衡量城市智慧供应链的发展程度。

（三）可操作性原则

由于智慧供应链的抽象性和复杂性，指标量化可能具有较大的难度。为了方便进行指标的计算和分析，还要确保指标数据的可获得性。

因此，基于以上原则，本书搜集能够反映城市智慧供应链发展状况的相关指标，包括基础设施建设情况、人力资源投入情况、资金投入情况、企业创新情况四个一级指标，二级指标构成如表 6-2 所示。

二　确定二级指标的信号灯预警区间与信号灯状态

本书在确定信号灯中单个指标的临界值时采用六西格玛原则划分[②]，表示指标偏离正常值的水平。设定与历史均值相差正负一个西格玛为绿灯区域，相差正负两个西格玛至一个西格玛的分别为浅蓝灯区域和黄灯区域，相差正负高于两个西格玛的分别为蓝灯区域和红灯区域（此时发生的概率约为5%）。具体临界值计算方法如下：

对于指标 A_{ij} 来说，$i=1,2,3,4$ 分别代表该指标对应相应的城市智慧供应链基础设施建设情况、人力资源投入情况、供应链资金投入情况、供应链企业创新情况内容层。$j=1,2,3,4,5,6,7,8$ 分别代表在对

① 冯士超、周文涛、李成志等：《基于信号灯法的宏观经济预警分析》，《冶金经济与管理》2019 年第 2 期。

② 李雁：《六西格玛统计控制法在金融机构洗钱风险评估工作中的应用与启示》，《中国证券期货》2013 年第 9 期。

应内容层的第 j 个指标。假设 A_{ij} 指标近五年的均值为 μ_{ij}，标准差为 θ_{ij}，根据以上原则可知，当该指标低于 $\mu_{ij}-2\theta_{ij}$ 属于蓝灯区域；处于 $[\mu_{ij}-2\theta_{ij}, \mu_{ij}-\theta_{ij})$ 之间属于浅蓝灯区域；处于 $[\mu_{ij}-\theta_{ij}, \mu_{ij}+\theta_{ij})$ 之间属于绿灯区域；处于 $[\mu_{ij}+\theta_{ij}, \mu_{ij}+2\theta_{ij})$ 之间属于黄灯区域；处于 $\mu_{ij}+2\theta_{ij}$ 以上属于红灯区域，如表 6－1 所示。

表 6－1　　　　　　　　指标数值对应信号灯区域划分

指标数值区域	信号灯区域
$\mu_{ij}-2\theta_{ij}$ 以下	蓝灯
$[\mu_{ij}-2\theta_{ij}, \mu_{ij}-\theta_{ij})$	浅蓝灯
$[\mu_{ij}-\theta_{ij}, \mu_{ij}+\theta_{ij})$	绿灯
$[\mu_{ij}+\theta_{ij}, \mu_{ij}+2\theta_{ij})$	黄灯
$\mu_{ij}+2\theta_{ij}$ 以上	红灯

信号灯系统用蓝灯、浅蓝灯、绿灯、黄灯、红灯五种类别的灯代表城市智慧供应链各个指标的发展趋势过冷、趋冷、正常、趋热、过热五种情况。当信号灯出现浅蓝灯和黄灯两种信号时，代表未来状况开始趋冷或趋热，可以预先知道城市智慧供应链的发展已经偏离了正常的情形，从而可以提前采取一些调控措施，防止过冷或过热的情形发生。信号灯各类别灯代表预警程度如图 6－1 所示。

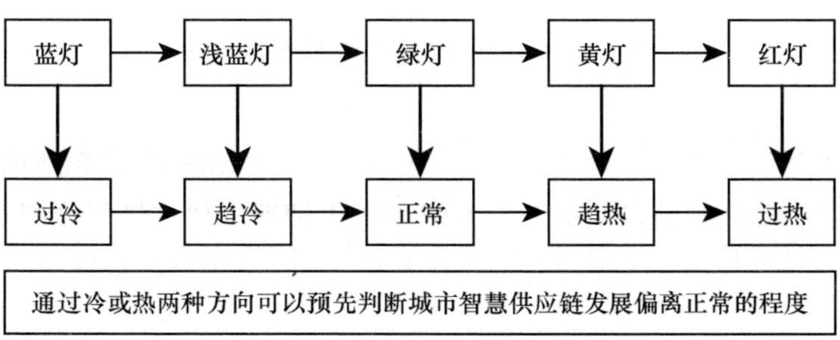

图 6－1　信号灯对应的预警程度

三 基于层次分析法的综合警情指数计算

综合警情指数的计算需要确定每一个二级指标的得分与权重。

首先，需要确定每一个二级指标的得分。上一节确定了二级指标的信号灯状态，但由于红灯与蓝灯的数值区域属于开区间，无法将指标数值对照为［0，100］区间的某一得分。因此，我们采取划分法，设定综合警情指数最大值的70%，即70分为红灯区与黄灯区的分界线，综合警情指数最大值的60%和40%分别为绿灯区的上界线和下界线，即绿灯区的上界线和下界线分别为60分和40分，综合警情指数最大值的30%为浅蓝灯和蓝灯的分界线，即浅蓝灯与蓝灯的分界线为40分，如图6－2所示。然后，我们需要设定每种信号灯的得分。对于红（蓝）灯，我们认为当所有二级指标的信号灯状态为红（蓝）时，一级指标的综合得分应该达到红（蓝）灯的极限值，即为100（0）分。而对于浅蓝、绿、黄灯，我们认为所有二级指标的信号灯状态为浅蓝、绿、黄时，一级指标的得分应该为区间的中值。因此，这里分别设定红灯、黄灯、绿灯、浅蓝灯、蓝灯的得分为100分、65分、50分、35分、0分。

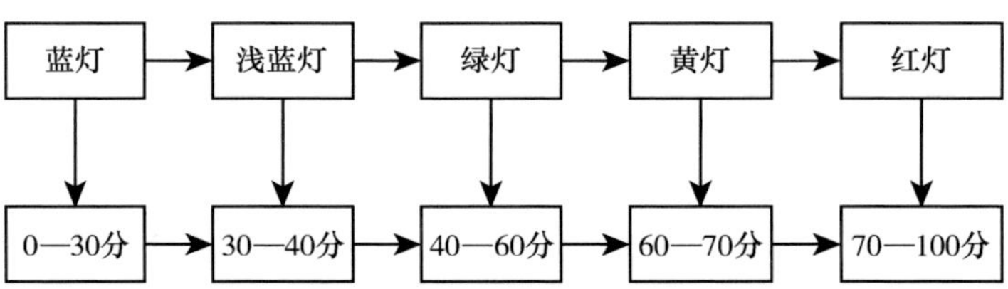

图6－2 信号灯对应的预警指数区间

确定好二级指标的得分后，需要确定每一个二级指标相对于一级指标得分的权重，从而获得综合警情指数。由于各二级指标之间的关联性较弱，现有文献中基于熵值法[①]与因子分析[②]的权重确定方法并不能适用

---

① 吴田：《基于风险信号灯等级设定的金融风险预警研究》，《统计与决策》2015年第8期。

② 殷克东、马景灏：《中国海洋经济波动监测预警技术研究》，《统计与决策》2010年第21期。

于本书。但每个评价指标的相对重要性可以作为权重设定的依据。因此，我们采取层次分析法中权重计算的方法，来确定每一个二级指标相对于一级指标的权重。层次分析法通过各因素之间的成对比较，构造判断矩阵，通过计算矩阵特征向量，来求得某一层次元素对于上一层次元素的优先权重。本书只有两个层次，在每一个一级指标的综合指数计算中，我们采用判断矩阵计算二级指标权重。

首先，构造二级指标的判断矩阵 $A = (a_{ij})_{n \times n}$ ，满足 $a_{ij} > 0$ ，$a_{ij} = \frac{1}{a_{ji}}(i,j = 1,2,3,\cdots)$ 。其中 a_{ij} 代表二级指标 i 相比于二级指标 j 的重要程度。1 代表相同重要，3 代表稍重要，5 代表明显重要，7 代表强烈重要，9 代表极端重要，2、4、6、8 代表上述相邻判断的中间值。依据专家经验得到判断矩阵 A 后，计算 A 的最大特征值 $\lambda_{\max}$ 和对应的特征向量 W。其中 W 归一化后，即为二级指标相对于一级指标的权重。但我们需要利用 $\lambda_{\max}$ 来判断矩阵 A 的一致性。我们首先计算一致性指标 CI：

$$CI = \frac{\lambda_{\max} - n}{n - 1}$$

然后查表得到平均随机一致性指标 RI。最后计算得到一致性比例 CR：

$$CR = \frac{CI}{RI}$$

当一致性比例 $CR < 0.1$ 时，我们认为，矩阵的一致性是可以接受的。

获得每个二级指标的权重后，我们可以计算一级指标的综合警情指数。然后根据图 6－3 的信号灯得分区域判断一级指标的信号灯状态。

第四节　算例分析

一　指标数据搜集

本书研究指标的数据来源包括城市的统计局官网以及当地政府的人力资源部门、城市发展相关部门的数据统计。这里依据某个城市相关指标的历史情况与新闻报道等数据，在合理的范围内对各二级指标进行赋值，包括预警年度的指标数值和该年度之前 5 年的指标均值与标准差，统计如表 6 - 2 所示。

表 6 - 2　　某城市智慧供应链发展的二级指标数据统计

一级指标	二级指标	预警年度的前 5 年数据		预警年度
		均值	标准差	
基础设施建设情况	安装 GPS/北斗导航系统的运输车总数量	1.1 万（辆）	1300（辆）	1.2 万（辆）
	安装其他车辆信息数据采集系统的运输车总数量（行车记录仪、电子车牌等）	0.8 万（辆）	630（辆）	0.9 万（辆）
	自动化立体仓库总面积	60 万（平方米）	1.3 万（平方米）	64 万（平方米）
	入选国家标准的无人仓总数量	70（个）	9（个）	76（个）
	智慧物流仓储基地数量	160（个）	11（个）	170（个）
	使用云平台企业数量占企业总数量比例	48%	1.6%	48.9%
	智慧云平台总数量	56（个）	8（个）	65（个）
	通过政府相关智慧认证的企业	98（个）	9（个）	114（个）
人力资源投入情况	相关智慧技术研发岗位人员占总就业人员比例	7.6%	0.5%	7.0%
	信息管理系统开发相关岗位人员占总就业人员比例	6.8%	0.3%	6.4%
	智慧云平台开发相关岗位人员数占总就业人员比例	3.2%	0.6%	2.5%
	本科生及本科生以上的人员占总就业人员比例	59.1%	1.2%	60.9%
	通过国内外知名供应链认证的就业人员占总就业人员比例	3.2%	0.4%	3.4%
资金投入情况	智慧技术研发相关支出占总支出比例	14.1%	2.2%	18.2%
	信息管理系统开发相关支出占总支出比例	8.2%	0.8%	9.3%
	智慧云平台开发相关支出占总支出比例	7.5%	0.8%	8.5%
	政府对于智慧供应链发展投资总额	79（亿元）	4.2（亿元）	90（亿元）
	促进智慧供应链发展减免的税收总额度	31（亿元）	3.2（亿元）	38（亿元）

续表

一级指标	二级指标	预警年度的前5年数据		预警年度
		均值	标准差	
企业创新情况	企业发明专利申请数量占专利总申请量比例	82.6%	0.9%	83.1%
	拥有发明专利的企业数量占全部企业数量比例	32.1%	2.2%	33.4%
	已实施发明专利数量占全部发明专利数量比例	42.3%	0.7%	42.9%
	开展产学研合作的项目数量占全部企业项目比例	22.6%	1.5%	23.4%

二　各一级指标讨论与分析

本节需要计算各二级指标的得分，各二级指标的权重，以及一级指标的得分。

其一，采用六西格玛原则计算各二级指标的信号灯状态及对应得分，以城市智慧供应链企业创新一级指标为例。二级指标——企业发明专利申请数量占专利总申请量比例的历史均值为82.6%，标准差为0.9%。因此不同信号灯状态对应的区间为：蓝灯区域为低于80.8%，浅蓝灯区域为［80.8%，81.7%），绿灯区域为［81.7%，83.5%），黄灯区域为［82.5%，83.4%），红灯区域为高于83.4%。而预警年度的值为83.1%，处于绿灯区域，得分为50分，同样，我们计算其余二级指标得分，得到矩阵为：$Score = [50,50,50,50]$。

其二，得到二级指标后，需要构造判断矩阵来计算二级指标的权重，以城市智慧供应链企业创新一级指标为例。依据专家经验获得判断矩阵：

$$A = \begin{bmatrix} 1 & 3 & \frac{1}{2} & \frac{1}{3} \\ \frac{1}{3} & 1 & \frac{1}{2} & \frac{1}{4} \\ 2 & 2 & 1 & \frac{1}{2} \\ 3 & 4 & 2 & 1 \end{bmatrix}$$

然后，计算该矩阵的最大特征值与对应的特征向量，$\lambda_{max} = 4.1241$，$W = [0.3232, 0.1714, 0.4473, 0.8162]^T$。归一化处理后：

$$W = [0.184, 0.098, 0.254, 0.464]^T$$

计算一致性指标 $CI = \frac{\lambda_{max} - n}{n - 1} = 0.04$，然后查表得到平均随机一致性指标 $RI = 0.9$。最后计算得到一致性比例 $CR = \frac{CI}{RI} = 0.044 < 0.1$。因此，矩阵 A 的一致性可以被接受。计算一级指标城市智慧供应链企业创新的综合警情指数为：

$$Score \cdot W = 50$$

处于［40，60］之间，呈绿色信号灯状态，表明这个城市在智慧供应链企业创新处于正常的状态。

（一）城市智慧供应链基础设施建设情况

按照六西格玛原则计算城市智慧供应链基础设施建设各二级指标的信号灯状态及得分。然后，依据专家经验获得判断矩阵，求得二级指标权重。最后计算综合警情指数，统计如表6－3所示。

表6－3　城市智慧供应链基础设施指标警情数据

一级指标		二级指标		
基础设施建设情况	黄灯（60.5455分）	0.0505	安装GPS/北斗导航系统的运输车总数量	绿灯（50分）
		0.0327	安装其他车辆信息数据采集系统的运输车总数量	黄灯（65分）
		0.0853	自动化立体仓库总面积	红灯（100分）
		0.1230	入选国家标准的无人仓总数量	绿灯（50分）
		0.1599	智慧物流仓储基地数量	绿灯（50分）
		0.1626	使用云平台企业数量占企业总数量比例	绿灯（50分）
		0.1754	智慧云平台总数量	黄灯（65分）
		0.2106	通过政府相关智慧认证的企业	黄灯（65分）

通过将八个二级指标的得分相加计算得出一级指标基础设施资源综合得分为60.5455分，对照综合警情临界值发现属于60—70分区间内，信号灯应该选择亮黄灯，说明该城市智慧供应链一级指标基础设施建设

情况发展开始呈现趋热状态，但其刚刚跨过绿灯区域，说明智慧供应链相关的基础设施总体可以较好地满足当前的发展趋势。

但从二级指标来看，其一，自动化立体仓库总面积处于红色信号灯状态，严重偏离了正常的发展趋势，这可能造成相关资源的浪费。政府可以估计当前城市物流需求来指导相关企业进行自动化仓库建设布局，鼓励企业在立体库资源上进行租赁和协作，避免仓库闲置。其二，智慧云平台处于黄色信号灯状态，呈现趋热态势，政府可以通过公共云平台的建设来减少企业独自云平台的开发，不仅可以保证资源的有效利用，还可以对各个企业信息进行互动和匹配。其三，政府智慧认证的企业指标也处于黄灯状态，说明政府对于城市企业的扶持呈趋热态势，应注意提高企业认证的质量与程序，保证企业的智慧水平符合认证标准。

（二）城市智慧供应链人力资源投入情况

按照六西格玛原则计算城市智慧供应链人力资源投入各二级指标的信号灯状态及得分。然后，依据专家经验获得判断矩阵，求得二级指标权重。最后计算综合警情指数，统计如表 6 – 4 所示。

表 6 – 4　　城市智慧供应链人力资源投入指标警情数据

<table>
<tr><th colspan="2">一级指标</th><th colspan="3">二级指标</th></tr>
<tr><td rowspan="5">人力资源投入情况</td><td rowspan="5">浅蓝
（39.7625 分）</td><td>0.3245</td><td>相关智慧技术研发岗位人员占总就业人员比例</td><td>浅蓝灯（35 分）</td></tr>
<tr><td>0.2043</td><td>信息管理系统开发相关岗位人员占总就业人员比例</td><td>浅蓝灯（35 分）</td></tr>
<tr><td>0.2740</td><td>智慧云平台开发相关岗位人员数占总就业人员比例</td><td>浅蓝灯（35 分）</td></tr>
<tr><td>0.0613</td><td>本科生及本科生以上的人员占总就业人员比例</td><td>黄灯（65 分）</td></tr>
<tr><td>0.1536</td><td>通过国内外知名供应链认证的就业人员占总就业人员比例</td><td>绿灯（50 分）</td></tr>
</table>

通过将五个二级指标的得分相加计算得出一级指标人力资源投入综合得分为 39.7625 分，对照综合警情临界值发现属于 40—50 分区间内，

信号灯应该选择亮浅蓝灯，说明该城市智慧供应链一级指标人力资源投入发展趋势处于趋冷状态，城市的智慧供应链人才储备可能面临缺失等问题。

从二级指标来看，本科及本科以上成员处于黄色信号灯状态，说明政府对于高水平人才引入呈现趋热的状态。但相关智慧技术研发岗位人员占总就业人员比例、信息管理系统开发相关岗位人员占总就业人员比例、智慧云平台开发相关岗位人员数占总就业人员比例都处于浅蓝信号灯状态，呈趋冷发展状态。说明了这方面人才的引入有所缺失。智慧供应链的关键要素是通过技术创新来推动供应链效率的提高，而人才是至关重要的，政府部门应当高度重视这一数据，调整人才引入结构，对于智慧技术研发等人才提高比例。

（三）城市智慧供应链资金投入情况

按照六西格玛原则计算城市智慧供应链资金投入各二级指标的信号灯状态及得分。然后，依据专家经验获得判断矩阵，求得二级指标权重。最后计算综合警情指数，统计如表 6 – 5 所示。

表 6 – 5　　城市智慧供应链资金投入指标警情数据

一级指标		二级指标		
人力资源投入情况	红灯（75.9655 分）	0.2546	智慧技术研发相关支出占总支出比例	黄灯（65 分）
		0.1440	信息管理系统开发相关支出占总支出比例	黄灯（65 分）
		0.2881	智慧云平台开发相关支出占总支出比例	黄灯（65 分）
		0.1440	政府对于智慧供应链发展投资总额	红灯（100 分）
		0.1693	促进智慧供应链发展减免的税收总额度	红灯（100 分）

通过将五个二级指标的得分相加计算得出一级指标资金投入综合得分为 75.9655，对照综合警情临界值发现属于 50—70 分区间内，信号灯应该选择亮红灯，说明该城市智慧供应链一级指标基础设施建设情况发展趋势处于过热状态，智慧供应链相关的资金总体投入程度较高。

从二级指标来看，所有二级指标都呈现趋热或过热状态，政府对于智慧供应链的相关投资变化趋势较为明显。但过多的投资可能会造成资源的重复与浪费，而且智慧供应链的有效运行不仅取决于技术等资源的投入，还应当重视资源的有效利用。例如，企业花费大量资金建设信息系统，但其没有考虑到上下游企业的系统对接问题，导致企业仍存在信息孤岛的问题。

（四）城市智慧供应链企业创新情况

按照六西格玛原则计算城市智慧供应链企业创新各二级指标的信号灯状态及得分，并计算权重与综合警情指数，统计如表 6 – 6 所示。

表 6 – 6　　城市智慧供应链企业创新指标警情数据

一级指标		二级指标		
人力资源投入情况	绿灯（50 分）	0.184	企业发明专利申请数量占专利总申请量比例	绿灯（50 分）
		0.098	拥有发明专利的企业数量占全部企业数量比例	绿灯（50 分）
		0.254	已实施发明专利数量占全部发明专利数量比例	绿灯（50 分）
		0.464	开展产学研合作的项目数量占全部企业项目比例	绿灯（50 分）

通过将四个二级指标的得分相加计算得出一级指标企业创新综合得分为 50 分，对照综合警情临界值发现属于 50—70 分区间内，信号灯应该选择亮绿灯，说明该城市智慧供应链一级指标企业创新情况发展趋势处于正常状态。

三　城市智慧供应链综合分析

基于以上各一级指标分析进行综合统计，将各一级指标的信号灯状态对比描述为图 6 – 3。首先，从一级指标来看，该城市的智慧供应链基础设施建设与企业创新基本处于正常发展状态，有稍微趋热的发展趋势，而人力资源投入处于趋冷发展状态，资金投入处于过热的发展状态。这为城市的智慧供应链发展提供了很好的预警信息，该城市在智慧供应链发展中各方面不平衡。政府应当加强智慧技术相关人才的资金投入与政策支持，保证智慧供应链创新发展的人才储备。而对于资金投入，应当合理评估城市的资源需求，制定恰当的投入比例，保证资源的高效利用。

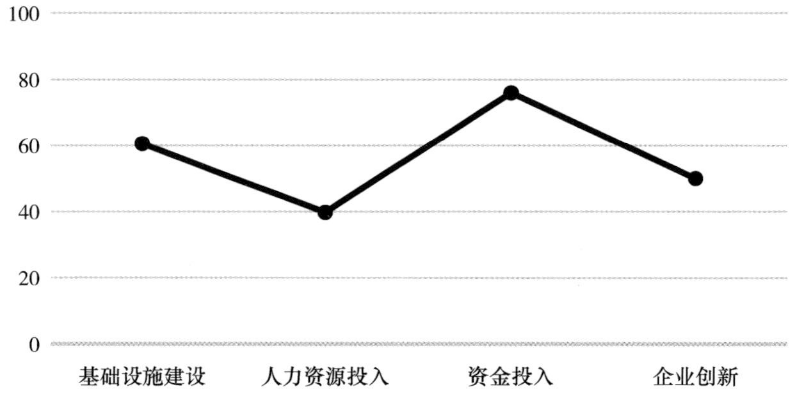

图 6 -3　某城市智慧供应链各预警指标分布

第五节　结论

本章分析了城市智慧供应链发展现状，首先，提出了进行城市智慧供应链监测的必要性。其次，从基础设施建设、人力资源投入、资金投入、企业创新四个角度反映了城市的基础建设、资源储备与创新水平，构建了城市智慧供应链发展指标体系。再次，通过改进的城市智慧供应链信号灯预警模型来监测城市智慧供应链的发展动态，该模型从基础设施建设、人力资源投入、资金投入、企业创新四个维度有效识别城市智慧供应链发展中的非正常状态，并通过层次分析法区分各评判指标的重要性程度，反映了城市智慧供应链的发展趋势，可以发挥预警作用。最后，本章以某城市的智慧供应链运行数据为例，进行算例分析，证明了本模型的应用性。

本章也存在一定的不足。例如，本章采取的信号灯预警模型在二级指标警情指数确定采用了 5 级分类，但每一个信号灯状态下应该具有连续取值，如邻近黄色信号灯区间上限的取值有向红色信号灯发展的风险，邻近黄色信号灯下限的取值接近绿色信号灯的正常状态，其具有不同的预警意义和严重程度。因此，后续可以采取连续取值的计算方法来得到更加精准的预警信息。此外，本章计算一级指标的综合警情指数时，设定各二级指标的权重是依据专家经验，后续研究可以通过补充政府相关部门的调研来提升各个指标的权重精度。

第七章

城市智慧供应链发展指数构建及其应用*

在新一轮科技革命和产业变革浪潮的带动下，智慧供应链正在快速发展中，与之相关的城市智慧供应链发展也成为当前供应链研究领域中的重要问题。然而，传统的供应链发展评价指标体系难以直接应用到智慧供应链评价中。为此，本书以企业视角和区域视角出发，从城市智慧供应链基础设施情况、人力资源投入情况、资金投入情况、企业创新情况、供应链效率和效益六个维度构建了中国城市智慧供应链的发展评价体系，并设计了基于改进的TOPSIS方法的评价方法，进行了中国城市智慧供应链发展指数评价，为城市管理部门量化智慧供应链发展水平提供了方法依据。

第一节 引言

城市是商流、物流、信息流、资金流和人才流的汇集中心，并以此影响和带动周边地区的发展。近年来，城市地区的发展是引人注目的，Lierow（2014）预计到2050年，全球70%的人口将居住在城市①。供应链是指通过组织上下游的联系，参与不同的过程和活动，以最终客户手

---

* 刘伟华、吴文飞、袁超伦等：《城市智慧供应链发展指数构建及其应用》，《工业技术经济》2021年第1期。

① Lierow M.，"B2City: The Next Wave of Urban Logistics"，Accessed February 21，2014. http://www.supplychain247.com/paper/b2city_the_next_wave_of_urban_logistics.

中的产品和服务的形式产生价值的组织网络形态（Christopher，1998）①，供应链是为了提高个别公司和整个供应链的长期绩效，系统地、战略性地协调传统业务功能和跨这些业务功能的策略（Mentzer et al.，2001）②。根据“城市”的发展属性和“供应链”的战略形态属性，本书将城市供应链定义为支撑一个城市生产与生活的供应链体系，它是围绕城市生活、工业生产、商贸流通过程开展，通过对商流、人才流、物流、信息流、资金流的控制，将供应商、制造商、分销商、零售商以及最终用户连成一个整体的功能网链组织。

城市供应链是城市发展密不可分的网链组织，对于城市发展产生重要的影响。一方面，城市作为工业集中地，具有区位优势和聚集效应，通过供应链发展可以降低生产成本，增加市场份额，提高市场竞争力。另一方面，城市供应链的发展，可以起到对周边城市的辐射作用，吸引周边城市在本市进行采购、销售、物流等活动集聚。随着物联网、大数据、云计算以及人工智能等信息技术的蓬勃发展，世界已逐渐步入智慧经济时代，越来越多的城市开始尝试发展城市智慧供应链。2017 年 10 月，国务院办公厅发布了《关于积极推进供应链创新与应用的指导意见》以及各地方相关配套政策陆续出台，我国各城市、各企业积极进行数字化升级等智慧供应链的重构与变革，我国城市智慧供应链快速发展。例如，2018 年 5 月，天津出台了《关于加快推进智能科技产业发展若干政策》，并设立了智能制造专项资金。天津市已经从 2017 年开始，连续召开了三届世界智能大会，系统谋划“智能新时代”战略布局，加快构建全国一流的智能科技创新生态，加强城市智慧供应链体系建设，全力打造“天津智港”。上海市智慧城市建设正逐步从面上推广向行业领域进行纵深推进，为了落实《上海市智慧城市建设“十三五”规划》和《上海市大数据发展实施意见》有关要求，2018 年 12 月，上海市经济和信息化发展研究中心发布了《2018 上海市智慧城市发展水平评估报告》，提出打

① Christopher M.，*Logistics & Supply Chain Management：Strategies for Reducing Costs and Improving Services*，Pitman Publishing，and London，1998.

② Mentzer J. T. ，DeWitt V，Keebler K. S. ，Min S. ，Nix N. W. and Smith. C. D. ，“Defining Supply Chain Management”，*Journal of Business Logistics*，Vol. 22，No. 2，2001，pp. 1 – 25.

造“一核一带”智能制造产业集群，进一步推动智慧供应链发展。杭州市则于2017年、2019年相继发布《“数字杭州”（“新型智慧杭州”一期）发展规划》和《杭州市建设国家新一代人工智能创新发展试验区若干政策》，大力倡导支持人工智能基础理论研究和关键核心技术研发、深入融合利用新兴信息技术，为全面建设国家新型智慧城市打下基础。

2018年4月，商务部等8部门发布关于开展供应链创新与应用试点的通知，试点包括城市试点和企业试点，试点实施期为两年。首批参与城市供应链试点的有55个城市，这些试点城市的主要任务是出台支持供应链创新发展的政策措施，推动完善产业供应链体系，并探索跨部门、跨区域的供应链治理新模式。根据已有相关文献的研究，本书将城市智慧供应链定义为：以智慧技术和现代供应链管理理论为手段，以全方位、多维度可视化为主要特征，为城市和城市中的企业构建，实现城市供应链的智能化、网络化、自动化和敏捷化的技术与管理综合集成供应链系统。在当前城市智慧供应链迅速发展的背景下，却尚未有研究涉及城市智慧供应链的评价，因此无法科学判断城市智慧供应链发展水平，也无法提出系统的改进方案，这阻碍了城市的智慧化发展，迫切需要一个科学的评价指标体系，并基于评价结果，构建城市智慧供应链发展指数。它不仅可以帮助政府部门发现城市智慧供应链运行中的薄弱环节和突出问题，而且，还可以通过与其他城市发展水平比较，有效提升城市供应链的运行效率和竞争力。

然而，在当前供应链领域的评价中，还缺乏针对性的城市智慧供应链发展指数。在相关的指数构建与评价研究中，比较典型的是世界银行为了衡量世界各个国家跨境物流水平，基于清关效率、设施质量、运输便利性、物流服务能力、货物运输轨迹和时效性六个分级指标构建的物流绩效指数。在国内研究中，学者多从企业层面构建了供应链领域的评价体系，例如，张莉莉等（2019）基于供应链金融价格与风险和供应链金融规模与信用两个维度，从价格指数、风险指数、夏普指数、质押率指数、核心企业信用指数、企业数量规模指数六个分级指数构建了中国供应链金融指数①。面对智慧供应链，张颖川（2018）指出在构建评价指

---

① 张莉莉、穆东、崔永梅等：《中国供应链金融指数编制（下篇）：指标体系构建、测算与结果分析》，《北京交通大学学报》（社会科学版）2019年第1期。

标体系时，需要考虑智慧化等级、客户服务的响应等级、产品的流转效率等因素，引领企业生产向智能化迭代升级，保证企业运营发展目标的实现①。但是，上述这些研究缺乏从城市和智慧两个视角出发，针对城市智慧供应链发展情况开展系统性的评价，并构建城市智慧供应链发展指数。

因此，本书在总结与城市智慧生态链相关文献的基础上，提炼出了影响城市智慧供应链的主要因素：基础设施建设情况、人力资源投入情况、资金资源投入情况、企业创新情况四大因素，并通过采用专家访谈方法，构建了包含6个一级指标、14个二级指标和31个三级指标的城市智慧供应链指数评价体系（具体请参考表7-1），并基于改进的TOPSIS的多目标决策方法，提出了城市智慧供应链发展指数评价。改进的TOPSIS模型能够充分地反映城市智慧供应链中的影响因素，并可对不同城市智慧供应链之间的影响因素大小进行排序。

与以往的文献相比，本书的研究贡献包括如下两个方面：首先，本研究通过文献总结分析、专家访谈构建了一个完整的城市智慧供应链评价体系，弥补了现有智慧供应链的研究空白，为城市智慧供应链指数的研究提供了新的思路。其次，不同于先前研究中采取的TOPSIS方法（Ikram et al., 2020）②等，本书采取的改进TOPSIS法能够充分利用原始数据，反映各个评价对象之间的差距，完善了上述决策矩阵求解复杂（陈梦根等，2020）③、权重主观性较强的缺点，为城市智慧供应链的评价指标体系提供了一种新思路，是进行决策评价的一种较好方法。

第二节　文献综述

与本书相关的主要文献有三类：（1）智慧供应链构建体系；（2）城

---

① 张颖川：《智能制造下的智慧供应链变革》，《物流技术与应用》2018年第4期。

② Ikram, M., Sroufe, R., Zhang, Q., "Prioritizing and Overcoming Barriers to Integrated Management System (IMS) Implementation using AHP and G-TOPSIS", *Journal of Cleaner Production*, Vol. 254, 2020, p. 120121.

③ 陈梦根、徐滢、周元任：《新发展理念下经济高质量发展的统计评价与地区比较——基于改进的TOPSIS综合评价模型》，《统计学报》2020年第2期。

市供应链与智慧城市；（3）智慧供应链评价体系设计。本节将围绕这三个方面展开综述。

一　智慧供应链构建体系

智慧供应链是结合物联网技术和现代供应链管理的理论、方法和技术，在企业中和企业间构建的具备技术渗透性更强、协作性更强、可延展性更强、信息整合性更强以及可视化、移动化特征更加明显的技术与管理综合集成系统①。智慧供应链的体系构建是研究智慧供应链评价的基础，目前大多数学者主要从功能要素、构建途径和体系结构划分三个角度进行了智慧供应链的体系构建研究。

在智慧供应链功能要素研究方面，刘洁琼（2017）认为，京东智慧供应链的功能要素有四个方面：人工智能算法支撑大数据挖掘、无人技术打造智慧物流、技术升级驱动、流程再造②。黄成成等（2018）认为，智慧供应链的功能要素主要有六个：智慧采购、智能制造、智慧运输、智慧配送、智慧仓储、智慧平台③。Jisoo 和 Jeong（2018）认为智慧型制造供应链有功能灵活性和结构灵活性两个功能要素，功能灵活性包含数量和交货期灵活性、产能灵活性、决策灵活性，结构灵活性包含供应商柔性、渠道柔性、物流柔性④。

在智慧供应链构建途径研究方面，赵然等（2015）认为，智慧供应链需要从产品持续改进、完整的生产计划管理系统、财务管理体系标准化和一体化、定制化的供应链可靠设计、供应链的可靠性五个维度进行设计⑤。智睿（2018）认为，智慧供应链未来主要有六个构建方向：及时掌握用户的需求、实现全程的可视化、实现模块化的供应链集成、进行供应链整体体系的互动与联合、实现供应链成本与绩效的实时化、实现

---

① 黄敦高、吴雨婷：《浅谈智慧供应链的构建》，《中国市场》2014 年第 10 期。

② 刘洁琼：《智能化时代来临京东全力打造智慧供应链带来的思考》，《科技创新导报》2017 年第 28 期。

③ 黄成成、叶春森、王雪轩：《智慧供应链体系构建研究》，《价值工程》2018 年第 23 期。

④ Jisoo Oh，Bongju Jeong，"Tactical Supply Planning in Smart Manufacturing Supply Chain"，*Robotics and Computer Integrated Manufacturing*，Vol. 55，No. 1，2018，pp. 217 – 233.

⑤ 赵然、安刚、周永圣：《浅谈智慧供应链的发展与构建》，《中国市场》2015 年第 10 期。

全程供应链的预警[①]。邱伏生（2017）认为，制造业需要从四个方面构建智慧供应链：重新构建企业个性化智慧战略、分析市场和产品流转未来发展趋势、协同大数据战略进行智慧供应链平台构建、积极建立仿真和供应链预警[②]。Karen（2010）认为智慧供应链构建应当从三个维度进行，通过构建仪器化来实现数据借助传感器获得；构建互联化提升互动水平和大规模协作；构建智能化来模拟行动方案，帮助高层进行评估权衡[③]。

此外，还有一些学者从智慧供应链体系结构划分方面开展了研究，邢淋淋（2015）根据 IDEFO 模型对智慧供应链进行分层，将智慧供应划分成战略层、功能层、执行层三层结构[④]。张宇（2016）提出了智慧供应链管理金字塔四层结构，包含决策层、控制层、计划层、数据交换层[⑤]。王龙运等（2018）认为，智慧供应链的体系应该从五个维度进行构建：组织体系建设、管理体系建设、技术体系建设、创新体系建设、管理机制体系建设[⑥]。但是，上述的这些研究大多是局限于传统供应链的发展和特殊企业视角，未能考虑区域城市智慧化的特征。

二 城市供应链与智慧城市

城市发展和城市人口的快速增长给城市的环境、经济和社会可持续性带来了不同的问题（Bibri and Krogstie，2017 ；Neirotti et al. ，2014）[⑦]。例如：交通拥堵，健康问题，能源短缺，教育挑战（Lee et al. ，2014）等一系列问题[⑧]。为解决上述出现的问题，Wey 和 Hsu（2014）讨论了新

---

① 智睿：《现代智慧供应链是未来发展方向探究》，《智库时代》2018 年第 26 期。

② 邱伏生：《面向智能制造的智慧供应链建设》，《物流技术与应用》2017 年第 3 期。

③ Karen Butner，"The Smarter Supply Chain of the Future"，*Strategy & Leadership*，Vol. 38，No. 1，2010，pp. 22 – 31.

④ 邢淋淋：《基于 IDEFO 模型的智慧供应链构建及绩效研究》，博士学位论文，海南大学，2015 年。

⑤ 张宇：《智慧物流与供应链管理》，电子工业出版社 2019 年版。

⑥ 王龙运、王瑞江、张莉莉等：《重点产业智慧供应链体系云平台建设研究》，中国企业改革与发展研究会，中国企业改革发展优秀成果 2018（第二届）下卷，2018 年 10 月。

⑦ Simon Elias Bibri，John Krogstie，"Smart Sustainable Cities of the Future：An Extensive Interdisciplinary Literature Review"，*Sustainable Cities and Society*，Vol. 31，2017，pp. 183 – 212.

⑧ Jung Hoon Lee，Marguerite Gong Hancock，Mei – Chih Hu，"Towards an Effective Framework for Building Smart Cities：Lessons from Seoul and San Francisco"，*Technological Forecasting & Social Change*，Vol. 89，2014.

城市主义和智慧增长概念来应对城市问题。但是，城市供应链作为一个全新的概念领域，目前只有少数学者展开了研究[①]。蒋艳敏（2020）指出，企业进入城市，利用当地的人流、财流、物流、信息流和商务流五流基础开展供应链活动后，该城市即具备相应的供应链五流要素[②]。胡奇英（2020）认为，城市发展产业需要寻找与自己相关的城市以及相关的产业，这些城市和产业的发展，要考虑供应链五流要素的有机集成[③]。

城市供应链发展与智慧城市发展相辅相成，强大的城市供应链发展为智慧城市发展提供坚实基础，智慧城市发展为城市供应链发展引领方向和提供支撑。King 和 Cotterill（2007）指出智慧城市可以为经济发展提供基础设施和信息化服务以及商业机会[④]。李亮（2012）指出智慧城市可以从智慧经济、智慧流动、智慧环境、智慧公众、智慧居住和智慧管理六个维度来界定[⑤]。城市供应链与智慧城市的发展，推动了城市智慧供应链体系的建设，需要系统的评价方法为其科学发展提供支撑。

三　智慧供应链评价体系设计

在智慧供应链评价指标体系构建方面，很多学者也尝试做出了一些研究。李玉凤等（2017）选取包括供应链管理意识、计划、采购、生产、柔性和智慧度在内的指标，利用因子分析和层次分析法构建了智慧供应链 IDEFO 绩效评价模型[⑥]。徐新新和郭唤唤（2017）认为，智慧供应链

① Wann-Ming Wey, Janice Hsu, "New Urbanism and Smart Growth: Toward Achieving a Smart National Taipei University District", *Habitat International*, Vol. 42, 2014, pp. 164 – 174.

② 《城市发展要考虑供应链要素》，参考网，https://www.fx361.com/page/2020/0207/6342432.shtml，2022 年 2 月 7 日。

③ 胡奇英：《城市发展要考虑供应链要素》，《当代县域经济》2020 年第 1 期。

④ Stephen King, Sarah Cotterill, "Transformational Government? The Role of Information Technology in Delivering Citizen-centric Local Public Services", *Local Government Studies*, Vol. 33, No. 3, 2007, pp. 333 – 354.

⑤ 李亮：《浅析欧洲中小智慧城市建设》，《北华航天工业学院学报》2012 年第 1 期。

⑥ 李玉凤、邢淋淋：《智慧供应链绩效评价指标体系构建》，《统计与决策》2017 年第 3 期。

具有可视化、智慧化、信息整合、成员协同等特点①。李海波（2017）设计了智慧供应链的物资供应全过程监控指标体系，包括项目物资供应监控指标、储备采购供应监控指标、闲置物资可视化指标、绩效指标、业务单据办结效率监控指标五个方面②。王耀燕（2018）认为，智慧供应链绩效审计是对供应链运行状况和运营成果的全面评估，有助于最大限度实现智慧供应链价值③。Lifang Wu 等（2016）认为应该重点研究信息管理、IT 基础设施、过程自动化、高级分析和供应链集成等五个关键因素来评价智慧供应链④。上述评价体系研究大多是聚焦在核心企业上，而有关城市智慧供应链评价指标体系设计的文章却非常少。

通过对上述文献的梳理可以发现，国内外学者已经对智慧供应链进行了很多的研究，但是，其中关于智慧供应链评价的研究并不多。由于城市智慧供应链融合了城市和智慧两个方面的特性，在评价指标体系方面和传统供应链发展评价有很大的差别，需要在智慧供应链评价指标构建方面进行更多的研究突破。

第三节　城市智慧供应链发展指数构建原理

一　构建原则

构建城市智慧供应链发展指数，需要以科学的评价指标体系作为基础。一般来说，评价指标体系构建应遵循以下原则：整体性原则、代表性原则、可参考性原则、可操作原则和可拓展性原则（冯士超等，2019）⑤。

（一）整体性原则

城市智慧供应链发展指数评价体系应该兼顾城市和智慧两个角度，

---

① 徐新新、郭唤唤：《基于模糊综合评价法的智慧供应链绩效研究》，《智慧工厂》2017 年第 8 期。

② 李海波：《基于智慧供应链的电力物资监控平台设计及应用》，《中国新技术新产品》2017 年第 10 期。

③ 王耀燕：《绩效审计在智慧供应链中的应用探讨》，《财政监督》2018 年第 19 期。

④ Lifang Wu，Xiao hang yue，Alan Jin et al.，"Smart Supply Chain Management：A Review and Implications for Future Research"，*International Journal of Logistics Management*，Vol. 27，No. 2，2016，pp. 395 –417.

⑤ 冯士超、周文涛、李成志等：《基于信号灯法的宏观经济预警分析》，《冶金经济与管理》2019 年第 2 期。

强调从城市发展的角度进行宏观数据指标的筛选，在实际选取的过程中，应该以智慧供应链整体结构为基础，保证智慧供应链结构的整体性和城市智慧供应链发展指数的整体性。

（二）代表性原则

智慧供应链是一个集成供应链功能要素的网络化、自动化、智能化的高度复杂的网络结构，在构建城市智慧供应链发展指数的过程中，必须选取具有高度代表性的指标，尽可能从多角度去衡量城市智慧供应链的发展程度。

（三）可参考性原则

城市智慧供应链发展指数下的各级评价指标应当可以为政府部门在进行智慧供应链的宏观规划时提供参考依据。

（四）可操作原则

由于智慧供应链的抽象性和复杂性，在实际统计获取指标的过程中可能具有较大的难度。因此筛选指标时，一方面要以定量指标为主体进行评价；另一方面为了方便进行指标的计算和分析，还要确保指标数据的可获得性。

（五）可拓展性原则

智慧供应链正处于不断发展的阶段，虽然现在发展尚未成熟，但未来一定会得到更广泛应用。因此，城市智慧供应链发展指数下的指标体系必须能随着智慧供应链发展产生的新问题而进行调整拓展。

二　技术路线

智慧供应链发展指数的构建过程主要包含筛选评价指标、计算指标权重、计算城市发展指数三个步骤。具体的技术路线如图 7－1 所示。

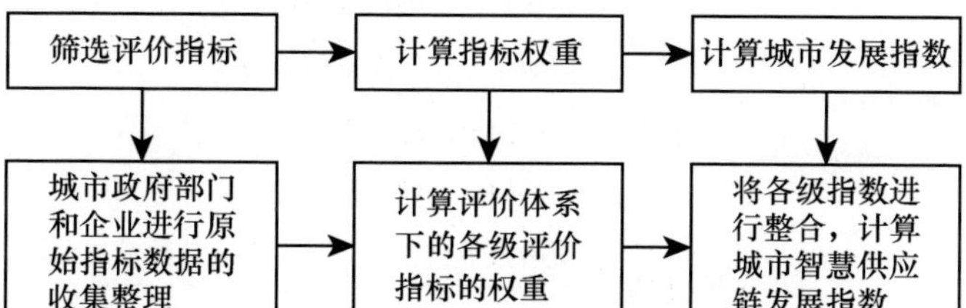

图 7－1　城市智慧供应链发展指数构架技术路线

第四节 城市智慧供应链发展指数构建流程

本书根据上述的城市智慧供应链发展指数构架技术路线，在这一节介绍了城市智慧供应链发展指数的构建流程，主要包括指标筛选、权重设置以及城市智慧供应链发展指数计算。

一 评价指标筛选

城市智慧供应链通过对物流、人流、信息流和资金流的聚集，在主动吸收物联网、云计算、人工智能等技术的同时，促进企业形成分工协作、功能衔接、优势互补的产业格局，助力城市实现更加人性化、智能化、可视化、柔性化的综合管理集成系统，为城市企业发展提供基础资源和持续动力。城市智慧供应链区别于传统供应链，需要具备完善的智能物流网络基础设施，具有人才资源汇集与资金汇集等功能。为了衡量城市的智慧供应链发展水平，还需从技术和创新角度进行考量和建立评价指标体系。

因此，本书在选取指标的时候，在代表性原则、可参考性原则、可操作性原则、可拓展性原则、整体性原则的基础上，对评价指标进行了反复的筛选，最终选取了 31 项指标，这些指标涉及城市智慧供应链基础设施建设情况、人力资源投入情况、资金投入情况、企业创新情况、供应链效率指标和供应链效益指标六个方面。具体指标结果参见表 7－1。

表 7－1 城市智慧供应链发展指数评价指标体系

总指标	一级指标	二级指标	三级指标
城市智慧供应链发展指数 D	基础设施建设情况 D_1	智能运输 D_{11}	安装 GPS/北斗导航系统的运输车总数量 D_{111}
			安装其他车辆信息数据采集系统的运输车总数量 D_{112}
		自动仓储 D_{12}	自动化立体仓库总面积 D_{121}
			入选国家标准的无人仓总数量 D_{122}
			智慧物流仓储基地数量 D_{123}
		信息控制 D_{13}	使用云平台企业数量占企业总数量比例 D_{131}
			智慧云平台总数量 D_{132}
		企业认证 D_{14}	通过政府相关智慧认证的企业数量 D_{141}

续表

总指标	一级指标	二级指标	三级指标
城市智慧供应链发展指数 D	人力资源投入情况 D_2	技术研发 D_{21}	相关智慧技术研发岗位人员数量占比 D_{211}
			信息管理系统开发相关岗位人员数量占比 D_{212}
			智慧云平台开发相关岗位人员数量占比 D_{213}
		运营管理 D_{22}	供应链专业方向本科生及本科生以上的人员占总就业人员比例 D_{223}
			通过国内外知名供应链认证的就业人员占总就业人口比例 D_{224}
	资金投入情况 D_3	企业资金 D_{31}	智慧技术研发相关支出占总支出比例 D_{221}
			信息管理系统开发相关支出占总支出比例 D_{222}
			智慧云平台开发相关支出占总支出比例 D_{223}
		政府资金 D_{32}	政府对于智慧供应链发展投资总额 D_{321}
			促进智慧供应链发展减免的税收总额度 D_{322}
	企业创新情况 D_4	知识产权 D_{41}	企业发明专利申请数量占专利总申请量比例 D_{411}
			拥有发明专利的企业数量占全部企业数量比例 D_{412}
			已实施发明专利数量占全部发明专利数量比例 D_{413}
		产学研合作成果 D_{42}	开展产学研合作的项目数量占全部企业项目比例 D_{421}
	供应链效率指标 D_5	时间效率指标 D_{51}	供应链响应时间 D_{511}
			供应链周转的天数 D_{512}
			提前期 D_{513}
		资金效率指标 D_{52}	现金流周转时间 D_{521}
			资产周转率 D_{522}
	供应链效益指标 D_6	成本指标 D_{61}	物流管理总成本 D_{611}
			资金总成本 D_{612}
		利润指标 D_{62}	完好订单完成率 D_{621}
			产品利润率 D_{622}

注：智慧技术特指在智慧供应链的实际运营中所使用的自动化技术、传感技术、可视化技术、预警技术、人工智能技术、定位技术等区别于单纯依靠计算机编码实现的并且需要硬件构成的相关技术。

二 设置指标权重

本书选择基于改进 TOPSIS 法进行权重的计算。TOPSIS（Technique for Order Preference by Similarity to Ideal Solution）法，又称理想点法，是一种多目标的决策方法，它能够借助多目标决策问题的正理想解和负理想解对评价目标进行排序。TOPSIS 法能够充分利用原始数据，充分反映各个评价对象之间的差距，是进行决策评价的一种较好方法。但由于 TOPSIS 的规范决策矩阵求解比较复杂、权重主观性较强等缺陷，在实际应用上有一定困难（陈梦根等，2020）[①]。本书对 TOPSIS 法进行了改进，完善了上述决策矩阵求解复杂、权重主观性较强的缺点，为城市智慧供应链的评价指标体系提供了一种新思路。

（一）构建标准化决策矩阵

步骤一：构建决策矩阵

假设我们需要对 m 个对象进行评价，则我们需要对 m 个被评价对象的 31 个影响因素分别构建决策矩阵。假设第 i 个评价对象的第 j 个影响因素的评价值大小为 d_{ij}，则一个决策矩阵可用 $A = (D_{ij})_{m\times n}$ 表示：

$$A = \begin{pmatrix} d_{11} & d_{12} & \cdots & d_{1n} \\ d_{21} & d_{22} & \cdots & d_{2n} \\ \vdots & \vdots & & \vdots \\ d_{m1} & d_{m2} & \cdots & d_{mn} \end{pmatrix} \tag{7-1}$$

其中：d_{ij} 表示对第 i 个方案第 j 个指标值打分的结果。

步骤二：决策矩阵标准化。

我们通过下式对决策矩阵的值进行归一化处理，得到标准化矩阵 $R_{ij} = (r_{ij})_{m\times n}$。

$$r_{ij} = \frac{d_{ij}}{\sqrt{\sum_{i=1}^{m} d_{ij}^{\ 2}}},\ i = 1,2;\ j = 1,2,\cdots,n \tag{7-2}$$

---

① 陈梦根、徐滢、周元任：《新发展理念下经济高质量发展的统计评价与地区比较——基于改进的 TOPSIS 综合评价模型》，《统计学报》2020 年第 2 期。

对于指标进行标准化后，很显然可以看出，正理想解为 $R^{+}=(1,1,\cdots,1)$，负理想解为 $R^{-}=(0,0,\cdots,0)$。

（二）指标权重的确定

一般来说，确定指标权重的方法有专家打分法，层次分析 AHP 法等，但这些依据专家经验的权重确定方法的主观性都很强（陈梦根等，2020）①。本书根据决策矩阵的数值信息建立目标规划模型，能够更加客观地反映权重。

假设 n 个指标对应的权重分别为 $w_1,w_2,\cdots,w_n$，则第 i 个评价对象与正、负理想点的加权距离平方和为：

$$f_i(w)=f_i(w_1,w_2,\cdots,w_n)=\sum_{j=1}^{m}w_j^2\cdot(1-r_{ij})^2+\sum_{j=1}^{n}w_j^2\cdot r_{ij}^2 \quad (7-3)$$

由理想点的定义可知，评价对象离正理想点越近越好，因此 $f(w)$ 越小越好。根据定义求解以下目标函数：

$$\min f(w)=\min\sum_{j}^{m}f_i(w)\text{，其中，}$$

$$\sum_{j=1}^{n}w_j=1,\ w_j\geqslant 0,\ j=1,2,\cdots,n \quad (7-4)$$

构造拉格朗日函数：

$$F(w,\lambda)=\sum_{i=1}^{m}\sum_{j=1}^{n}w_j^2[(1-r_{ij})^2+r_{ij}^2]-\lambda\left(1-\sum_{j=1}^{n}w_j\right) \quad (7-5)$$

$$\text{令：}\begin{cases}\dfrac{\partial F}{\partial w_j}=2\sum\limits_{i=1}^{m}w_j[(1-r_{ij})^2+r_{ij}^2]-\lambda=0\\ \dfrac{\partial F}{\partial\lambda}=1-\sum\limits_{j=1}^{n}w_j=0\end{cases} \quad (7-6)$$

解得：

$$w_j=\mu_j/\sum_{j=1}^{n}\mu_j\text{，其中，}\mu_j=1/\sum_{i=1}^{m}[(1-r_{ij})^2+r_{ij}^2] \quad (7-7)$$

根据上述的基于改进的 TOPSIS 评价体系，即可得到城市智慧供应链发展指数评价指标体系的各因素权重。

---

① 陈梦根、徐滢、周元任：《新发展理念下经济高质量发展的统计评价与地区比较——基于改进的 TOPSIS 综合评价模型》，《统计学报》2020 年第 2 期。

三　指数计算

本书采用分级指数分项加权方法编制城市智慧供应链发展指数，编制结果如下：

首先是城市智慧供应链发展指数总指数模型：

$$D = \sum_{i=1,2,3,4} W_i D_i \tag{7-8}$$

其次是城市智慧供应链发展指数一级模型：

$$D_i = \sum_{\substack{i=1,2,3,4 \\ j=1,2,3,4}} W_{ij} D_{ij} \tag{7-9}$$

最后是城市智慧供应链发展指数二级模型：

$$D_{ij} = \sum_{\substack{i=1,2,3,4 \\ j=1,2,3,4 \\ k=1,2,3}} W_{ijk} D_{ijk} \tag{7-10}$$

考虑到指数一般都是以 100 为基准点，进而比较研究对象的高低，因此本书设定发展指数最低的城市指数为 100。例如，根据城市智慧供应链发展指数的计算结果，如城市某月份的智慧供应链发展指数数据作为基准点 100，且该月的指数的实际数值为 V_0，那么，第 i 个月份的发展指数实际值为 V_1，则第 i 个月份的发展指数为 $\frac{V_i}{V_0} \times 100$ 。

第五节　算例分析

前文提出了智慧城市供应链发展指数的计算方法，为了说明此方法的实际应用，以 A、B、C 三个城市为例，进行城市智慧供应链指数分析方法的算例分析。

首先，对城市 A、城市 B 和城市 C 的所有指标数据进行赋值，得到 3 个评价对象的 31 项指标数据的初始结果，如表 7－2 所示。需要说明的是，本章节旨在探索改进的 TOPSIS 分析方法的具体应用，因此，所列的城市数据指标值并不保证准确可靠，在实际应用中，各城市需要搜集准确数据以确保最终结果正确且有参考意义。需要注意的是，城市的各项指标的基础数据来自城市中的每个企业，因此，在数据选择上既考虑了企业的数据又考虑了区域的数据。

表7－2　　　　城市A、B、C的城市智慧供应链发展数据

总指标	一级指标	二级指标	三级指标	A	B	C
城市智慧供应链发展指数 D	基础设施建设情况 D_1	智能运输 D_{11}	安装GPS/北斗导航系统的运输车总数量 D_{111}	2万（辆）	3万（辆）	1.5万（辆）
			安装其他车辆信息数据采集系统的运输车总数量 D_{112}	1.7万（辆）	1.4万（辆）	1.7万（辆）
		自动仓储 D_{12}	自动化立体仓库总面积 D_{121}	110万（平方米）	100万（平方米）	93万（平方米）
			入选国家标准的无人仓总数量 D_{122}	70个	87个	60个
			智慧物流仓储基地数量 D_{123}	320	260	210
		信息控制 D_{13}	使用云平台企业数量占企业总数量比例 D_{131}	30%	40%	17%
			智慧云平台总数量 D_{132}	56个	70个	47个
		企业认证 D_{14}	通过政府相关智慧认证的企业数量 D_{141}	128个	130个	98个
	人力资源投入情况 D_2	技术研发 D_{21}	相关智慧技术研发岗位人员数量占比 D_{211}	9%	12.4%	10.2%
			信息管理系统开发相关岗位人员数量占比 D_{212}	7%	7.8%	4.3%
			智慧云平台开发相关岗位人员数量占比 D_{213}	5%	7.2%	6%
		运营管理 D_{22}	供应链专业方向本科生及本科生以上的人员占总就业人员比例 D_{221}	65%	54%	43%
			通过国内外知名供应链认证的就业人员占总就业人口比例 D_{222}	3%	2.3%	2%

续表

总指标	一级指标	二级指标	三级指标	A	B	C
城市智慧供应链发展指数 D	资金投入情况 D_3	企业资金 D_{31}	智慧技术研发相关支出占总支出比例 D_{311}	17%	21%	23%
			信息管理系统开发相关支出占总支出比例 D_{312}	11%	20%	17%
			智慧云平台开发相关支出占总支出比例 D_{313}	7.5%	6.9%	7%
		政府资金 D_{32}	政府对于智慧供应链发展投资总额 D_{321}	97（亿元）	113（亿元）	128（亿元）
			促进智慧供应链发展减免的税收总额度 D_{322}	82（亿元）	90（亿元）	114（亿元）
	企业创新情况 D_4	知识产权 D_{41}	企业发明专利申请数量占专利总申请量比例 D_{411}	75%	82%	69%
			拥有发明专利的企业数量占全部企业数量比例 D_{412}	57%	60%	48%
			已实施发明专利数量占全部发明专利数量比例 D_{413}	41%	65%	49%
		产学研合作成果 D_{42}	开展产学研合作的项目数量占全部企业项目比例 D_{421}	22.4%	26%	15%
	供应链效率指标 D_5	时间效率指标 D_{51}	供应链响应时间 D_{511}	89（天）	67（天）	93（天）
			供应链周转的天数 D_{512}	35（天）	27（天）	40（天）
			提前期 D_{513}	11（天）	8（天）	17（天）
		资金效率指标 D_{52}	现金流周转时间 D_{521}	35（天）	30（天）	40（天）
			资产周转率 D_{522}	70%	80%	65%
	供应链效益指标 D_6	成本指标 D_{61}	物流管理总成本 D_{611}	5200（亿元）	4000（亿元）	6100（亿元）
			资金总成本 D_{612}	480（亿元）	300（亿元）	500（亿元）
		利润指标 D_{62}	完好订单完成率 D_{621}	73%	80%	65%
			产品利润率 D_{622}	27%	35%	15%

获取原始数据后，按照改进 TOPSIS 法的步骤进行计算，过程如下：

步骤一：由表 7 – 2 构建决策矩阵：

$$A=\left\{\begin{matrix} 2 & 1.7 & 110 & 70 & 320 & 0.3 & 56 & 128 & 0.09 & 0.07 & 0.05 & 0.65 & 0.03 & 0.17 & 0.11 & 0.075 & 97 & 82 & 0.75 & 0.57 & 0.41 & 0.224 & 0.011 & 0.029 & 0.091 & 0.029 & 0.7 & 0.19 & 0.21 & 0.73 & 0.27 \\ 3 & 1.4 & 100 & 87 & 260 & 0.4 & 70 & 130 & 0.124 & 0.078 & 0.072 & 0.54 & 0.023 & 0.21 & 0.2 & 0.069 & 113 & 90 & 0.82 & 0.6 & 0.65 & 0.26 & 0.014 & 0.037 & 0.125 & 0.033 & 0.8 & 0.25 & 0.33 & 0.8 & 0.35 \\ 1.5 & 1.7 & 93 & 60 & 210 & 0.17 & 47 & 98 & 0.102 & 0.043 & 0.06 & 0.43 & 0.02 & 0.23 & 0.17 & 0.07 & 128 & 114 & 0.69 & 0.48 & 0.49 & 0.15 & 0.01 & 0.025 & 0.059 & 0.025 & 0.65 & 0.16 & 0.2 & 0.65 & 0.15 \end{matrix}\right\}$$

其中：d_{ij} 表示对第 i 个方案第 j 个指标值打分的结果。

步骤二：将决策矩阵标准化。

根据公式得到标准化矩阵：

$$R=\left\{\begin{matrix} 0.51 & 0.61 & 0.63 & 0.55 & 0.69 & 0.57 & 0.55 & 0.62 & 0.49 & 0.62 & 0.47 & 0.69 & 0.7 & 0.48 & 0.39 & 0.61 & 0.49 & 0.49 & 0.57 & 0.6 & 0.45 & 0.6 & 0.54 & 0.54 & 0.55 & 0.57 & 0.56 & 0.54 & 0.48 & 0.58 & 0.58 \\ 0.77 & 0.5 & 0.57 & 0.69 & 0.56 & 0.76 & 0.69 & 0.63 & 0.67 & 0.69 & 0.68 & 0.57 & 0.54 & 0.59 & 0.7 & 0.56 & 0.58 & 0.54 & 0.63 & 0.63 & 0.71 & 0.69 & 0.69 & 0.69 & 0.76 & 0.65 & 0.64 & 0.71 & 0.75 & 0.63 & 0.75 \\ 0.38 & 0.61 & 0.53 & 0.47 & 0.45 & 0.32 & 0.46 & 0.47 & 0.55 & 0.38 & 0.56 & 0.45 & 0.47 & 0.65 & 0.6 & 0.57 & 0.65 & 0.68 & 0.53 & 0.5 & 0.54 & 0.4 & 0.49 & 0.47 & 0.36 & 0.49 & 0.52 & 0.45 & 0.46 & 0.51 & 0.32 \end{matrix}\right\}$$

步骤三：确定城市智慧供应链评价指标的正理想解和负理想解。

由于决策矩阵已经标准化，因此很显然可以看出，正理想解为 $R^{+}=(1,1,\cdots,1)$，负理想解为 $R^{-}=(0,0,\cdots,0)$。

步骤四：确定各个指标的权重。

假设 n 个指标对应的权重分别为 $w_1,w_2,\cdots,w_n$，则根据以上公式，可以得到评价指标的权重向量。

$$w_j = 100\times(4.2\ \ 4.5\ \ 4.5\ \ 4.4\ \ 4.4\ \ 4.1\ \ 4.4\ \ 4.5\ \ 4.5\ \ 4.3\ \ 4.4\ \ 4.4\ \ 4.4\ \ 4.5\ \ 4.3\ \ 4.6\ \ 4.5\ \ 4.5\ \ 4.5\ \ 4.5\ \ 4.4\ \ 4.3\ \ 4.5\ \ 4.4\ \ 4.2\ \ 4.5\ \ 4.5\ \ 4.4\ \ 4.3\ \ 4.5\ \ 4.1)$$

步骤五：得到城市智慧供应链发展指数二级模型：

$$D_{ij}=\sum_{\substack{i=1,2,3,4\\ j=1,2,3\\ k=1,2,3}} W_{ijk}D_{ijk}=\left\{\begin{matrix} 0.161 & 22.23 & 2.49 & 5.74 & 0.009 & 0.03 & 0.016 & 8.01 & 0.078 & 0.01 & 0.006 & 0.033 & 0.017 & 0.044 \\ 0.189 & 19.88 & 3.12 & 5.82 & 0.012 & 0.03 & 0.021 & 9.09 & 0.093 & 0.011 & 0.007 & 0.038 & 0.025 & 0.051 \\ 0.14 & 16.15 & 2.09 & 4.39 & 0.009 & 0.02 & 0.021 & 10.83 & 0.074 & 0.007 & 0.004 & 0.03 & 0.016 & 0.036 \end{matrix}\right\}$$

然后可得到城市智慧供应链发展指数一级模型：

$$D_i = \sum_{\substack{i=1,2,3,4 \\ j=1,2,3,4}} W_{ij}D_{ij} = \begin{Bmatrix} 30.61 & 0.039 & 8.03 & 0.087 & 0.039 & 0.061 \\ 29 & 0.037 & 9.11 & 0.104 & 0.045 & 0.076 \\ 22.77 & 0.029 & 10.85 & 0.081 & 0.035 & 0.051 \end{Bmatrix}$$

最后可得到城市智慧供应链发展指数总指数模型：

$$D_A = \sum_{i=1,2,3,4} W_iD_i = 38.86$$

$$D_B = \sum_{i=1,2,3,4} W_iD_i = 38.38$$

$$D_C = \sum_{i=1,2,3,4} W_iD_i = 33.82$$

由上述城市发展指数大小可知，城市 A 的智慧供应链发展指数较高。本书以城市 C 的智慧供应链发展指数值为基准点 100，那么城市 B 的智慧供应链发展指数值为 113.48，城市 A 的智慧供应链发展指数值为 114.9。图 7－2 为城市 A、B、C 智慧供应链发展指数值对比图。

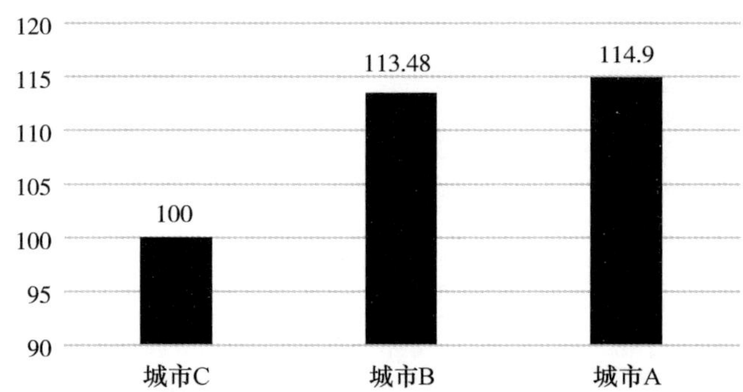

图 7－2　城市智慧供应链指数对比图

通过对图 7－2 的分析得知，城市 A 的智慧供应链发展情况较好，城市 C 的发展指数值最低。为了更清晰地比较城市 B、C 和城市 A 在各个指标上的得分情况，我们进一步详细比较了智慧供应链发展指数一级模型和二级模型。首先探讨城市 B 智慧供应链建设情况。根据城市智慧供应链发展指数一级模型可知，城市 B 的企业创新情况和资金投入情况都比城市 A 较好，基础设施建设情况、人力资源投入、供应链效率和效益情况比城市 A 较差，未来应该在这四个方面多投入。从智慧供应链发展指数二级模型指数得分情况可知，城市 B 相较于城市 A 仅仅在自动仓储环节薄弱，因此未来城市 B 应该多注重扩大建设自动化立体仓库总面积、增加入选国家标准的无人仓总数量和智慧物流仓储基地数量。

同理，为详细探讨城市 C 的发展情况，我们也可按照此方法进行分析。通过对比城市 C 和城市 A 的智慧供应链发展指数一级模型和二级模型，我们发现城市 C 在资金投入情况上整体较好，但是在智慧供应链基础设施建设情况、人力资源投入情况、企业创新情况、供应链效率和效益上发力不足，这说明城市 C 需要在下一步的智慧供应链发展过程中，注意扬长避短，进一步加大基础设施建设投入，注重引进人才，进一步鼓励企业创新并不断提升城市供应链效率和效益。

第六节　结论

本书基于企业和区域两种视角，构建了相应视角下的智慧供应链评价指标体系，具体结论如下。

第一，根据城市智慧供应链的基本结构，基于区域城市视角，在代表性原则、可参考性原则、可操作原则、可拓展性原则、整体性原则五大原则下，我们提出了影响城市智慧供应链的主要因素：基础设施建设情况、人力资源投入情况、资金投入情况、企业创新情况、供应链效率指标和供应链效益指标。其中基础设施建设情况具体包括智能运输、自动仓储、信息控制、企业认证情况。人力资源投入情况包括技术研发和运营管理情况。资金投入情况具体包括企业资金和政府资金。企业创新情况具体包括知识产权和产学研合作成果，供应链效率指标包括时间效率指标和资金效率指标。供应链效益指标包括成本指标和利润指标。

第二，通过分析城市智慧供应链指标体系的各影响因素之间的关联关系，运用指数化法进行指标的无量纲化处理，采用改进的 TOPSIS 法设置指标的权重，构建了城市智慧供应链发展指数计算模型。该模型可为政府研究开展智慧供应链发展指数及其对相关城市进行评价提供理论参考依据。

虽然本书构建了基于企业和区域视角的智慧供应链评价指标体系，填补了在智慧供应链评价领域的理论研究空缺，但是仍旧存在一些不足。

例如，由于智慧供应链发展呈现动态性特征，本书在指标评价体系中，考虑到指标的代表性，因此只选择了 31 个指标，尚未覆盖智慧供应链的全部指标，在未来的研究中仍旧需要根据指标动态发展特性，对既有的指标进行系统完善和优化。此外，本书提出的改进 TOPSIS 评价方法，仍然具有不足之处，未来可以考虑与其他评价方法进行集成评价，以期获得更为科学合理的结果。

第八章

智慧供应链中企业智慧化转型的运营机理分析

通过调研近年来我国供应链上相关企业在智慧化转型中的一些实践活动与成功案例，如大数据驱动、消费直连制造（Consumer to Manufacturing，C2M）、信息共享（透明化）合作博弈等模式，研究了智慧供应链转型中的运营机理或机制设计与体现出的价值共创问题。为此，本章采用系统动力学思想，通过抽取京东上市股票发布的相关数据并收集发布的其他运营实际数据形成数据集合，构建了以智能化、大数据驱动思想来构建模型，探究其在智慧化转型中的相关关键因素及其影响的作用机理。

第一节　引言

智慧供应链以传统供应链为基础，增加现代物流信息技术的应用，充分发挥物联网、大数据等新兴技术效能，促进供应链集成建设，提高供应链的智能化、网络化、数字化和自动化水平，最终实现各节点企业深度协同运作与供应链高效管理。从企业运作层面来说，高度自动化智能设备的应用极大增加了企业运作效率，智慧供应链还能够实现信息整合集成化、可视化，使得企业可以为消费者提供更优服务，针对各环节进行数据分析，给出精准反馈。从产业协同层面来说，智慧供应链的研究和应用更是显著推动了上下游企业深度沟通合作，协同发展进步，使供应链整体运作效率和整体绩效大大提升。从国家发展层面来说，随着新冠疫情的暴发，供应链能力对经济稳定、社会发展等方面的重要性越发凸显，而更稳健的供应链无疑需要先进技术来支持，供给侧改革发展也同样需要科技助力，因此智慧供应链建设是国家发展进步的重中之重。

合理应用智慧供应链势必要研究清楚其运作机理，这是智慧供应链构建与改进的基础。智慧供应链与传统供应链运作的区别除了先进科技的应用水平，还在于运营理念的不同，智慧供应链是典型的互联网思维，注重客户需求，以增加客户价值为导向。现如今互联网经济飞速兴起，消费者越发重视服务体验，企业同样更加关注客户反馈以谋求更大利益和长远发展，参与智慧供应链构建和发展成为许多企业提升运作能力的选择。尤其是电子商务领域，数据繁杂且量级庞大、与终端客户联系紧密、物流服务水平对客户体验影响直接且巨大，同时与互联网技术密切相关，可以说是智慧供应链的关键应用领域之一。如何更好地构建智慧供应链、投资决策究竟会对哪些环节产生何种程度的影响、智能设备和智能技术的使用效果怎么衡量，种种问题都是实际运作过程中各方关心的方面，而研究透彻智慧供应链运作机理则能够帮助企业更好地对智慧供应链运作情况进行评价，对未来发展方向有更多了解，投资决策也有更多参考依据。

现有针对智慧供应链的研究数量还不十分丰富，但研究方向较多且较为先进，对供应链一体化协同、生态体系构建、“互联网+”、供应链金融、区块链等相关交叉领域已经都有涉及。盘红华（2012）总结梳理出物联网技术与供应链相结合后，智慧供应链的管理与创新①。宋华（2015）针对供应链与“互联网+”相结合的创新变革方式进行梳理总结，指出要从供应链管理三要素出发，抓住信息治理这一核心②。薛楠等指出构建智慧供应链应注重发挥平台的作用，由政府主导利用平台对商业模式进行改进优化，并关注先进技术应用和利益分配等问题③。赵然等

① 盘红华：《基于物联网的管理及应用》，《中国物流与采购》2012 年第 12 期。

② 宋华：《新兴技术与“产业供应链+”——“互联网+”下的创新》，《人民论坛·学术前沿》2015 年第 22 期。

③ 薛楠、姜溪：《基于互联网+的京津冀一体化农产品构建》，《中国流通经济》2015 年第 7 期。

在分析智慧供应链面临的五大问题的基础上构建了实现途径[①]。冉佳森等基于案例详细分析发现信息技术对供应链管理的重要作用及应用方式[②]。李玉凤等构建出评价指标体系，对智慧供应链绩效评价进行深入研究[③]。何海锋对互联网技术支持下智慧供应链与金融结合后，供应链金融的模式创新和未来发展前景进行分析[④]。汪娟等从决策、管理和作业三层对新零售背景下智慧供应链的协作机制进行分析，点明其运作核心特点[⑤]。易强等对区块链技术在供应链中的应用进行总结梳理，指出该技术在信息流层面应用较广[⑥]。Wu 等提出智慧供应链五个关键研究课题，包括信息管理、IT 基础设施、流程自动化、高级分析和供应链集成[⑦]。Manders 等在研究中强调智慧供应链柔性与运营战略间的联系，整个智慧供应链系统需要更加规范化并且加强统一的信息处理，重视信息价值[⑧]。

关于智慧供应链运作机理方面，也有一些学者关注研究，并与实际企业现状相联系。王道平等基于系统动力学对供应链知识扩散进行研究，验证了中心结构更有效率，对供应链管理优化深有启发[⑨]。马彦华等以京东商城为例，详述互联网平台如何使供应链更加智慧化，梳理总结整体运作流程和突出特点[⑩]。李晓雪等指出，数字化技术驱动的以消费需求为

---

① 赵然、安刚、周永圣：《浅谈智慧供应链的发展与构建》，《中国市场》2015 年第 10 期。

② 冉佳森、谢康、肖静华：《信息技术如何实现契约治理与关系治理的平衡——基于 D 公司供应链治理案例》，《管理学报》2015 年第 3 期。

③ 李玉凤、邢淋淋：《智慧供应链绩效评价指标体系构建》，《统计与决策》2017 年第 3 期。

④ 何海锋：《金融的模式创新与发展前景》，《银行家》2018 年第 12 期。

⑤ 汪娟、赵士凤：《新零售背景下协同运作机制研究》，《湖北文理学院学报》2019 年第 5 期。

⑥ 易强、杨慧敏、王柯欣：《区块链技术在物流领域应用研究综述》，《物流技术》2020 年第 3 期。

⑦ Wu L., Yue X., Jin A., "Smart Supply Chain Management: A Review and Implications for Future Research", *The International Journal of Logistics Management*, 2016.

⑧ Manders, J. H. M., Caniëls, M. C. J., & Ghijsen, P. W. T., "Supply Chain Flexibility: A Systematic Literature Review and Identification of Directions for Future Research", *The International Journal of Logistics Management*, Vol. 28, No. 4, 2017, pp. 964 – 1026.

⑨ 王道平、周叶、孙庆彬：《基于系统动力学的供应链知识扩散模型及其仿真研究》，《管理学报》2012 年第 11 期。

⑩ 马彦华、路红艳：《推进供给侧结构性改革——以京东商城为例》，《企业经济》2018 年第 6 期。

核心的生产供给体系和流通供给体系的变革，是零售业智慧化转型的内在机理，对智慧供应链体系的建设发展给出建议①。王强等基于对阿里巴巴、小米等企业的调研，深入分析数字平台企业如何推动企业智慧化转型并加强产业链与供应链整体数字化、智慧化②。

通过文献梳理总结可以发现，现有研究对于智慧供应链的构建方式、绩效评价、应用领域以及和其他学科交叉结合等方面研究较多，对运作机理的研究还不够充分和深入。本章主要针对电子商务平台企业为中心的智慧供应链，重点研究其运作机理，以京东零售服务供应链企业为仿真样本，基于系统动力学模型，对其智慧供应链体系进行仿真与模拟分析，探索智慧供应链的影响因素及其内在运行机理，旨在对智慧供应链运作机理有更为系统、更为深入的了解，并与实际情况紧密结合。

第二节　供应链企业智慧化转型的模型构建

一　供应链企业数字化的运营机理分析

智慧供应链是依赖于物流互联网、人工智能技术、物流与供应链大数据等技术支撑，以增强消费者价值为导向，实现供应链的信息共享与协同及管理创新，实现企业产品从原材料采购、研发与生产、销售和服务等全生命周期的高效、协同的链接形态。智慧供应链涵盖了从上游供应商到终端客户所发生的信息、流程、服务、资金等多项工作。全球企业界和学术界都在努力推动传统供应链向智慧供应链的转型升级，通过运用大数据技术等前沿技术，提高供应链的柔性管理、快速响应、可视化水平以及创新协同，最终实现供应链的降本增效。

二　数字化运营机理的基本假设

本章考虑智慧供应链的运行机理和运营模式，通过建模仿真分析智

---

① 李晓雪、路红艳、林梦：《零售业智慧化转型机理研究》，《中国流通经济》2020年第4期。

② 王强、刘玉奇：《新零售引领的智慧化转型与全产业链升级研究——基于多案例的数字化实践》，《商业经济研究》2019年第18期。

慧供应链的目标、功能、结构、内容要素以及各要素间的关联性。分别从战略层、战术层以及执行层的角度出发，选取智慧预测、智能控制和智能设备作为主要变量，再根据这三个变量进行展开分析，并划分系统的边界。其中智慧预测包括智能技术研发投入及转化、管理绩效、根据智慧预测表现后所获的市场占有率等；智能控制包括信息系统的建设投入、信息系统的数量、信息化覆盖程度等；智能设备则包括物流硬件设施的投资、物流基础设施和智能设备的应用等。

为科学规范地进行对智慧供应链运行机理的研究，本书提出如下假设。

（1）假设智慧供应链中的主体分为供应链服务方和客户两类。供应链服务方是指供应链中各个环节的企业，这些企业通过对软硬件技术、设施进行投入，以帮助决策主体制定最优策略，最终达到扩张市场份额，提高自身利润的目标。客户则期望从购买的产品或服务中获得价值以满足自身需求。

（2）假设企业提供的产品价格波动不大，连接智慧预测，智能控制和智能设备的关键变量是营业利润。在仿真中考虑到企业进行各种投资的成本，同时这些成本还与前一阶段投资后得来的营业收入相关，也能考虑到客户满意度等因素对营业收入的正面影响，因此用营业利润可以衡量企业每年的经营效果和投入成本变化的结果，并且每年数据相互关联，比较贴合实际情况。

（3）现实情况中，一些大型企业可能设有多个事业部，本章只研究参与智慧供应链活动的事业部或职能部门。投资成本、营业利润等也只按涉及的产品或服务进行统计。

（4）假设市场环境在一定时期内相对稳定，忽略市场中竞争强度的变化，并且假设产品生命周期在固定的某一阶段（例如成长期或成熟期）。对于行业相关的法规政策变动、自然灾害以及其他突发事件给整个系统带来的影响，暂时不予考虑。

第三节　运营机理的因果关系分析

参考系统动力学中一般确定正向、反向的反馈回路极性原则，本节研究得出本模型一共存在4条反馈回路，即3条的正向因果反馈回路和1条负向因果反馈回路，这些反馈回路一起影响着整个系统的因果关系及其运营机理，如图8－1所示。

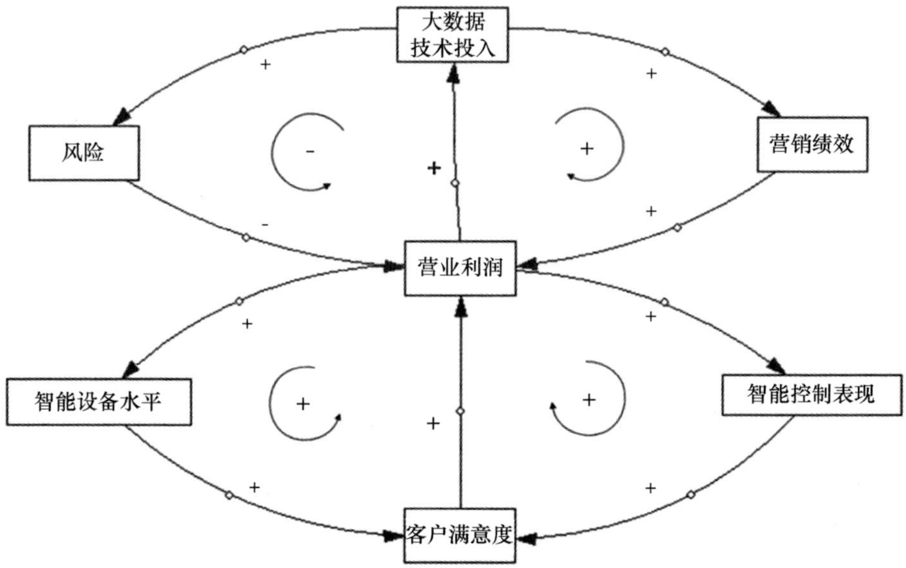

图8－1 以零售为主导的智慧供应链运行机理因果关系

（一）大数据技术研发投入—营销绩效—营业利润

供应链智慧性的提高是依托相关先进技术。企业对大数据技术进行研发投入，可以利用大数据技术帮助企业从“业务驱动”向“数据驱动”发展，让企业掌握更多自身及外部市场的信息，并通过大数据技术进行智慧预测。智慧预测工作的顺利进行，有利于产品管理、信息管理、流程管理、精准营销等多方面的提升，最终体现在营销绩效。在产品性能和价格较为稳定时，优异的营销绩效会提高运营效率并增强客户的体验感，因此市场的占有率逐步提高。

（二）信息化与数字化绩效—客户满意度—营业利润

大数据技术的研发可以视为软技术的投入，而企业的相关系统设施必须与技术相匹配才能达到良好的效果。对信息系统的投资建设，有利于信息的管理及应用。信息系统建设可以提高其应用程度，由此可以提高供应链活动中的信息可视化。信息可视化有利于企业内部以及供应链之间建立协作关系并优化流程。信息系统的完善建设和较高的覆盖度，体现在信息集成绩效。当信息透明化辐射到客户层，会增强其在产品购买或服务获得中的体验感，由此提高客户满意度，客户满意度的提高有利于客户群体的巩固及扩张，因此会带来更高的营业收入，增加营业利润。

（三）智能设备表现—客户满意度—营业利润

对智能设备、基础设施的投资，为产品在供应链各个环节之间的流动提供硬件支持，将之前提到的大数据技术及信息系统应用于物流层面时，需要物流的基础设施能够支撑数目庞大的订单以及缩短产品流通时间。对物流基础设施进行投入和改造，以提高物流活动中智能设备的数量或提高设备的智能化程度，智能设备表现优异意味着客户价值的实现时间缩短，客户满意度会自然提高。当客户满意度提高后对营业利润带来的影响即上述（二）中的分析。

（四）大数据技术研发投入—风险与成本—营业利润

风险和成本与营业利润之间存在负向关系，这是一条负向因果反馈回路。增加大数据技术投入无疑会产生更多成本，同时由于大数据技术属于新兴高科技，算法训练等环节存在研发失败风险，导致成本增加而并无绩效产生；即便研发成功，实际运用过程中也可能会面临各种问题，导致投入大量成本但营业收入并无显著提升，企业大数据研发投入增加，产生更多风险问题，最终导致营业利润减少。一般当营业利润出现增长缓慢甚至明显降低时，大数据技术投入主体更倾向于保守投资，甚至是通过其他方式进行负向平衡。

第四节　实证分析

一　系统流图及数据来源

本章节以京东企业的上市数据与最近几年发布的实际运营数据为例，根据上一节中的系统因果关系分析，构建以零售为主导的智慧供应链运行机理仿真流图模型。模型为系统内各个要素之间配置方程关系并将系统整体联系起来，通过方程体现各要素之间的变化规律，通过构建系统流图，对以零售为主导的智慧供应链系统的运行机理进行定量分析，并对一定时间内的发展进行仿真预测。本章构建的流图模型共包含营业利润、物流及其他服务收入等在内的25个变量。具体的流图模型如图8－2所示。

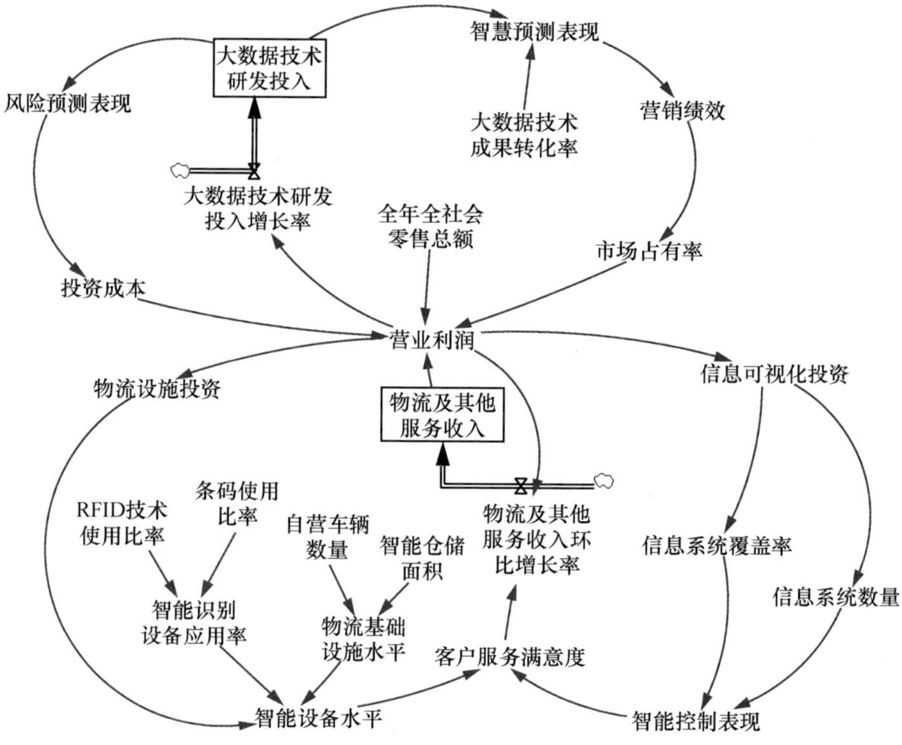

图8－2　以零售为主导的智慧供应链运行机理系统流图

在流图构建过程中，为了有效反映模型的真实性并且简化定量分析，本章从多方收集了相关真实数据并且用多种方法确定变量间的关系式。为保证数据来源真实有效，本章的数据来源主要为国家统计局网站、相关文献和企业年报。

模型中各要素间方程关系式或参数的确定，也运用了多种方法：

（1）利用常见的经验公式；

（2）直接或间接参考已有研究中所用的公式或参数；

（3）利用回归分析确定相关性较大的变量间的方程；

（4）选择可能的参数值，利用历史数据进行仿真运行，直至模型稳定以确定参数。真实有效的数据和合理的关系式能够保证模型构建时的真实性和准确性。

二　系统流图模型检验

因为在系统动力学模型构建时，其会存在一定程度上的主观性与系统动态性，故需要对构建的模型准确性实施检验来保证所建立模型是合理的与稳定的，即模型能真实、准确地表现出实际系统功能及其运作机理。参考李坚飞等的研究中模型拟合度检验[①]，本章采用计算平均绝对百分误差（MAPE 值）的方法对仿真数据和历史真实数据进行拟合度检验，以验证模型仿真的准确性。平均绝对百分误差（MAPE 值）的计算公式为：

$$MAPE = \sum_{t=1}^{n} \left| \frac{A_t - F_t}{A_t} \right| \times \frac{100}{n} \qquad (8-1)$$

其中 A_t 为真实数据，F_t 为仿真运行得到的数据，t 代表样本序号，n 为样本数据个数（本章 $n=6$）。

这里的评价标准设定为：MAPE 值越小，表明本章仿真数据和真实数据就越接近。当 MAPE 值小于 10% 时，就是高精度预测；但当 MAPE 值大于等于 10%，且小于等于 20% 时，就为良好预测；而在 20% ≤MAPE ≤50% 时，就为可行的预测；而在 MAPE≥50% 时，模型错误需重新调整构建。根据各变量在模型中的影响度，选择“营业利润”“物流及其他服务收入”“大数据技术研发投入”以及“物流设施投资”这四个要素进行历史真实数据和仿真数据的拟合度检验。检验结果如表 8 -1 所示。

表 8 -1　　模型数据拟合度检验 MAPE 值一览表

变量名称	MAPE 值	所在区间	结论
营业利润	4.42%	[0，10%]	高精度预测
物流及其他服务收入	7.68%	[0，10%]	高精度预测
大数据技术研发投入	11.70%	[10%，20%]	良好预测

① 李坚飞、孙梦霞、任理：《新零售服务供应链线下服务质量稳态的动力机制》，《系统工程》2018 年第 6 期。

从表 8－1 的检验结果可以看出，营业利润变量仿真运行得到的数据与真实数据之间的拟合度最高，预测最为准确，物流及其他服务收入一项也为高精度预测，拟合效果较好。大数据技术研发投入预测精度虽为良好，但 MAPE 值也是在该区间较小处，误差相比营业利润稍大但仿真值与实际值仍较为贴近。因此，可以运用此模型来对实际中以零售为主导的智慧供应链进行仿真预测，并且仿真的结果合理可信。

第五节　仿真结果分析

鉴于上述对模型的验证结果可信度较高，预测精度也能保证在良好及以上，因此决定采用该模型对企业的运营进行仿真预测。本章利用 Vensim PLE 软件对系统进行模型趋势的仿真预测，按因果回路图进行划分，各回路单独或统一地进行仿真预测，将对相关结果进行讨论分析，旨在更好地阐释该系统的运作机制，并以此探讨智慧供应链的运行机理及其内在原因。

由图 8－3 可以看出，大数据技术研发投入在不断加大并且从第六年开始有上升速度变快的趋势。风险预测表现也在不断提高，但有提升速

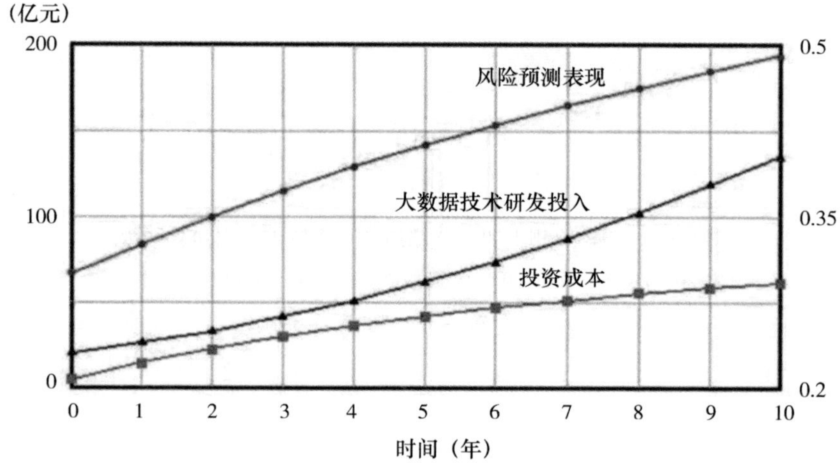

图 8－3　大数据技术研发投入与投资成本、风险预测表现仿真结果

注：大数据技术研发投入与投资成本单位为亿元，风险预测表现在（0，1）取值。

度轻微减缓的趋势。这可能是因为大数据技术投入的边际效用在递减，当投入达到一定值后，再增加一单位的研发投入所能提高的风险预测表现会逐渐减少，这也与实际相符合。由于市场环境复杂多变，不仅有政府政策、经济形势等宏观因素的影响，还有企业自身与市场中其他企业之间激烈的竞争因素，因此，即使技术研发投入足够多，也不会预测到与现实完全一致的风险情况。随着时间和大数据技术研发投入的增加，风险预测表现不断提高但幅度越来越小。而优异的风险预测表现会令投资者更有信心，因此投资成本也在不断增加。但投资速度趋势减缓，并且投资成本曲线的斜率较小，因为投资者并不会只因为风险预测表现的好坏就决定投资的多少，还取决于投资者自身对风险和利润的态度以及其他多种因素，因此投资增幅较小是合理的。如图 8 –4 所示。

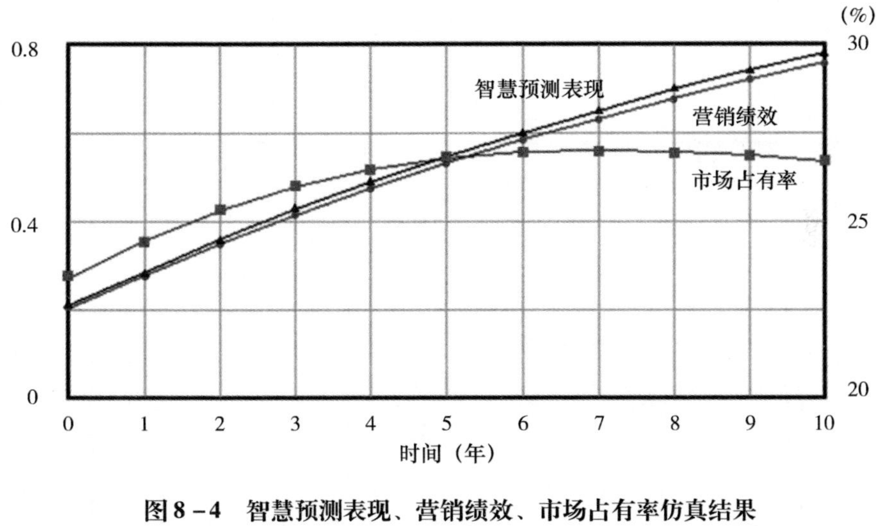

图 8 –4　智慧预测表现、营销绩效、市场占有率仿真结果

注：智慧预测表现与营销绩效在（0，1）间取值，市场占有率%取值。

由图 8 –4 可以看出，智慧预测表现和营销绩效都在不断提高且上升幅度和趋势相似。由于在流图中，大数据技术的研发投入也影响到智慧预测表现，大数据技术投入越多，企业利用大数据技术进行智慧预测的进展越顺利。技术研发为企业进行智慧预测提供了强有力的技术保证，而智慧预测的顺利进行也为企业进行精准营销等工作起到推动和指导性作用。营销绩效的提高有利于企业开拓更多市场，但图 8 –4 中市场占有率呈现先上升后轻微下降的趋势，这与企业的真实数据相符合，企业在第五年时的市场占有率在近六年内达到最高，第六年开始稍有下降，随后的年份系统仿真得到的结果也在下降，但下降幅度较小。这种现象可能是因为市场中的竞争对手增多瓜分了一部分市场份额，也可能是企业自身在除营销工作之外的其他业务职能存在问题，并且企业企图短期内夺回全部市场份额的可能性虽然有但并不大，因此仿真预测后几年可能还会相继减少市场份额但减少幅度较小。

由图 8 - 5 可以看出，物流设施投资在逐年增加但有增加速度减缓的趋势，同时智能设备水平也呈现不断提高但增速减缓的趋势，这是因为智能设备水平主要受物流设施投资的影响，投资越多，智能化设备的数量便越多，在所有设备中的占比也会增加，因此整体物流设施的智能化水平也会提升。同时信息可视化投资也在不断增加，但增长速度相对于物流设施投资而言更快，说明企业越来越重视信息系统的建设，并且信

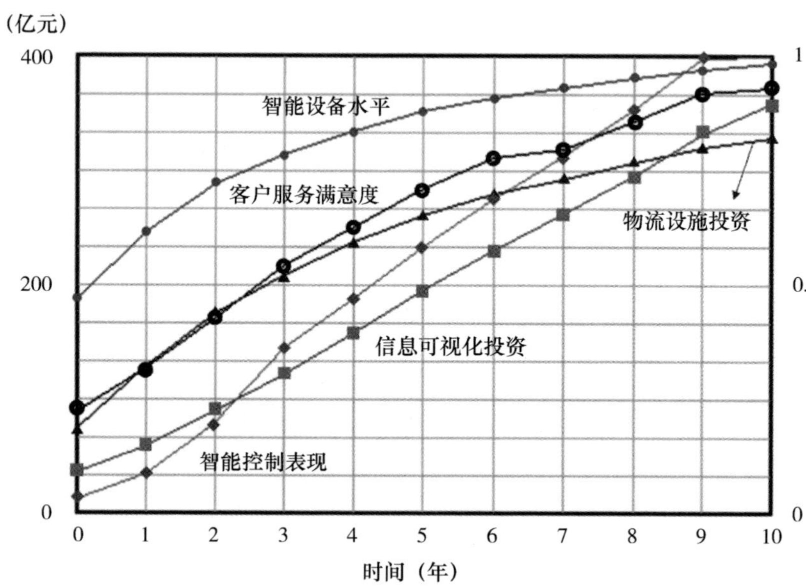

图 8 - 5 物流设施投资、智能设备水平、信息可视化投资、智能控制表现及客户服务满意度仿真结果

注：物流设施投资与信息可视化投资单位亿元，智能设备水平、智能控制表现与客户服务满意度在（0，1）间取值。

息系统的投资建设有较大的提升空间。只有信息系统和物流硬件设施同步提升，才能对整个供应链活动带来最有效的整合创新，也有利于客户服务满意度的提高。图中的客户服务满意度呈不断上升的趋势，但从第六年到第七年的增幅减小，第七年到第九年的增幅又提高，第九年后增幅又减小。由于客户服务满意度同时受企业带给客户的体验以及客户主观性等因素的影响，因此智能设备水平和智能控制表现的不断提高影响了客户服务满意度也在不断提高，而增幅的变化则可能受客户主观意识以及其他客观因素的影响。例如企业的表现水平虽不断提高，但仍未达到部分客户的期望程度，或者企业的表现纵向对比虽呈提高势态，但与同行业竞争对手横向对比时可能略逊一筹，这可能会使得选择多家企业的客户群体对本企业的满意度下降，因此增幅产生变化，这些都与现实情况相吻合。

图 8－6 展示了影响营业利润的各个因素的变化趋势以及营业利润的变化。投资成本和市场占有率变化趋势在上文中已经分析过，故不再赘述。但从分析投资成本和营业利润的关系可以看出，虽然成本越高越不利于利润的增加，但图 8－6 显示，投资成本在缓慢增加，营业利润增加得却相对较快，说明投资带来的效益能够弥补甚至超过投资成本本身。

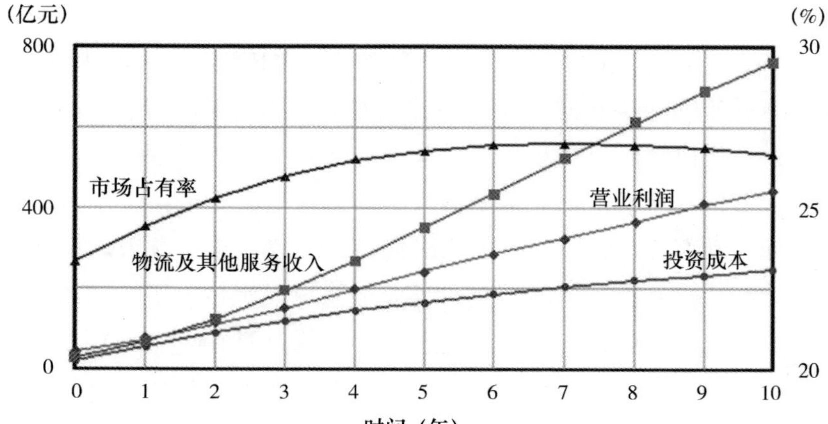

图 8－6　市场占有率、投资成本、物流及其他服务收入和营业利润仿真结果

注：投资成本、物流及其他服务收入与营业利润单位亿元，市场占有率 & 取值。

市场占有率在平缓上升甚至稍有下降，但未对营业利润造成较大影响，这很有可能是物流及其他服务收入的增加弥补了这部分缺失。可以看出，物流及其他服务收入呈不断上升且增幅较大，体现了企业在这一业务上的发展形势较好。这也与该企业自身的战略和职能架构（物流及相关服务属于该企业的重点事业部）相契合。营业利润在逐年上涨并且仿真预测上涨趋势会继续保持。

从上述各系统要素的仿真结果图像可以看出，各要素之间直接或间接地相互影响，各要素及其自身影响要素变化趋势都大致相符，但一个要素不会完全受某个因素的影响，其变化斜率和方向也不会与它的某个影响因素完全一致，这也与现实情形相符合。即智慧供应链系统虽然为闭环系统但也受外界的扰动影响，并且外界因素对于整个系统运行的影响也有利弊之分。例如政府出台相关政策鼓励智慧供应链的发展，这种外界影响对供应链系统的运行起到助推作用。而当市场中竞争对手增加或出现恶意竞争，则很有可能对供应链系统的稳定性造成消极影响。探寻智慧供应链的运行机理也可以更好地帮助系统防范外界不良因素的扰动影响，有利于供应链系统稳定健康地持续运行。

第六节　结论

本章主要从供应链的智慧预测、智能设备和智能控制三个视角出发，以某零售服务供应链企业 X 公司为仿真对象，构建了以零售为主导的智慧供应链运作模型，旨在对智慧供应链的运行机理进行探究。根据构建的模型及其仿真结果，发现智慧供应链的运行是供应链系统中各个因素相互影响且动态变化的结果。前一时期内的实践成果影响着后一时期内系统的运行：营业利润越高，企业越有可能加大对技术研发的投入，而技术研发投入的增加又有利于提高企业对市场及潜在风险的预测。对市场的预测使得企业针对客户的营销更为有效从而提高市场占有率，而风险预测准确度的提高则为领导层的投资决策提供支持，而投资成本的增加（或减少）则对营业利润产生负向影响。此外，营业利润越高，企业对硬件设施和信息系统的投入也会增多，这有利于企业提升智能设备水平和智能控制表现，而到达客户端则是为客户带来更佳的体验感从而提高客户满意度。最终在除零售外的物流及其他服务方面，收入增多从而总营业利润提高，如果系统较为稳定，上述循环将再次进行。而除仿真外，还需结合现实的供应链运行模式进行分析。结果发现，智慧供应链运行机理的实质是系统内各要素直接或间接的相互作用，部分要素受到外界客观因素影响的叠加结果。因此，基于上述以零售为主导的智慧供应链的运行机理分析结论，本章得出如下启示。

（1）智慧供应链由于系统构成和任务量都相对庞大，因此，为提高整体系统的响应速度，需要进行智慧预测以便为未来提前做好规划及调整。智慧预测需要依托大数据技术等前沿科技，大数据技术通过对数据进行采集、处理和分析，输出的结果有助于决策者更好地预判未来趋势和走向并做出相应决策，并且采集的信息在进行预测外，还有可能帮助企业引导消费者和开发更大的消费市场。例如目前很多 App 都会依据用户的浏览信息开展产品推荐等精准营销工作。在"双十一"等消费高峰，企业也会依据历史信息提前数月开展商品和人员的准备工作。因此智慧预测对于智慧供应链的反应速度和趋势走向有着重要意义。

（2）智慧供应链的发展需要强大的信息系统来连通供应链的各个节点，针对供应链各方的需求，将信息与流程紧密结合，并能为供应链成员提供决策支持，从而实现供应链中的实体在完成各自业务目标的同时也能参与整个供应链系统的协同管理与发展。但只有信息系统无法支撑供应链的实际活动，智慧供应链的实践还需要智能设备的支持。从原材料的采购到产品的生产加工再到商品在节点内或节点间流通，供应链的每个流程都需要智能设备的支持才得以正常运转。并且与传统设备相比，智能设备的工作效率更高，可同时处理的工作任务更多，从而提升整个供应链的运行速度和效率。

第九章

平台赋能下消费直连制造(C2M)的价值共创机理研究

本章研究平台赋能下消费直连制造（C2M）模式下的环境驱动因素影响、C2M 模式的运营流程特征及其作用机理，还探究了平台大数据赋能下 C2M 模式的供应链价值与社会价值。

第一节　介绍

近年来，电商平台数据收集和数据挖掘的能力快速发展，促使平台逐渐向以数据为中心进行转化。例如，京东于 2016 年成立 Y 部门，利用人工智能技术收集、分析数据并预测消费者需求①。而阿里巴巴在中东、欧洲、澳大利亚也相继开设数据中心，为数据收集和分析提供支持和服务②。随着电商平台大数据激增以及信息技术的普及和发展，平台大数据赋能的效率大大提升。这里的平台大数据赋能是指平台积极利用大数据、人工智能等信息技术进行产品营销的过程③。电商平台通过数据挖掘，对消费者行为、偏好等信息进行分析。随着消费者行为的逐渐个性化与复杂化，电商平台越来越依赖数字技术与消费者进行互动，来刻画消费者

---

① 梁风：《京东 Y 事业部用人工智能构建供应链大脑：年内实现 8 成商品自动补货与定价推荐》，36kr 网，https：//36kr. com/p/5065027，2017 年 3 月 3 日。

② 阿里巴巴：《里程碑》，官网，https：//www. alibabagroup. com/cn/about/history，2020 年 10 月 26 日。

③ 周雨薇、吕巍：《人工智能重塑零售行业的底层逻辑：综述及展望》，《系统管理学报》2021 年第 1 期。

的画像，且大数据和人工智能等技术可以促进企业更加精准与个性化地应对市场需求[①]。如亚马逊通过“Amazon daily”“Web Forums”“Similarity Web”实时收集和了解消费者的需求变化[②]。因此，目前拥有强大信息技术能力的电商平台可以在短时间内收集海量消费者数据，且通过对这些数据的挖掘，来进行更多的商业模式创新[③]。

2011 年德国政府在汉诺威工业博览会上提出工业 4.0 的概念[④]，其中提出了用户直连制造（Customer-to-Manufactory，C2M）模式。C2M 模式也称为反向定制，或定义为“短路经济”[⑤]。本质上，C2M 模式是直接连接工厂和消费者，以消除中间流通环节，来满足消费者的个性化需求[⑥]。但随着信息技术的迅速发展，许多大型综合电商平台发展成为用户端（Customer）与制造端（Manufacturer）的桥梁，也助推了 C2M 模式的快速发展。艾瑞咨询数据表明，最近几年 C2M 将保持 40% 以上的增速，且 2022 年 C2M 产业的规模将跨入万亿级别[⑦]。例如，京东通过大数据分析，精准预测消费者对静音鼠标的需求，并共享需求信息给上游供应商罗技。基于京东共享的需求数据，罗技于 2016 年推出静音鼠标来满足消费者需求，销售取得巨大成功，为上下游双方带来显著收益[⑧]。同时，京东采用 C2M 模式还帮助小米了解消费者对手机功能的需求以及流行色趋势和年

① 陈剑、黄朔、刘运辉：《从赋能到使能——数字化环境下的企业运营管理》，《管理世界》2020 年第 2 期。

② 洪亮、任秋圜、梁树贤：《国内电子商务网站推荐系统信息服务质量比较研究——以淘宝、京东、亚马逊为例》，《图书情报工作》2016 年第 23 期。

③ 陈剑、黄朔、刘运辉：《从赋能到使能——数字化环境下的企业运营管理》，《管理世界》2020 年第 2 期。

④ Zhou，K.，Liu，T.，Liang，L，“From Cyber-physical Systems to Industry 4.0：Make Future Manufacturing Become Possible”，*International Journal of Manufacturing Research*，Vol. 11，No. 2，2016，pp. 167 – 188.

⑤ Skold，D. E.，“The other Side of Enjoyment：Short-circuiting Marketing and Creativity in the Experience Economy”，*Organization*，Vol. 17，No. 3，2010，pp. 363 – 378.

⑥ Zhang，X.，Ming，X.，Liu，Z.，“State-of-the-art Review of Customer to Business（C2B）Model”，*Computers & Industrial Engineering*，Vol. 132，2019，pp. 207 – 222.

⑦ 中国国际电商博览：《大型综合电商巨头加速布局　助推 C2M 快速发展》，搜狐网，https：//www.sohu.com/a/398212378_99922387，2020 年 5 月 28 日。

⑧ 天极网：《京东 C2M 激活消费新价值！京东 618 罗技直播大卖超 3000 万》，搜狐网，https：//www.sohu.com/a/403415412_464591，2020 年 6 月 22 日。

龄化趋势的影响。2020 年 5 月小米新机 Redmi K30 在京东平台开启销售，单日销量超两万台。而 2021 年京东与希捷通过 C2M 反向定制模式，通过了解消费者需求实现个性化生产，助力希捷在未来核心用户群体渗透中实现同比 40% 的增速[①]。

可以看出，与供应链的上游供应商相比，电商平台具有较强的信息优势，且通过利用信息刻画消费者个性化偏好，来达到精准预测市场需求的目的。显然，若电商平台通过与上游供应商共享需求信息，以上实例表明能为上游供应商的研发、生产提供很好的辅助决策作用，且达到了双方共赢的效果。由此，平台大数据赋能下的 C2M 模式如何产生的？其作用流程及相关作用机理是什么？对合作各方产生的价值都有哪些？这些问题都值得深入研究与探索。

和本章相关的文献涉及大数据支持下对供应链企业商务活动的赋能作用，主要包括大数据赋能、平台赋能与 C2M 模式等方面。首先，在大数据赋能方面，Meriton 等分析供应链中大数据技术对供应链增值的作用，表明大数据技术下的供应链弹性和敏感性对供应链增值发挥重要作用[②]。陈剑等基于数字化环境下企业商务活动、活动主体和产品面临的变化，分析数字化赋能对企业效率提升影响，且从数字化使能角度为企业价值创新提供建议[③]。王福对新零售供应链发展、商业内涵、创新机理等进行讨论[④]。在工业 4.0 背景下，大数据赋能在企业的制造环节尤为重要，可以助力企业柔性制造等生产活动的发展与完善。Chien 等指出定制生产与大规模生产的制造系统不同，工业 4.0 的大规模定制是建立在物理系统上，通过物联网将工厂内设备连接网络实现信息交换与协作，在整个供

---

① 站长之家用户：《聚焦 C2M 模式探索供应链优化　京东联手小米首发千元 5G 新机》，ChinaZ. com，https：//www. chinaz. com/2020/0514/1134754. shtml，2020 年 5 月 14 日。

② Meriton，R.，Bhandal，R.，Graham，G.，"An Examination of the Generative Mechanisms of Value in Big Data-enabled Supply Chain Management Research"，*International Journal of Production Research*，2020，pp. 1 – 28.

③ 陈剑、黄朔、刘运辉：《从赋能到使能——数字化环境下的企业运营管理》，《管理世界》2020 年第 2 期。

④ 王福：《新零售流通供应链商业模式创新体系构建》，《当代经济管理》2020 年第 7 期。

应链中实现灵活生产[①]。张洁等认为数据是未来制造业的核心要素，工业大数据分析是赋予制造“智能”的关键。同时，提出平台化赋能相比于大数据赋能体现出更显著的集成性[②]。Xiao 等探索平台数字赋能（Platform Digital Empowerment，PDE）的作用，发现 PDE 连接平台上所有零售商的数据和信息，战略性地使用数据来优化零售价格并最大限度地提高盈利能力[③]。金伟林等通过研究海尔集团的开放式创新 HOPE 平台，阐述开放式创新平台给企业赋能的方式[④]。王文倩等从用户需求与数字赋能两视角出发，讨论了传统企业如何向数字化企业进行转型的模式与机理问题[⑤]。

事实上，大数据技术的发展促进了商业模式创新。Ghiassi 和 Spera 指出数字化技术在企业运营中的融入促使商业模式从以生产为中心向以信息为中心、顾客为中心的转变[⑥]。而 Hu 也认为制造模式从大规模生产到大规模定制、再到个性化定制的发展是不同技术与生产系统的使能结果，同时消费者角色也从“购买”到“选择”到“设计”发生转变[⑦]。Frank 等认为工业 4.0 和工业互联网等都是商业模式创新的结果[⑧]。正是在此环境下，一些学者开始对 C2M 模式进行深入探讨。Zhang 等发现在大数据

---

① Chien, C. F., Hong, T. Y., Guo, H. Z., “A Conceptual Framework for ‘Industry 3.5’ to Empower Intelligent Manufacturing and Case Studies”, In *27th International Conference on Flexible Automation and Intelligent Manufacturing* (FAIM 2017), Pellicciari, M., Peruzzini, M., Editors. Elsevier Science Bv: Amsterdam, pp. 2009 –2017.

② 张洁、汪俊亮、吕佑龙：《大数据驱动的智能制造》，《中国机械工程》2019 年第 2 期。

③ Xiao, D., Kuang, X., Chen, K, “E-commerce Supply Chain Decisions under Platform Digital Empowerment-induced Demand”, *Computers & Industrial Engineering*, Vol. 150, 2020, p. 106876.

④ 金伟林、王侦、吴画斌：《开放式创新平台如何赋能——基于海尔集团 hope 平台的探索性案例研究》，《特区经济》2020 年第 5 期。

⑤ 王文倩、肖朔晨、丁焰：《数字赋能与用户需求双重驱动的产业价值转移研究——以海尔集团为案例》，《科学管理研究》2020 年第 2 期。

⑥ Ghiassi, M., Spera, C., “Defining the Internet-based Supply Chain System for Mass Customized Markets”, *Computers & Industrial Engineering*, Vol. 45, No. 1, 2003, pp. 17 –41.

⑦ Hu, S. J., “Evolving Paradigms of Manufacturing: From Mass Production to Mass Customization and Personalization”, *Procedia Cirp*, Vol. 7, 2013, pp. 3 –8.

⑧ Frank, A. G., Mendes, G. H. S., Ayala, N. F., “Servitization and Industry 4.0 Convergence in the Digital Transformation of Product Firms: A Business Model Innovation Perspective”, *Technological Forecasting and Social Change*, Vol. 141, 2019, pp. 341 –351.

和信息技术支持下，消费者个性化需求日益增加，企业的 C2M 模式应运而生[①]。而李明等将 C2M 概念引入中小企业竞争情报供给系统，构建大数据情报系统，实现线上和线下数据与服务的结合[②]。王伟等比较分析不同商业理论模式，构建 C2M 商业模型，为企业发展提供支持[③]。

当前 C2M 模式发展虽然引起学者的关注，然而已有研究都是关注制造商与消费者在 C2M 模式中的作用，较少有平台大数据赋能下 C2M 模式的相关研究。因此，本章集中在供应链中由电子商务平台与制造商共同参与的 C2M 模式机理进行研究。本章考虑在人工智能、大数据等先进技术支持下，电商平台不仅收集大量消费者需求信息、挖掘消费者偏好，且通过精准预测与推荐获取了消费者个性化需求信息。然后通过 C2M 模式与上游制造商进行信息共享，制造商根据信息实现智能制造，且电商平台再进行精准化销售。为此，本章剖析电商平台和制造商共同参与的 C2M 模式中环境因素影响、C2M 模式的运营流程及其 C2M 模式的作用机理，最后对平台大数据赋能下 C2M 模式的供应链价值与社会价值进行了研究。本章研究对以电商平台为中心的 C2M 模式发展可以起到积极的指导作用。

第二节　数字环境下企业商业活动情境的变化

在物联网、人工智能、云计算、大数据、区块链等新技术的驱动下，为满足消费者的个性化需求，线上、线下与移动端交互的各类新型商业活动不断创新，其中 C2M 商业模式应运而生。图 9－1 给出技术环境、信息环境与商业模式发生飞速变化下传统商业活动与 C2M 商业活动的不同。

---

① Zhang, X., Ming, X., Liu, Z., "State-of-the-art Review of Customer to Business (C2B) Model", *Computers & Industrial Engineering*, Vol. 132, 2019, pp. 207－222.

② 李明、贺伟、肖学斌：《基于 C2M 模式的中小企业竞争情报协同供给机制研究》，《情报科学》2017 年第 11 期。

③ 王伟、于吉萍、张善良：《"互联网＋"情境下商业模式研究演进及 c2m 模型构建》，《当代经济管理》2018 年第 8 期。

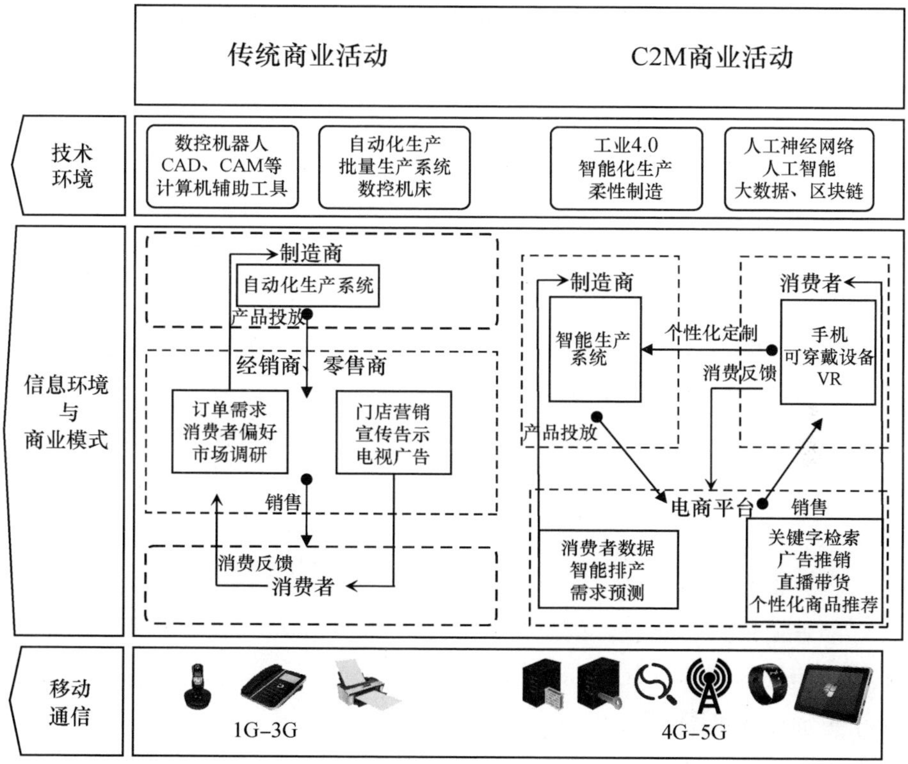

图9-1　数字环境下商务活动的环境变化

一　技术环境

传统商业活动下的技术环境主要以自动化、信息化为典型代表，如图9-1所示。信息技术与信息系统被广泛应用于制造商的产品生产过程，包括：运作层面上的数控机器人、流水线等自动化组成大批量产品生产系统、运营层面上的企业资源计划（Enterprise Resource Planning，ERP）系统及同计算机辅助设计（Computer-Aided Design，CAD）与计算机辅助制造（Computer-Aided Manufacturing，CAM）协调采用等调度与控制。自动化技术与信息系统的广泛应用降低了制造端成本，帮助制造商实现了高效率生产，但对市场消费需求的变动一般缺乏柔性。

工业4.0为C2M模式带来了更好的技术环境，以智能化为代表的数字化技术不仅运用于制造商的生产过程，同时也被广泛运用到产品的销售过程中。对于C2M模式下的制造端，最具代表性的是智能化生产和柔性制造系统。智能化制造单元的划分实现了对不同产品的聚类生产，人工智能的仿真、模拟与学习能力也被运用于生产过程中的产品设计、生产规划、生产监督等环节。对于 C2M 下的产品销售端，大数据、区块链等技术广泛运用于信息收集、需求预测等方面。通过大数据技术，企业可以通过不同渠道对消费者情况进行采集与处理，对消费者需求进行精准定位，为不同客户提供个性化销售推荐方案。在销售过程中，区块链作为去中心化的数据库技术，能够更好保障交易过程的透明化与真实性，交易数据及时反馈企业，提高企业生产的及时性，增强企业的反应速度。综上，智能化技术环境下的 C2M 模式拥有更加柔性化的生产系统，能够通过销售端获取、挖掘更完善的订单数据，更好地实现客户的个性化定制生产。

二 信息环境

随着通信技术发展，信息环境也在不断变化。从有线到无线，从第一代通信技术到第五代通信技术的革新与推广，给商业活动信息环境带来了更加庞大的数据信息。

因为传统商业活动处于 1G—3G 的通信时期，如图 9－1 所示，在供应链系统中的信息流通相对封闭，制造商主要通过经销商、零售商获取消费者信息。上游制造商从下游经销商、零售商处得到订单信息、消费者偏好信息以及市场调研情况等，对信息分析处理后做出自己相应的产品投放决策。而分销链上经销商与零售商通过门店产品营销、宣传告示、电视广告等形式将产品信息传递给消费者。在当时的通信技术下，商业活动中的信息流通存在滞后性，制造商、消费者都需要花费大量的努力（成本与时间）来获取相关信息，且消费者的需求反馈情况常常只能传递到零售商或者经销商处，难以保证上游制造商得到及时、真实的信息。另外，以零售商、经销商为信息传递媒介，其中往往会出现偏差，“牛鞭效应”现象增加。

目前随着 4G 技术的普及与 5G 通信技术的推广，消费者可通过手机、可穿戴式设备、虚拟现实（Virtual Reality，VR）等工具得到更多视频、声音、图像等信息。中国互联网络信息中心报告指出，截至 2020 年 12 月，我国网民规模为 9.89 亿，互联网普及率达 70.4%，我国手机网民规模达9.89亿[①]。线上消费者数量的增加及其诸多互联网平台信息的公开透明性让消费者可以在同一时间获取更加丰富的商品种类，拥有更多的购买选择，也为平台带来更多、更直接的消费数据。由此，从信息环境变化的视角出发可知：

（1）对于消费者，移动式设备的普及方便了消费者随时随地连入网络进行消费，通过VR、社交评论等形式，消费者获取的商品信息不仅仅是型号、价格等参数，而且包括已购买人群的体验反馈等用户生成内容。消费者足不出户便能获取更加丰富、多元、立体的商品信息。

（2）对于制造商，在获得线下经销商提供的订单、消费需求等数据信息的同时，在线上平台赋能下可以直接收集消费群体的浏览记录、购买数据等信息，通过智能生产系统完成产品生产。

（3）对于零售平台，可以通过信息技术根据消费者关键字搜索、广告推销、直播带货等方式，向消费者提供个性化的商品，满足个性化需求。大数据赋能零售平台具有预测消费者需求信息的能力，并向上游传递，实现与制造商信息共享。因此，平台功能加强了制造商与消费者的互动，加强了真实可靠的产品数据与消费者反馈在上下游之间快速传递，达到了C2M模式下制造端与客户端直连的效果。

总之，信息环境从传统商业模式演变到C2M模式，变化更加多元丰富。强大的信息搜索能力、海量数据挖掘能力加强了供应链中信息传递的透明性与真实性，节约了制造商、平台和消费者的时间成本，大大缩短了制造端与客户端信息传递的距离。

三　商业模式

随着技术环境和信息环境的巨大变革，应用于供应链企业的各种商业模式也在不断创新，比如：从传统库存销售模式发展出C2M反向定制模式。事实上，在自动化批量生产盛行、商业活动信息传递不畅的时期，传统商业模式为经济发展做出很大贡献。但随着近年来大数据、区块链、人工智能等技术的普及，迫使传统商业模式进行变化，创新提出C2M商

---

① C. C：《中国互联网络发展状况统计报告》ZNDS资讯，https：//news.znds.com/article/52203.html，2021年2月3日。

业模式。

传统商业模式下，制造商与下游零售商一般都是典型的推式供应链系统，如图 9－1 所示。即以制造商为商业活动主体，首先依托自动化高效率的生产系统实现批量化产品生产，然后产品直接供给一级经销商或者大批订单客户，制造商通过零售商销售来实现以生产驱动消费者需求的目标。

然而，在先进技术支持下，C2M 商业模式的特点是平台化、直连化。相比于传统商业模式，其形成的是推拉结合的供应链系统。即一般电商平台作为产品销售端，为消费者提供个性化商品推荐，通过各类界面广告等方式进行商品推销，而制造商借助电商平台可直接为消费者提供产品服务。面对消费者越来越个性化的需求趋势，电商平台挖掘消费群体的需求，进行分解聚类，并进一步对未来消费情况进行预测，且将结果共享给上游的制造商。而制造商分析共享后的需求，可以针对消费者的个性化需求进行设计研发，并依托智能化生产系统进行批量生产，来满足消费者。

因此，可以看出，C2M 模式下消费者需求驱动制造商的产品生产，产品销售形式从传统单一的实体销售模式转变为线上线下全渠道销售模式，平台作为新的信息传递媒介和销售端，相比于传统销售，具有更高的时效性和透明性，产品的销售受众和渠道进一步扩大。

第三节　平台大数据赋能下 C2M 模式的运营流程

本节对平台大数据赋能下 C2M 模式的运营流程进行深入分析。事实上，在数字环境下，以平台大数据赋能的 C2M 模式运营流程相对于传统商业模式发生了很大变化。传统商业活动中以供应链上的企业为核心，制造商生产产品后，通过下游经销商、零售商逐级推向消费者。中间环节较多，产品同质化程度较高。而 C2M 模式以消费者个性化需求为导向，通过电商平台大数据挖掘需求信息，与制造商共享，减少了中间环节，实现了用户直连制造。平台大数据赋能下 C2M 模式的运营流程如图 9－2 所示。

从图9－2可以看出，平台大数据赋能下的C2M运营流程中主要包括制造商、电商平台和消费者三方活动主体，由供应链正向的产品配销流通路径和反向的需求信息路径组合而成。C2M运营流程图中最主要的特征是平台针对消费者的各种消费需求被采集、处理与挖掘，形成不同的购买动机，进而生成了个性化的消费需求信息。

在数字化环境下，平台直接面对消费者，而消费数据具有体量大和多样性特征。一方面，互联网和移动设备等信息技术的发展为企业、消费者带来海量数据。如今，每天有超过50亿消费者与数据交互，而到2025年，这个数字将达到60亿[①]。另一方面，数据的表征具有多样性，即数据具有多源异构和富媒体（如文本、音频、视频等）特点。例如，平台的图片和视频评论信息、社交媒体分享的视频等。显然，电商平台不仅为消费者提供了卓越的场景体验，包括线下渠道、线上渠道、全渠道等[②]，而且平台会通过App客户端、大数据技术等智能设备收集关于消费者的消费习惯、消费偏好等数据。一方面，平台将海量消费数据通过数据库与数据存储技术进行存储，进行监控与统计；另一方面，平台通过数据挖掘技术进行数据分析，不仅可以获得消费者作为整体的群体行为特征，而且可以刻画出消费者的个体画像，从而实现需求预测，即通过大数据挖掘赋能实现满足消费者个性化需求的支持作用。如图9－2中关于电商平台与消费者之间部分实现了个性化消费需求信息的主要工作。

对于制造商，当平台通过数据分析获取需求预测信息后，将需求信息与上游制造商共享，可以实现按需定制。而制造商根据需求预测信息，进行个性化的产品设计，不仅可以节约产品研发时间，而且可以更好满足消费者的个性化需求。即一方面，制造商依据消费者预测需求，基于智能生产系统实现智能制造与产品的更新换代；另一方面，制造商与电商平台密切合作，在产品销售过程中采用数字化技术，为精准营销、寻找目标全体提供技术支持，实现精准满足消费者的需求。

---

① Reinsel, D. , Gantz, J. , Rydning, J. , "The Digitization of the World from Edge to Core", *Report*, 2018, IDC Framingham, MA.

② 陈国青、吴刚、顾远东：《管理决策情境下大数据驱动的研究和应用挑战——范式转变与研究》，《管理科学学报》2018年第7期。

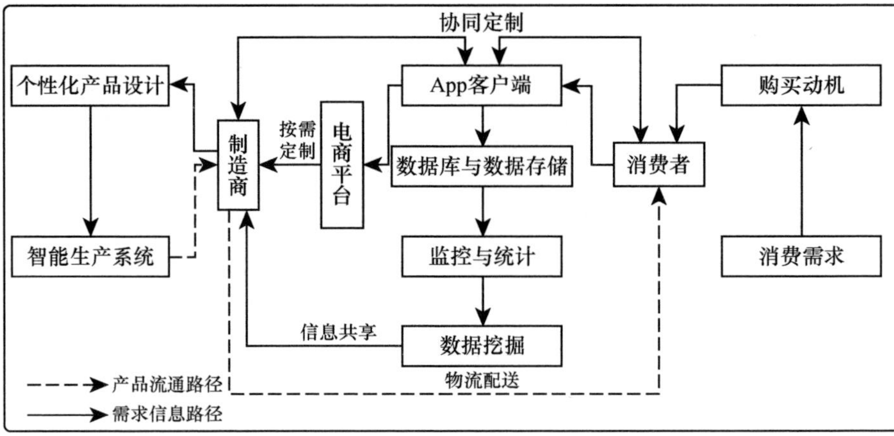

图 9－2　平台大数据赋能下 C2M 模式的运营流程

第四节　平台大数据赋能下 C2M 模式的作用机理分析

电商平台通过大数据赋能 C2M 模式应用，促使平台开始向数字化和智能制造领域延伸与发展。平台大数据赋能促进 C2M 模式下实现产销模式建立、营造制造商与消费者直连对接的大批量个性化定制的产销服务，赋能企业在需求深度挖掘、产销模式对接、智能推荐销售三大作用方面的能力与响应速度，制造与销售出更能满足消费者个性化需求的产品。如图 9－3 给出了 C2M 产销对接模式下的作用机理分析图。可以看出，通过在数字化网络下进行消费者的需求深度挖掘与预测，可以大大加速电商平台与上游制造商的产销衔接，来实现按照消费者需求的精准研发和生产，且能优化企业库存模式，以提升终端销售的智能化等。

下面将进一步阐述 C2M 产销对接模式下的具体各个作用机理。

一　需求深度挖掘

在 C2M 运营模式下，基于电商平台的营销管理环境对消费者市场需求获取与预测能力的提升功能如表 9－1 所示，具体阐述如下：

（1）消费者需求轨迹的可视性。消费者通过采用电商平台进行消费购物，其中确定购买、多次购买、撤回购买等关键操作能够被后台实时

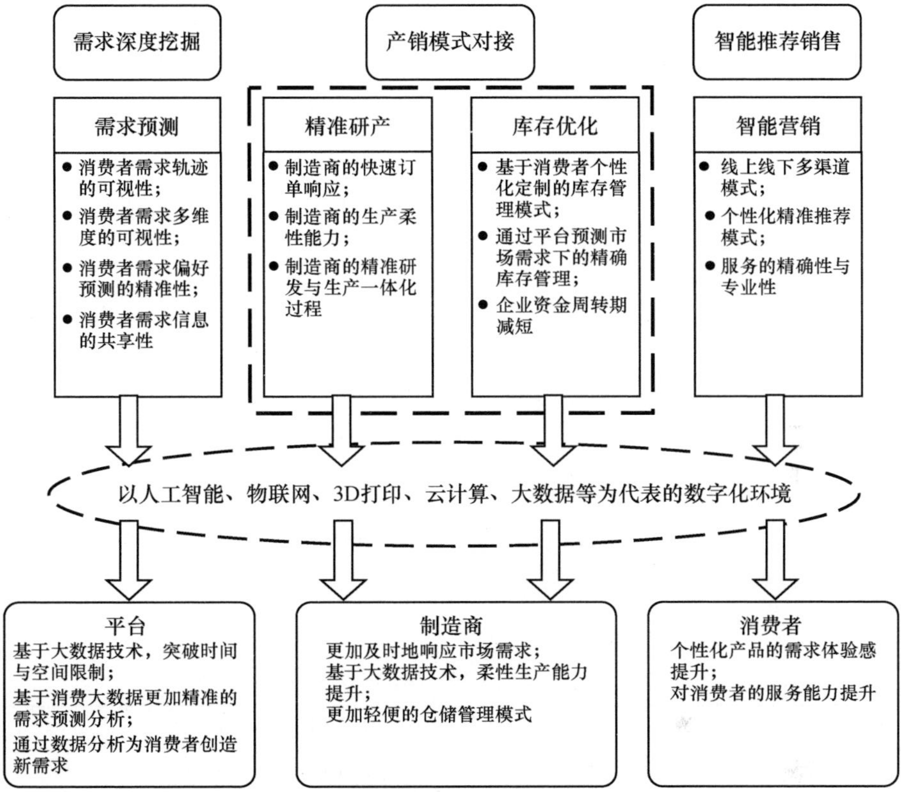

图 9－3　平台大数据赋能下 C2M 模式的作用机理分析

记录。通过对消费者这些轨迹行为的分析，可以了解消费者购买过程的消费心理，刻画出消费者的行为偏好。

（2）消费者需求多维度的可视性。在电商平台，消费者需求数据的收集角度更加丰富，即平台可以获取更多维度的消费者属性信息，包括从时间、空间、表现形式等多维度视角，即对所有静态、动态等数据进行统计分析，如平台记录的消费者类型、消费者来源、历史订单数据、购买能力等，从而得出消费者的精准消费画像。

（3）消费者需求偏好预测的精准性。通过电商平台对市场中消费者需求的大量分析，就能够对消费者偏好进行聚类、关联关系及其定位分析，且基于消费者偏好的聚类划分对未来市场需求进行精准预测。例如，阿里巴巴的数据库中记录了大量的用户数据，并且对于用户类别进行了分类。通过互联网平台，对于用户在网络中的各种活动进行记录，并依据分类向消费者推荐最具购买潜力的商品[①]。而在淘宝的市场需求预测中，对于消费者的类别模型还包括了用户浏览时的时间、地点、天气等客观要素，进行整合分析向用户推荐适时的产品，同时为电商企业提供更加丰富的消费者信息并提出销售建议。

（4）消费者需求信息的共享性。电商平台作为上游制造商与终端消费者的连接媒介，其具有连接上游产品供应与下游需求匹配的重大优势。若电商平台依据自己在需求端的数据获取与挖掘预测能力，积极向供应链上游制造端进行需求信息共享及其建立共享合作机制，这不仅可以帮助制造商进行相关产品质量改进、创新产品研发等决策，提高制造商对于市场需求的响应速度；还可以延伸至上游制造端，了解制造商的产品研发与生产计划与市场需求的差距，并同上游制造商建立针对性产品更新换代、生产与销售的紧密合作关系，达到共同抵御市场需求不确定性风险的目标。

表 9－1　平台大数据赋能下的 C2M 需求深度挖掘作用分析

实现功能	深度挖掘内容
消费者需求轨迹的可视性	从时间维度对消费者的购物过程分析
消费者需求多维度的可视性	从时间、空间、表现形式等多维度对消费者所有数据的统计分析
消费者需求偏好预测的精准性	从消费者偏好的聚类、关联关系等视角的预测分析
消费者需求信息的共享性	从供应链上下游合作视角的选择性信息共享机制

二　产销模式对接

虽然平台 C2M 模式下基于大数据能够获取消费者精准的、个性化的需求，但还需要制造商为适应这种多样化、高频率与个性化的订单需求，对其产品生产系统也进行相应的改革提升，而企业库存的优化和周转模式也会发生相应变化。因此，平台大数据赋能下的 C2M 产销模式对接功能主要体现在帮助上游制造商的精准研发生产与库存优化两方面。

---

① https：//tianchi. aliyun. com/dataset/dataDetail？ dataId =649.

具体包括：

（1）在制造商的订单响应与生产柔性方面。智能化的生产系统以及3D打印等技术的应用能够保证制造商对实时订单做出快速反应，以很好地满足C2M模式下的订单情况，即促进消费端与制造端的交流加强，使得制造商的生产柔性和订单反应敏捷度得以大大提升。

（2）在制造商的精准研发与生产一体化过程方面。制造商的生产环节中，智能制造目前尤为关键。在产品生产流程中实现数字化管理，建立信息管理平台，实现产品的可追溯管理与各部门的协同管理模式，加强企业制造、运营、采购等全流程的协同合作，促进生产系统柔性。同时，在生产设备上实现智能化、数字化更新，实现自动化、数字化的生产，提高生产的效率且大大提升制造效能，实现单元化制造，满足客户订单个性化、精准性的需求。因此，智能制造促进了生产系统的柔性化，对于满足个性化市场需求起到很大的助推作用。

在C2M的产销模式衔接功能中，消费者能够直接参与相关产品的研发，甚至参与制造过程，这样能够大大激励制造商的研发与生产密切贴合顾客的需求，且生产出更具有创新价值的产品。在协同定制环节，企业将消费者模糊的产品定制要求和创意进行客观、明确的描述，方便消费者进行选择，从而生产出精准的产品模型，包括产品的功能、设计参数、产品要求、质量要求等。通过构建消费者的需求产品，从而生成虚拟的产品形象或者通过3D打印等技术让消费者更加直观地观察产品设计结果，双方进行协商确定最终的需求产品。所以，C2M模式促使制造商的产品生产、个性化研发能力也大大增强。此外，制造商在产品研发中，与消费者的交互也加强，可以显著降低需求预测的不确定性。

（3）在制造商的库存管理方面。C2M模式下制造商的库存也因此得到了“解放”和高效利用。在更加稳定、清晰的市场需求环境下，企业能够明确掌握产品的销售情况，掌握消费者的需求情况，可以达到“以信息换库存”的结果。也就是说，个性化定制下更短的产品生产周期，以及通过平台分析市场需求规律得到更明确的销售预测，能够减轻制造商的库存压力，提高库存的周转效率，以降低库存成本，最终缩短企业的资金周转期，实现库存优化。

三　智能推荐销售

在制造业设备和流程智能化提升的同时，产品的销售服务环节也融入了很多数字智能的元素。主要包括：

（1）线上线下多渠道模式。即越来越多的企业产品选择线上线下的多渠道智能推荐销售模式，除了网络平台销售模式，诸如亚马逊、沃尔玛、京东等还推出智能化无人商店销售模式①，替代人工完成结账、记账、监控、产品介绍等工作，避免了许多环节中因人工产生的失误问题，降低了企业销售成本。

（2）个性化精准推荐模式。在C2M模式的智能销售情景下，消费者通过电子设备授权登录相关App，企业可以获取用户的消费、下载、浏览等大量个人数据，由此能够在营销智能系统中形成一个精准的消费者画像，对消费者进行多层次的需求解读，达到“比消费者更了解自己”的程度。在此基础上，智能推荐销售系统可以让企业制定更加精准的产品策略、价格策略和推荐促销策略等，对于消费市场做出准确的细分。例如，部分零售企业通过相关算法对客户进行细分，达到精准推荐销售的目的。

（3）服务的及时性与专业性。传统商业模式下，产品售后服务与咨询通常由经销商或零售商进行代理，其售后服务的专业水平有限，且常常对消费者的售后需求反应迟缓，最后还需要把产品转送到制造商处进行检查。而在C2M模式下，消费者的售后可以直接由线上的制造商售后部门负责，消费者直接与制造商的售后维护部门沟通交流，或直接将维修、更换的产品送至制造商处，大大缩短了售后服务时间。另外，人工智能技术也逐渐在线上线下销售中应用，客服机器人替代了客户服务人员的标准化、模式化工作，通过对文字、图片、语音等信息的自动识别分析，实现与消费者的沟通与交流，来降低客户服务人员的工作量，减少所需要的工作人员，降低服务成本。因此，平台化的C2M模式保证了对于消费者售后咨询、维护、更换等服务的及时性与专业性。

---

① IT68：《亚马逊之后，沃尔玛也开始建设无人超市》，百度网，https：//baijiahao. baidu. com/s？id = 1587470293391293534&wfr = spider&for = pc，2017年12月22日。

总之，通过对平台大数据赋能下的 C2M 功能分析，发现以 C2M 模式为基础的企业产销模式发生了巨大的变革。在需求深度挖掘功能环节，C2M 模式的电商平台基于大数据技术，对于市场、需求、销售等数据的收集和传递突破了时间与空间限制，实现了消费者行为偏好的更精准预测；同时能通过现有消费数据分析挖掘消费者潜在需求，从而创造出新的需求产品。在产销模式对接功能环节，C2M 模式下的制造商拥有更加快捷的市场需求响应能力，在数字化技术和智能生产系统支撑下，其个性生产能力显著提升，且企业的库存压力大大减轻，仓储管理模式更加轻便智能。在智能推荐销售功能环节，企业提供的消费场景发生了很大改变，销售服务方式也逐步在进行智能化改革，目标是为消费者提供更加优质、精准的服务，消费者的需求体验感得到很大提升。因此，平台大数据赋能下的 C2M 产销对接模式体现出企业在数字化技术支持下平台能力的极大挖掘与利用，给供应链上下游企业带来了生产制造和产品库存的优化提升，提高了消费市场的满意度。

第五节　平台大数据赋能下 C2M 模式的创新价值

本节进一步分析平台大数据赋能下 C2M 模式的创新价值，主要从供应链的视角与社会价值的视角来分别讨论，如图 9－4 所示。

一　供应链价值的创造

平台大数据赋能下的 C2M 模式实现了供应链企业与消费者的协同创新，不仅为链上流转的产品赋予了新的内涵价值，也给整个供应链带来整体价值的提升。主要体现在由制造商、平台与消费者组成的供应链中有关信息、物流、服务三方面的价值创造。

（一）信息价值提升

在数字化时代下 C2M 模式产生的信息价值主要表现在信息的透明性、传递时效性与深度挖掘预测及其应用等方面。事实上，正是因为 C2M 模式下的信息价值，带来了供应链中的物流价值及其服务价值，故信息价值创造是其中三方面的核心环节。

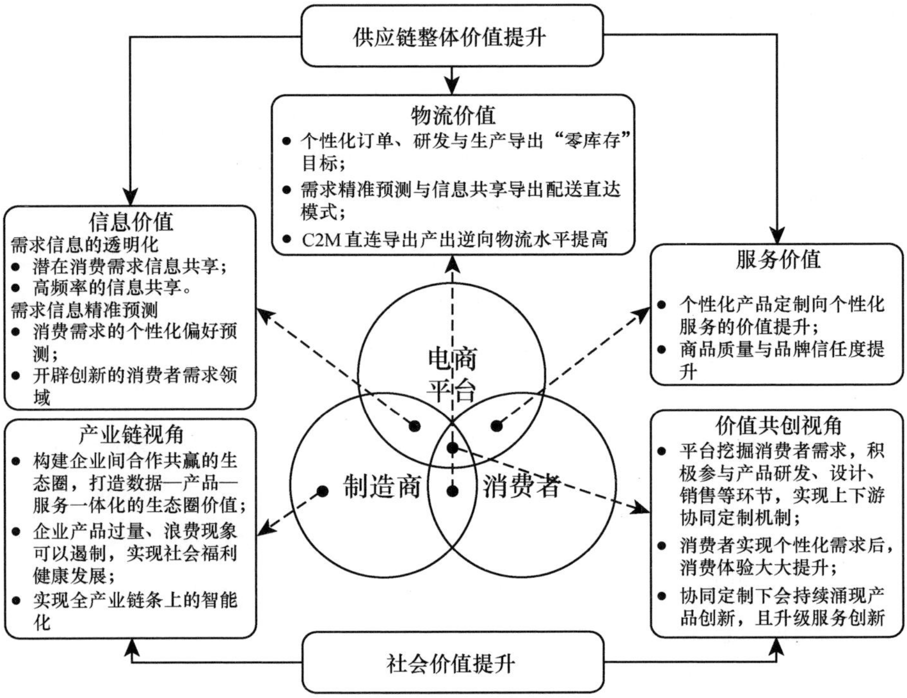

图 9-4　平台大数据赋能下 C2M 模式的创新价值框架

首先是实现供应链中上下游之间的信息对称化与透明化，即通过信息获取与快速传递辅助决策来实现信息价值。C2M 模式下最重要的工作之一就是对消费者需求信息的获取与信息流的及时流转。尤其相比于其他模式，C2M 的模式信息流价值更加丰富。在 C2M 模式下，电商平台替代传统零售商，作为信息集成中心，借助于先进信息技术，为产品附加了更多的信息价值。一方面，从信息流传递方向看，平台对制造端直接进行信息输入，缩短了信息流转的路径和时间。另一方面，平台对需求信息进行萃取、整合与优化，即通过对平台信息的收集存储，利用数据工具进行识别分析；然后，把信息更加高频、有效、准确地传递给制造商，实现信息共享，对制造商的制造生产环节提供决策建议。事实上，供应链结构下的 C2M 模式中，值得注意的是电商平台增强了制造端与消费端的信息交互频率，通过快频率的信息流转来应对需求的波动及其个性化的需求，产生信息价值。

其次是通过大数据分析，实现深度挖掘支持下的预测信息价值。一方面，基于C2M模式个性化定制的原则，对于消费者的潜在需求更为关注，即从消费者的个性化需求处制造与创新产品，创造符合消费者潜在需求的产品来吸引消费者，甚至开辟新的需求领域来扩大企业市场份额。企业对于市场潜在需求的挖掘有两种主要方式：一种是基于需求分析方法，如需求层次分析、社会生活维度分析等，结合企业产品类型，挖掘潜在的需求产品；另一种是在互联网环境下进行精准的数字化需求分析，如运用分类法、回归分析、Web数据挖掘等，通过消费者的数据库进行归类、计算、分析与预测，来达到精准预测的目标。另一方面，在C2M模式下，信息流中的挖掘价值也在不断被发现与利用。如云计算在商业交易中的活动及其供应链控制中的应用，区块链技术在产品追溯管理、在供应链金融中的信用凭证流转应用等。显然，智能技术支持下的强大功能，可以针对具有结构化的、半结构化和非结构化多种数据进行分析处理，在挖掘信息流价值的同时，也在创造价值。

显然，C2M模式下需求信息的透明化与快速传递性产生价值，但创造信息价值更多地来源于平台大数据的深度挖掘及其精准预测与应用。正是这种数据挖掘与预测能力，能够大大挖掘潜在市场需求及其供应链上企业的创新能力，快速满足消费者需求。

（二）物流价值提升

C2M模式下，制造商与消费者实现了直连的产品定制销售模式，大大缩短了产品的销售环节，增强了产品销售的稳定性。由此，从产品制造到销售的物流链中，运输、仓储环节成本降低，促进物流价值提升。

在传统商业模式下，产品经过生产后需要经历配送、销售的多重环节，产品在运输过程中的仓储、运输时间严重拉长了产品周期，导致成本过高。在C2M模式下，消费者需求预测主导产品研发与生产，且产品经过制造商生产后，再直接运输到消费者手中，极大地缩短和优化了产品的运输环节及其中间环节的仓储时间，即先有消费者订单、后进行生产的模式，可以极大地降低制造商在销售环节中的库存量，向“零库存”目标前进。此外，基于消费者需求的精准预测及其利用数字化信息技术的可视性和信息共享性，还可以大大降低产品配送环节中的仓储投资成本，提高空间利用率。例如，计算机集成制造在集成互联制造系统的智能技术，解决了企业对订单变化的库存应对问题[①]。而且，通过 C2M 的直连模式，消费者在产品退换货、产品售后维护等逆向物流服务中，可以直接与制造商的相关部门进行接洽，制造商可以直接面对消费者，将产品送至制造商处进行处理，同样大大降低了产品逆向物流中的仓储、配送时间，节省了成本。

总之，C2M 模式把消费者需求预测、研发生产及其精准推荐与销售连成一个整体，需求的大数据挖掘帮助制造企业实时观察市场动态，及时调整产品的生产计划，针对消费者需求订单进行生产，可以大大降低采购、生产及其配送等各个环节中的库存压力，优化物流资源配置，实现物流价值的提升。

（三）服务价值提升

服务价值的提升主要体现在 C2M 模式下，面对消费者在消费场景中形成的个性化服务体验的价值创造，以及产品质量改善与品牌信任度价值创造两方面。

1. 消费者个性化定制的服务价值创造。平台赋能下的 C2M 模式中消费者的个性化需求信息来源于平台的大数据挖掘结果。目前，随着经济的发展，商品种类日益丰富，促使消费者对制造商的“微需求”追求更具差异性。如咖啡包装为罐装或独立包装、便携式水杯是否带吸管、U 盘是否带钥匙扣、TF 卡是否带 SD 卡套等，都可以影响消费者的决定。平台在 C2M 模式下针对消费者的分类与个性化需求预测，与制造商进行共享后定制相关产品，来满足消费者的需求，实现了从消费者需求挖掘出发、实现个性化定制、再满足消费者个性化需求的闭环服务的价值创造过程。

2. 产品质量提升与品牌提升的价值创造。京东数据显示，消费者从主要由“价格驱动”正在向“价格和品质双轮驱动”转变，且“产品品质”对顾客的影响更日益重要[②]。C2M 模式下平台通过与供应链上游的优

---

① Lyu, Z., Lin, P., Guo, D., “Towards Zero-warehousing Smart Manufacturing from Zero-inventory Just-in-time Production”, *Robotics and Computer-Integrated Manufacturing*, 2020. Vol. 64, 2020, p. 101932.

② PChome 电脑之家：《京东大数据研究院联合人民网发布〈2020 年线上新品与 C2M 消费趋势报告〉》，搜狐网，https://www.sohu.com/a/427683724_115088，2020 年 10 月 27 日。

质制造商进行合作，在满足消费者个性化需求的同时，可以不断促进产品质量大大提升，通过提供优质产品来提高消费者的满意度。同时，在平台支持下，制造商可以直接入驻平台进行产品销售，无论是销售产品，还是产品的售后服务，都可以直接与消费者进行针对产品服务的沟通与交流。由此，个性化、高质量产品的提供与面对面的交流服务，可以大大提升制造商的产品品牌度，即高品质产品与直接服务为制造商创造了价值。

综上，在产品种类不断丰富与数字化的消费场景下，C2M 模式不仅能满足消费者的个性化需求，还能促使制造商通过提升产品质量和产品品牌度，来提高消费者的购物体验和满意度，实现产品的高品质与服务的高质量共同创造价值过程。

二　社会效益的创造

平台大数据赋能下的 C2M 模式的实现，一方面可以形成“以消费者为核心”的供应链上各个成员的协同创新体系；另一方面可以促进相关产业链的更新换代，创造更大的社会效益。

（一）从价值共创的视角

传统的“价值链”主要关注企业在价值创造过程中的重要作用，而终端消费者并不是价值创造的主体。然而，在考虑以消费者为中心的 C2M 模式中，消费者不仅是价值的消费者，还是价值的共创者，即在 C2M 模式中，企业与消费者一起来共同构成价值创造的主体。事实上，在传统商业模式中，消费者只能被动地接受市场提供的产品信息。而在电子平台环境下消费者更偏好利用网络主动收集产品信息，并可以参与在企业研发、设计、销售等各个环节中，与企业形成价值共创体系。

首先，在此协同价值体系中，平台企业利用数字化技术动态观察、预测消费者需求，并与上游企业共享，使得链上企业在激烈的竞争中能以更好的质量、更快的时间进行产品研发与生产。而这种消费者参与的协同定制环节的加入，使得产品形象、产品质量等要素更加符合消费者期望，且在消费者自主参与的过程中增加了产品的创新价值，为消费者带来了更加全面贴切的服务体验，促进了协同定制下产品、服务的双重创新升级。

其次，C2M 模式下消费者的个性化需求得到满足后，一方面消费者可以通过社交媒体、在线评论等媒介向其他潜在消费者共享产品信息与心理感受；另一方面平台企业也充分利用信息技术，实现精准推荐与营销，帮助消费者快速找到符合个性化需求的产品和服务，提升顾客消费体验。因此，C2M 模式在促进企业利润提升与消费者满意度提升两方面都实现了双赢。事实上，实践已经证明了这一点，如 2019 年“双十一”期间 C2M 模式下的京东家电成交额达到全部家电成交额的 15%[①]，且 92% 的用户对京东 C2M 定制商品感到满意。而 2020 年“双十一”中京东共销售了超过 3 亿多件新产品，其中 C2M 的产品销售量同比是 2019 年的 1.7 倍[②]。

由此，可以看出 C2M 模式下通过供应链上不同企业之间、企业与消费者之间借助智能技术建立联系，进行资源和信息交互链接形成一个协作体。同时，企业各方在电商平台上挖掘消费者需求的潜在资源，在协同定制下为促进产品创新、服务创新不断做出贡献。即 C2M 模式实现了供应链上平台、制造商、消费者三方的协同合作，促进了整条链的协同创新与价值共创及共赢发展。

（二）从产业链的视角

随着云计算、大数据、人工智能等技术的发展应用，企业的生产、销售等方式都发生了巨大变化，商业竞争不再单单是企业之间的竞争，更是各个行业间、产业间、平台间的竞争。制造商作为产品的提供方，单一的产品很难满足当代消费者对于消费的体验需求，基于电商平台的 C2M 模式可以很好地解决这一问题，为消费者提供全方位的产品需求解决方案，同时解决制造商产品、服务单一化、格式化等缺陷。

首先，企业基于 C2M 模式可以搭建出以消费者需求为导向的“数据—产品—服务”一体化生态圈模式，也就是以消费者需求数据为依据，

① 科技边角料：《定制京品即爆品：看京东家电 C2M 模式如何改写行业》，雪球，https://xueqiu.com/9604656239/158512931，2020 年 9 月 4 日。

② 壹仑科技：《2020 年双十一：京东单金额再创纪录突破 2431 亿》，搜狐网，http://www.laomiseo.com/670.html. 2020 年 11 月 11 日。

指导企业产品的设计、生产计划、库存与配销计划等，通过线上线下智能营销手段完成了从产品设计、生产、配送到服务的一体化全流程。该流程不仅使得在同一供应链体系中的各个企业逐渐走向了共享共赢的供需生态圈模式，还集成上下游企业链、多渠道产品销售的库存调度与配送服务的空间协调一体链，形成了强大的一个产业链。

其次，在形成的产业链中，企业利用信息技术，充分发挥数据分析、预测能力，分析各层次消费者的偏好，满足消费者多样化与个性化的需求，以提升消费者的复购率与黏性。同时，C2M 模式实现了产品市场需求数据的准确获取与预测，减少了企业过度生产、产品过量、恶性竞争等情形，进一步促进了产业链的社会福利健康、稳定发展。

最后，电商平台在整个供应链或整个产业链条上，是实现智能化、数字化、智慧化的先锋，尤其在 C2M 模式下，平台倡导的“数据—产品—服务”一体化生态圈模式会倒逼上游企业快速实现智能化、数字化与智慧化进程，从而实现全价值的链条持续升级，进一步促进整个产业链的改造升级。例如，京东近年来积极拓展 C2M 模式下的产业带，在 2019 年布局上线了京喜产业带，而在 2020 年京东发布了“C2M 智能工厂”计划。截至 2020 年一季度，京喜已布局全国超 100 个产业带和源产地，未来京喜将赋能 10 万个工厂型商家具备 C2M 能力①。2020 年淘宝也发布了 C2M 战略，其目标是以核心数字化能力和淘宝特价版为依托，帮助 1000 个产业带工厂升级为产值过亿的“超级工厂”，为产业带企业创造 100 亿新订单，在全国范围内重点打造 10 个产值过百亿的数字化产业带集群②。

因此，从产业链发展视角，C2M 模式能够通过“数据—产品—服务”一体化生态圈模式，来促进整个链条持续变革、创新与提升，创造更大社会效益。

---

①　王楠：《京喜推厂直优品计划 2020 年完成 100 个产业带布局》，环球网，https：//baijiahao. baidu. com/s？ id = 1664568307809112533&wfr = spider&for = pc，2020 年 4 月 21 日。

②　万能的大熊老师：《C2M 战略落地淘宝特价版，消费者主导生产的时代终于来临》，哔哩哔哩，https：//www. bilibili. com/read/cv5316802，2020 年 3 月 27 日。

第六节 结论

数字化环境下信息技术的发展促进商业模式不断创新。本章考虑供应链中电子商务平台和制造商共同参与的 C2M 模式，将电商平台大数据赋能与信息技术相结合，以消费者为中心、以数据为基础、以需求为导向，对电商平台大数据赋能的 C2M 模式作用机理进行深入分析。通过以电商平台挖掘消费者需求偏好需求为出发点，分析了数字环境下企业商业活动情境转变，并刻画了以平台大数据赋能的 C2M 模式运营流程。同时，考虑供应链上电商平台、制造商与消费者在 C2M 模式中的作用，探索基于平台大数据赋能下 C2M 模式的作用机理，分别从需求深度挖掘、产销对接模式、智能推荐销售三方面对 C2M 模式的作用机制进行了剖析。最后，考虑平台大数据赋能下 C2M 模式对价值提升的作用，从供应链整体价值与社会价值两方面进行了分类分析。本章研究不仅从理论视角扩展了先进信息技术支持下新型商业模式对供应链价值创造机理的研究范畴，还对供应链企业进一步应用 C2M 模式起到了很好的指导作用。

第十章

大数据预测下智慧供应链信息共享运作模式研究*

第一节　引言

随着大数据和人工智能等技术的发展，很多电商企业通过及时且有效地收集丰富的市场数据，来预测有关产品的市场需求①。根据2018年《京东大数据技术白皮书》报告，京东可以通过各种先进技术和大数据进行销售预测②。显然，平台零售企业更接近消费市场，且通过各种信息技术能及时更新产品的需求信息。同时，平台零售商广泛的客户群、丰富的数据和先进的技术，如POS（point-of-sales）系统、订单处理系统等，在一定程度上提高了平台零售商预测的准确性③。此外，许多平台零售商会将预测的需求信息与上游企业共享④。如京东通过大数据分析，精准预测消费者对静音鼠标产品的需求，并共享需求信息给罗技。基于京东数

* 陈雪、李波、吴爽：《需求信息不对称下考虑风险规避制造商的供应链决策研究》，《管理工程学报》2021年第6期；Chen Xue, Li Bo, Chen Weichun, and Wu Shuang, "Influences of Information Sharing and Online Recommendations in a Supply Chain: Reselling vs. Agency Selling", *Annals of Operations Research*, February 2021 online Published. DOI: 10.1007/s10479-021-03968-7.

① Shang W. X., Ha A. Y., Tong S., "Information Sharing in a Supply Chain with a Common Retailer", *Management Science*, Vol. 62, No. 1, 2016, pp. 245-263.

② 京东消费与产业研究院：《热点观察》，官网，https://research.jd.com/industry/view，2020年8月25日。

③ Guo L., "The Benefits of Downstream Information Acquisition", *Marketing Science*, Vol. 28, No. 3, 2009, pp. 457-471.

④ Shang W. X., Ha A. Y., Tong S., "Information Sharing in a Supply Chain with a Common Retailer", *Management Science*, Vol. 62, No. 1, 2016, pp. 245-263.

据，罗技于2016年推出的静音鼠标满足了顾客需求，为双方带来了显著收益①。2007年Keifer对16家零售商进行调查发现，约60%的零售商未将POS数据与供应链上游企业共享。而Costco，作为美国第三大零售商，只向部分供应商共享数据，且供应商获得数据的前提是需要先得到Costco的批准②。

基于以上问题背景，考虑平台零售商的需求预测信息共享与不共享情形，选取两种合同运作模式的问题情景：一是制造商与零售商间是批发价合同；另一个两者之间是代理合同。分别考虑零售商的预测信息共享与不共享两种情形进行博弈建模分析并进行比较。

第二节 问题描述

考虑由一个制造商和一个电子商务平台零售商（简称“平台零售商”）组成的供应链系统，其中平台零售商积极提供绿色服务来赢得消费者青睐③，而制造商通过平台零售商进行产品销售。假设制造商产品的单位生产成本为 c ，双方合作采用代理合同，且依据合同，制造商决策产品价格为 p ，平台零售商决策绿色服务水平为 s ④。需求实现后，制造商将 θ 比例的效用与平台零售商共享，这里 θ 为平台零售商的佣金比例。参考文献成果假设 θ 为外生参数。一方面，许多平台零售商对同一品类产品收取相同的佣金比例，佣金比例不会因一个制造商而改变。比如，京东的产品佣金比例常为5%—12%，亚马逊的产品佣金比例常为6%—25%⑤。

---

① 《罗技京东宣布战略合作 打造电子产业新纪元》，搜狐网，https：//www. sohu. com/a/24043388_115402，2015年7月23日。

② Shang W. X. , Ha A. Y. , Tong S. , “Information Sharing in a Supply Chain with a Common Retailer”, *Management Science*, Vol. 62, No. 1, 2016, pp. 245 – 263.

③ 江世英、李随成：《考虑产品绿色度的绿色供应链博弈模型及收益共享契约》，《中国管理科学》2015年第6期。

④ 士明军、王勇、但斌：《绿色供应链中不对称需求预测下的信息共享研究》，《中国管理科学》2019年第4期。

⑤ Ha A. Y. , Tian Q. , Tong S. L. , “Information Sharing in Competing Supply Chains with Production Cost Reduction”, *Manufacturing & Service Operations Management*, Vol. 19, No. 2, 2017, pp. 246 – 262.

另一方面，相对于产品价格，佣金比例是一项长期决策①。

为分析平台零售商信息共享策略对制造商和平台零售商决策的影响，这里研究两种策略：平台零售商共享［策略 S，见图 10－1（a）］和平台零售商不共享［策略 N，见图 10－1（b）］需求预测信息给制造商。

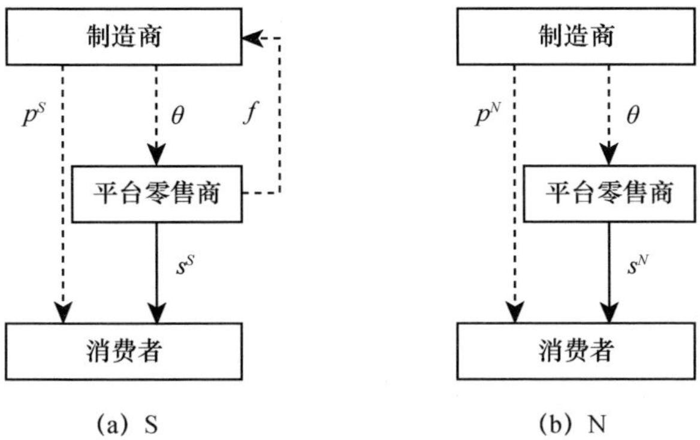

图 10－1　考虑的两种模型结构

随着环境问题的日益严重，越来越多的消费者开始关注绿色消费问题。因此，这里的产品需求定义为如下的线性函数②：

$$q = \alpha - p + \gamma s. \tag{10-1}$$

其中，α 为随机变量，且 $\alpha = a_0 + \varepsilon$，而 a_0 为产品市场潜在需求的期望水平，为双方共同知识。ε 表示市场需求的不确定性，服从均值为 0，方差为 σ_0^2 的正态随机分布③。$p > 0$ 是产品价格；$s > 0$ 为平台零售商的绿色服务水平，包括其进行的绿色包装、绿色运输等服务，即 s 越高表示供应链绿色程度越高；$\gamma \in (0,1)$ 为平台零售商提供绿色服务的需求敏感系数，γ 越大说明消费者对绿色供应链中的产品敏感性越高，需求越大。进一步，

① Yan Y. C.，Zhao R. Q.，Xing T. T.，"Strategic Introduction of the Marketplace Channel under Dual Upstream Disadvantages in Sales Efficiency and Demand Information"，*European Journal of Operational Research*，Vol. 273，No. 3，2019，pp. 968－982.

② Ha A. Y.，Tian Q.，Tong S. L.，"Information Sharing in Competing Supply Chains with Production Cost Reduction"，*Manufacturing & Service Operations Management*，Vol. 19，No. 2，2017，pp. 246－262.

③ Shang W. X.，Ha A. Y.，Tong S.，"Information Sharing in a Supply Chain with a Common Retailer"，*Management Science*，Vol. 62，No. 1，2016，pp. 245－263.

参考文献[①]成果，平台零售商提供的绿色服务成本可定义为 $\frac{\eta s^2}{2}$ ，其中 η 表示平台零售商绿色服务效率。即 η 数值越高，平台零售商的绿色服务效率越低。

因为平台零售商接近消费市场且拥有丰富数据来源，故平台零售商可以很容易预测市场需求信息，且该信息是平台零售商的私有信息。假设平台零售商对需求的预测信息定义为 $f=\alpha+\xi$ ，且 ξ 服从正态分布，均值为0，方差为 σ_r^2 。σ_r^2 代表平台零售商预测信息 f 的预测误差。显然，方差越大，平台零售商对潜在市场的预测误差就越大。假设 ξ 和 ε 相互独立。由文献成果[②]可得

$$E[\alpha \mid f] = a_0(1-z)+zf. \qquad (10-2)$$

这里定义 $z=\sigma_0^2/(\sigma_0^2+\sigma_r^2)$ 表示平台零售商对需求预测的精确程度。$z\in[0,1]$ 越大，平台零售商预测越准确；$z=1$ 表示平台零售商预测完全准确。

另外，考虑供应链成员的风险规避行为。由于平台零售商拥有预测信息 f ，所以假定平台零售商为风险中性者。而制造商的风险态度与平台零售商是否共享预测信息 f 相关。f 为平台零售商的私有信息，如果平台零售商不与制造商共享预测信息，制造商就可能具有风险规避行为。但如果平台零售商分享市场预测信息给制造商，一方面，制造商相信平台零售商更接近消费者，更了解市场需求；另一方面，制造商相信平台零售商不想破坏双方的长期合作关系，所以制造商确信平台零售商分享的预测信息是真实信息。所以，为分析制造商得到信息后风险态度变化的影响，这里假定有信息的制造商为风险中性者。

这里采用均值方差方法来衡量制造商的风险规避效用。当制造商风险规避时，其效用定义为[③]：

---

① Ha A. Y., Tian Q., Tong S. L., "Information Sharing in Competing Supply Chains with Production Cost Reduction", *Manufacturing & Service Operations Management*, Vol. 19, No. 2, 2017, pp. 246-262.

② Raju J. S., Roy A., "Market Information and Firm Performance", *Management Science*, Vol. 46, No. 8, 2000, pp. 1075-1084.

③ Li Bo, Hou Peng-Wen, Chen Ping, Li Qing-Hua, "Pricing Strategy and Coordination in a Dual Channel Supply Chain with a Risk-averse Retailer", *International Journal of Production Economics*, Vol. 178, No. 8, 2016, pp. 154-168.

$$U(\pi_M^N) = E(\pi_M^N) - \lambda \sqrt{Var(\pi_M^N)}. \tag{10-3}$$

其中，$\lambda(\lambda \geqslant 0)$ 为风险规避指标。$\lambda = 0$ 表示制造商风险中性；$\lambda > 0$ 表示制造商规避风险；λ 越大，制造商越规避风险。

这里博弈时序为：首先，平台零售商决定是否与制造商共享需求预测信息。当平台零售商共享需求预测信息时，制造商风险中性。当平台零售商不共享市场需求预测信息时，制造商具有规避风险行为。其次，制造商决定产品价格 p 。最后，平台零售商决策绿色服务水平 s 。为分析信息共享对制造商和平台零售商决策的影响，这里假设平台零售商共享信息的成本为0。

相关参数与决策变量定义如下：

a_0 ：产品市场潜在需求的期望水平；

α ：产品市场潜在需求，是随机变量，其中 $\alpha = a_0 + \varepsilon$ ，且 $\varepsilon \sim N(0, \sigma_0^2)$ ；

f ：平台零售商对市场需求的预测信息，其中 $f = \alpha + \xi$ ，且 $\xi \sim N(0, \sigma_r^2)$ ；

z ：平台零售商对需求预测的精确程度，且 $z = \sigma_0^2/(\sigma_0^2 + \sigma_r^2)$ ；

γ ：绿色服务的需求敏感系数；

η ：平台零售商绿色服务效率；

θ ：平台零售商佣金比例；

c ：制造商单位生产成本；

λ ：风险规避指标，且 $\lambda \geqslant 0$ ；

φ ：平台零售商的绿色服务成本分担比例；

i ：供应链成员策略，其中 $i = N,S,CN,CS$ ，分别表示代理合同下不共享信息策略和共享信息策略，成本分担合同下不共享信息策略和共享信息策略；

p^i ：策略 i 下产品价格；

s^i ：策略 i 下平台零售商的绿色服务水平；

$U(\pi_j^i)$ ：策略 i 下供应链成员效用，其中 $j = M,P$ ，分别表示制造商和平台零售商；

$U(\Pi^i)$ ：策略 i 下供应链总效用；

v_j：供应链成员 j 的信息共享价值，其中 $j = M,P$；

CS^i，SW^i：策略 i 下消费者剩余和社会福利。

第三节 大数据预测下零售商共享/不共享信息建模

本节讨论代理合同下共享需求预测信息策略（S）和不共享需求预测信息策略（N）时，供应链成员的最优决策。

一 零售商共享信息情景

在平台零售商共享需求预测信息的策略下，制造商在决策产品价格前得到需求预测信息。根据共享的信息，制造商了解市场需求情况，假设制造商为风险中性者。给定需求预测信息，制造商和平台零售商的预期效用分别为：

$$U(\pi_M^S) = E[(1-\theta)p^S q^S - cq^S \mid f], \tag{10-4}$$

$$U(\pi_P^S) = E[\theta p^S q^S - \frac{\eta}{2}(s^S)^2 \mid f]. \tag{10-5}$$

根据逆向求解法，得到制造商和平台零售商的最优决策。即平台零售商共享信息策略下，制造商和平台零售商的最优决策和事先期望效用分别为：

$$p^{S*} = \frac{1}{2}\left(\frac{c}{1-\theta} + \frac{\eta[zf + a_0(1-z)]}{\eta - \theta\gamma^2}\right),$$

$$s^{S*} = \frac{\gamma\theta}{2}\left(\frac{c}{\eta(1-\theta)} + \frac{zf + a_0(1-z)}{\eta - \theta\gamma^2}\right),$$

$$U(\pi_M^S) = \frac{[\eta a_0(1-\theta) - c(\eta - \theta\gamma^2)]^2 + z\eta^2\sigma_0^2(1-\theta)^2}{4\eta(1-\theta)(\eta - \theta\gamma^2)},$$

$$U(\pi_P^S) = \frac{\theta[\eta^2(1-\theta)^2(2\eta - 3\theta\gamma^2)(a_0^2 + z\sigma_0^2) - 2\eta a_0 c\theta\gamma^2(1-\theta)(\eta - \theta\gamma^2) - c^2(2\eta - \theta\gamma^2)(\eta - \theta\gamma^2)^2]}{8\eta(1-\theta)^2(\eta - \theta\gamma^2)^2}。$$

二 零售商不共享信息情景

在此情形下，平台零售商的需求预测信息不与制造商共享。因为需求是不确定的，且制造商不了解精确的市场需求信息，所以制造商具有风险规避行为。则制造商和平台零售商的预期效用为：

$$U(\pi_M^N) = E[(1-\theta)p^N q^N - cq^N] - \lambda\sqrt{Var[(1-\theta)p^N q^N - cq^N]}, \tag{10-6}$$

$$U(\pi_P^N) = E\left[\theta p^N q^N - \frac{\eta}{2}(s^N)^2 \mid f\right]. \tag{10-7}$$

为便于分析，令 $d = \lambda\sigma_0$，表示需求波动时制造商的风险规避程度。这里定义 d 为制造商的风险规避因子。给定 σ_0，d 越大表示制造商的风险规避程度越大；而 d 越小表示制造商的风险规避程度越低。

采用逆向求解法，求解得出制造商和平台零售商的最优定价决策。即在平台零售商不共享市场预测信息时，制造商和平台零售商的最优决策和事先期望效用分别为：

$$p^{N*} = \frac{1}{2}\left(\frac{c}{1-\theta} + \frac{\eta(a_0 - d)}{\eta - \theta\gamma^2}\right),\ s^{N*} = \frac{\gamma\theta}{2}\left(\frac{c}{\eta(1-\theta)} + \frac{a_0 - d}{\eta - \theta\gamma^2}\right),$$

$$U(\pi_M^N) = \frac{(\eta(1-\theta)(a_0 - d) - c(\eta - \theta\gamma^2))^2}{4\eta(1-\theta)(\eta - \theta\gamma^2)},$$

$$U(\pi_P^N) = \frac{\theta(c(\eta-\theta\gamma^2)+\eta(1-\theta)(a_0-d))(\eta a_0(1-\theta)(2\eta-3\theta\gamma^2)-(2\eta-\theta\gamma^2)(c(\eta-\theta\gamma^2)-\eta d(1-\theta)))}{8\eta(1-\theta)^2(\eta-\theta\gamma^2)^2}。$$

由以上均衡解可以得出以下性质。

引理 10－1　当制造商风险规避因子增加时，产品价格和绿色服务水平降低。

制造商风险规避因子增加，意味着制造商的风险规避程度提高。当制造商趋向风险中性时，产品价格较高。此时，为吸引顾客购买产品，平台零售商提高绿色服务水平。而当制造商趋向风险规避时，面对不确定的需求波动情况，规避风险的制造商会降低产品价格。在此情况下，价格降低可以增加需求，所以平台零售商提高绿色服务的动机降低，绿色服务水平亦会降低。

第四节　信息共享价值策略分析

一　理论分析

为研究平台零售商共享需求预测信息的价值，定义信息共享价值为共享信息策略与不共享信息策略下的效用差。则平台零售商和制造商的信息共享价值分别为：$v_P = U(\pi_P^S) - U(\pi_P^N)$，$v_M = U(\pi_M^S) - U(\pi_M^N)$。根据事先期望效用，得到信息共享价值分别为：

$$v_P = \frac{\eta\theta d^2(2\eta - \theta\gamma^2)}{8(\eta - \theta\gamma^2)^2} - \frac{d(a_0\eta\theta^2\gamma^2(1-\theta) + c\theta(\eta - \theta\gamma^2)(2\eta - \theta\gamma^2))}{4(1-\theta)(\eta - \theta\gamma^2)^2} + \frac{z\eta\theta\sigma_0^2(2\eta - 3\theta\gamma^2)}{8(\eta - \theta\gamma^2)^2},$$

$$v_M = -\frac{\eta d^2(1-\theta)}{4(\eta - \theta\gamma^2)} + \frac{d(a_0\eta(1-\theta) - c(\eta - \theta\gamma^2))}{2(\eta - \theta\gamma^2)} + \frac{z\eta\sigma_0^2(1-\theta)}{4(\eta - \theta\gamma^2)}。$$

命题 10－1 当平台零售商对需求预测更精确时，制造商和平台零售商的信息共享价值满足如下条件：

（1）当平台零售商对需求预测更精确时，$\frac{\partial v_M}{\partial z} > 0$；

（2）当平台零售商对需求预测更精确时，如果 $\theta\gamma^2 < \eta < \frac{3\theta\gamma^2}{2}$，$\frac{\partial v_P}{\partial z} < 0$；如果 $\eta \geqslant \frac{3\theta\gamma^2}{2}$，$\frac{\partial v_P}{\partial z} \geqslant 0$。

命题10－1说明平台零售商对需求预测更精确时，制造商的信息共享价值提高。当需求预测更准确时，在共享信息策略下，制造商的产品价格可以更准确地反映市场需求情况。所以，制造商的信息共享价值随需求精确度的提高而增加。对于平台零售商而言，需求预测的精确程度与平台零售商的绿色服务效率有关。当 $\theta\gamma^2 < \eta < \frac{3\theta\gamma^2}{2}$ 时，平台零售商的绿色服务效率较为高效。此时，平台零售商提高需求预测的精确程度反而会损害其信息共享价值。理由是在绿色服务效率为高效时，平台零售商可以提高绿色服务水平且成本较低。如果平台零售商共享信息给制造商，反而会丧失其信息优势。所以，提高需求预测的精确度反而损害平台零售商的信息共享价值。然而，当 $\eta \geqslant \frac{3\theta\gamma^2}{2}$ 时，平台零售商的绿色服务较为低效。如果平台零售商共享信息，虽然损失了信息优势，却可以提高制造商定价的准确性。因此，提高需求预测精度，可以提高平台零售商的信息共享价值。

平台零售商不仅接近消费市场，而且拥有丰富的数据信息。通过对数据的分析，平台零售商对市场需求进行预测。作为拥有信息优势的一方，平台零售商是否共享需求预测信息是这里关注的主要问题。因此，对平台零售商共享信息的条件进行分析，得到命题 10－2。

命题 10－2　考虑平台零售商的信息共享价值，平台零售商共享需求信息的条件满足如下关系：

（1）当 $0 < d < \max\{0, d_5\}$ 或 $\min\{d_6, d_h\} < d < d_h$ 时，$v_P > 0$，平台零售商选择共享需求信息；

（2）当 $\max\{0, d_5\} < d < \min\{d_6, d_h\}$ 时，$v_P < 0$，平台零售商选择不共享需求信息。

命题 10－2 揭示了平台零售商共享信息的条件。对于平台零售商而言，已有文献建议零售企业应该保留需求信息，以避免上游企业根据共享信息调整决策，损害零售企业的信息优势和利润。但是，这里研究发现平台零售商在一定条件下，选择共享信息策略是有利的。

首先，当风险规避因子较小时，制造商风险规避程度较低，平台零售商偏好共享信息策略。策略 S 下，制造商可以根据共享的需求信息对产品价格进行调整。虽然平台零售商丧失了信息优势，但是产品价格可以及时地反映市场需求情况，更好满足顾客需求。根据产品价格，平台零售商确定相应的绿色服务水平，提高效用。然而，由于风险规避程度较低，策略 N 下的产品价格和绿色服务水平较高。较高的绿色服务水平可以吸引顾客，但是不足以弥补价格过高所导致的需求损失。所以，策略 N 下的平台零售商效用较低。因此，在风险规避因子较低时，平台零售选择共享信息策略。

其次，当风险规避因子适中时，制造商风险规避程度提高，共享信息策略并不是平台零售商的明智选择。策略 S 下，制造商利用需求信息来调整产品价格，使其效用最大化。然而基于引理 10－1，可以发现策略 N 下的产品价格和绿色服务水平降低。一方面，价格下降对提高需求有积极影响。在平台零售商不共享信息的情况下，需求的增加仍然会给平台带来更多的效用。另一方面，平台零售商降低绿色服务水平可以节约成本。因此，平台零售商保留信息更有利。结论也解释了并非所有零售企业都选择共享信息的事实。

最后，当风险规避因子较大时，制造商极端风险规避，平台零售商偏好共享信息策略。此时策略 N 下，受高度风险规避行为的影响，制造商的产品价格进一步降低，并导致平台零售商的绿色服务水平下降。产品价格的持续降低在一定程度上增加需求，但是绿色服务水平降低导致需求损失的负影响更大。虽然平台零售商的绿色服务水平下降减轻了平台的成本负担，但是成本下降的正影响不足以弥补需求下降的负影响。所以，策略 N 下的平台零售商效用降低，共享信息是平台零售商的有利选择。

考虑风险规避因子对平台零售商和制造商信息共享价值的影响，得到命题 10－3。

命题 10－3　风险规避因子对平台零售商和制造商信息共享价值的影响，满足如下关系：

（1）当 $0 < d < d_7$ 时，$\frac{\partial v_P}{\partial d} < 0$，$\frac{\partial v_M}{\partial d} > 0$；

（2）当 $d_7 \leqslant d < d_8$ 时，$\frac{\partial v_P}{\partial d} \geqslant 0$，$\frac{\partial v_M}{\partial d} > 0$；

（3）当 $d_8 \leqslant d < d_h$ 时，$\frac{\partial v_P}{\partial d} > 0$，$\frac{\partial v_M}{\partial d} \leqslant 0$。

命题 10－3 说明了风险规避因子增加对平台零售商和制造商信息共享价值的影响。首先，当风险规避因子较小时（$0 < d < d_7$），制造商风险规避程度较低。对于平台零售商而言，如果风险规避因子提高，平台零售商的信息共享价值降低，即策略 N 下平台零售商效用提高。因为制造商风险规避因子越高，根据引理 10－1，策略 N 下产品价格和绿色服务水平越低。此时，策略 N 下平台零售商的投入成本降低，且低价格增加了顾客需求。所以，策略 N 下平台零售商效用提高，平台零售商的信息共享价值降低。对于制造商而言，当策略 N 下制造商不了解信息时，制造商越规避风险，产品价格越低，相较于策略 S 下的决策扭曲越大。所以，降低产品价格令策略 N 下制造商效用受到损害。因此，制造商的信息共享价值随风险规避因子提高而增加。

其次，当风险规避因子提高时（$d_7 \leqslant d < d_8$），制造商越规避风险，平台零售商的信息共享价值反而提升。此时，随着风险规避因子的增加，

策略 N 下产品价格和绿色服务水平持续降低。虽然策略 N 下低价格可以增加需求，但是仍无法弥补价格和绿色服务水平过低带来的损失。因此，策略 N 下平台零售商效用降低，平台零售商的信息共享价值得到提升。对于制造商而言，相对于策略 S，策略 N 下风险规避程度的增加导致产品价格持续减低，损害了制造商效用。因此，当风险规避因子提高时，制造商的信息共享价值增加。

最后，当风险规避因子较大时（$d_8 \leqslant d < d_h$），平台零售商的信息共享价值进一步提升。然而，对于制造商而言，极端风险规避的行为导致策略 N 下产品价格持续降低，并促进需求增长。此时，虽然产品价格较低，但是需求的增加使策略 N 下制造商效用得到提升。因此，当风险规避因子高于 d_8 时，制造商的信息共享价值随风险规避因子的增加而降低。综上所述，风险规避因子的提高未必一定损害供应链成员的信息共享价值。

二　数值实验分析

进一步通过数值分析，讨论两种策略对制造商、平台零售商和供应链的影响。令 $a_0=25$，$k=25$，$\sigma_0=5$，$\sigma_r=2.5$，$\gamma=0.8$，$\eta=1$，$c=5$。为分析平台零售商信息共享价值的影响，对策略 N 和策略 S 下参与者和供应链的效用进行分析。令 $\theta=0.2$，其他参数不变，得到图 10－2。

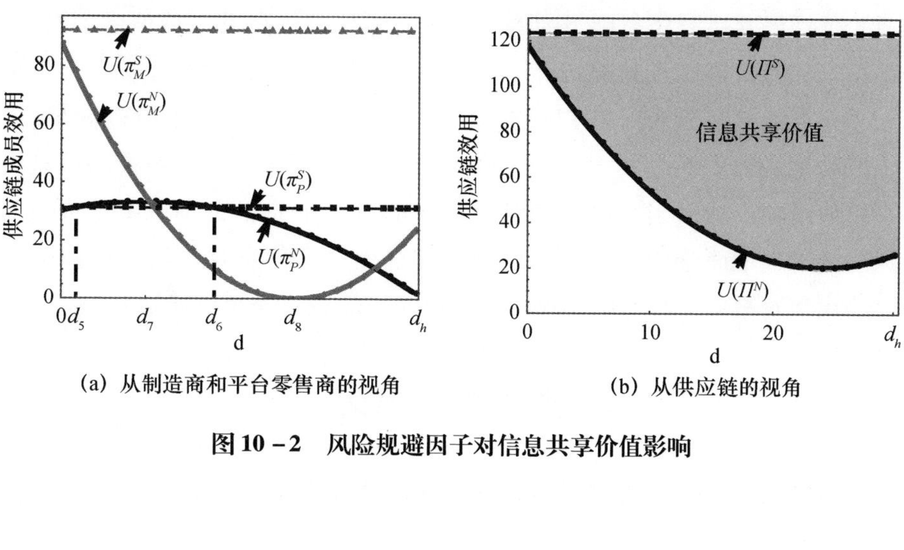

（a）从制造商和平台零售商的视角　　（b）从供应链的视角

图 10－2　风险规避因子对信息共享价值影响

图 10－2（a）—（b）分别为风险规避因子对供应链及其成员信息共享价值的影响。图 10－2 验证了命题 1 中平台零售商共享信息的条件。首先，对于平台零售商而言，当制造商风险规避因子较小（$0 < d < d_5$）或较大（$d_6 < d < d_h$）时，共享信息可以使平台零售商获益，平台选择共享信息策略；当制造商风险规避因子适中时，共享信息损害平台零售商利益，平台选择不共享信息策略。当制造商风险规避因子较小时，制造商趋向风险中性。此时，共享信息策略可以使制造商和平台零售商灵活决策，为平台零售商带来更多效用。当制造商风险规避因子适中时，制造商风险规避程度增加。结合引理 10－1，在策略 N 下，当制造商风险规避因子增加时，产品价格和绿色服务水平降低。一方面，较低的产品价格吸引更多消费者购买产品，需求增加；另一方面，平台零售商的绿色服务水平随风险规避因子增加而降低，平台零售商投入成本减少。所以不共享信息使平台零售商效用增加，对平台零售商更有利。当制造商风险规避因子较大时，制造商更倾向风险规避，所以产品价格和绿色服务水平逐步降低。虽然低价格可以吸引更多的顾客，但仍无法弥补低价的损失。所以，共享信息对平台零售商更有利。其次，对于制造商而言，共享信息使制造商和平台零售商信息对称，制造商可以根据得到的信息灵活调整价格。所以，共享信息对制造商更有利。

此外，图 10－2 验证了命题 10－2。对于平台零售商而言，当风险规避因子低于 d_7 时，平台零售商由正的信息共享价值逐渐变为负的信息共享价值。随着风险规避因子的增加，平台零售商信息共享价值受到损害。但是当风险规避因子高于 d_7 时，随着风险规避因子的增加，策略 N 下平台零售商的效用递减，所以此时平台零售商的信息共享价值逐渐提升。当风险规避因子低于 d_8 时，制造商风险规避因子增加，制造商的信息共享价值增加。然而当风险规避因子高于 d_8 时，制造商的信息共享价值随风险因子递增而递减。最后，对于供应链而言，信息共享对制造商的正影响大于对平台零售商的负影响，所以共享信息对整个供应链有利。

第五节　总结

本章考虑平台零售商可以观察并预测需求信息，首先探讨代理合同下平台零售商共享信息策略和不共享信息策略两种情况，分析制造商和平台零售商的最优决策问题，分别得到了两种策略下的最优产品价格和最优绿色服务水平。通过对两种策略的比较，发现制造商的风险规避因子对供应链成员有重要影响。首先，当平台零售商预测需求较低时，如果制造商风险规避因子较低，共享信息策略下的最优产品价格和绿色服务水平较低；如果制造商风险规避因子较高，共享信息策略下的最优产品价格和绿色服务水平较高。当平台零售商预测需求较高时，制造商风险规避因子不影响两种策略下最优决策的关系，共享信息提高最优产品价格和绿色服务水平。其次，这里发现关键参数对制造商和平台零售商决策的影响。在共享信息策略下，当平台零售商佣金比例增加或绿色服务效率更高效时，产品价格和绿色服务水平提高。在不共享信息策略下，平台佣金比例和绿色服务效率对供应链成员决策的影响与风险规避因子相关。还发现了平台零售商共享信息的条件。在风险规避因子较低或较高时，平台零售商选择共享信息。此外，风险规避因子对信息共享价值有重要影响。

第十一章

先进技术下竞争企业产品质量信息披露模式分析*

第一节 引言

伴随我国经济高质量发展，消费者对企业产品质量的要求也显著提高。既有研究已经证明，当消费者不了解产品质量信息时，企业将通过产品价格来影响消费者对产品的质量感知和购买意愿。而实践中，却存在一些生产低质量产品的企业，通过制定较高价格来误导消费者的现象①。例如，中国消费者协会指出，部分企业可能给出高于产品实际价值的“建议零售价”，误导消费者使其认为产品质量较高。2012 年进入中国市场的国际品牌戴森公司销售的吸尘器、电吹风等产品定价高于同类产品数倍，在市场上树立了高端产品的形象，但在 2019 年 3 月，美国权威产品评价与测评网站 Consumer Report 却指出戴森吸尘器的损坏率等质量问题高于其他所有受测评的吸尘器产品②。此外，在竞争市场中，相比于新进入市场的企业，竞争性在位企业都能够利用其先动地位获得市场优势。而当新进入企业拥有产品质量的私有信息时，可能利用信息不对称

---

* 李嫣然、李波：《竞争市场下新进入企业产品质量信息披露与定价策略研究》，《管理工程学报》2023 年第 1 期。

① Zhao M.， Dong C.， Cheng T. C. E.，“Quality Disclosure Strategies for Small Business Enterprises in a Competitive Marketplace”，*European Journal of Operational Research*，Vol. 270，No. 1，2018，pp. 218 – 229.

② 王涛：《戴森吸尘器质量不过关被〈消费者报告〉从推荐名单除名》，贤集网，https：//www. xianjichina. com/news/details_113652. html，2019 年 4 月 22 日。

的优势对抗在位企业的先动优势。也可能利用各类先进信息技术进行消费者偏好的数据挖掘，或对消费者使用产品的评测进行挖掘，以实现共享信息的策略，使得自身与竞争对手达到双赢的局面①。事实上，在先进技术支持下实现信息的透明化，尤其是与竞争对手共享私有信息属于企业的战略决策，可能对自身以及竞争对手的定价策略产生影响，并相应影响企业向消费者披露质量信息的决策②。然而，企业选择向竞争对手共享自身私有信息的情况并不罕见，例如，中国检验检疫学会搭建了基于区块链技术的企业质量信息共享平台，一些处于竞争关系的大型企业已加入该平台，例如格力电器与美的电器等③。

因此，在先进信息技术支持下新进入企业在面对在位企业和消费者时，需要权衡其信息透明化策略与披露机制的利弊④。本部分就是基于以上问题背景，研究了上述竞争环境下技术先进的企业产品信息透明性与质量信息披露问题。

第二节　模型描述

构建由一个在位企业 A、一个新进入企业 B 和消费者构成的竞争市场。其中，在位企业 A 销售质量为 $q_A = 1$ 的既有产品 A，新进入企业 B 生产产品 B，其质量为 q_B。企业 B 的类型可能为高类型企业（H）或低类型企业（L），概率分别为 λ 和 $1-\lambda$。若企业 B 为高类型企业，其产品质量为 $q_B = q_H$；若企业 B 为低类型企业，其产品质量为 $q_B = q_L$，其中，$q_L < q_A < q_H$。因为企业 B 为新进入市场的企业，因此企业 A 与消费者可能对企业 B 的真实类型未知，仅已知其相应的概率。

假设消费者关于产品质量的边际估值 θ 在 $[0,1]$ 上服从均匀分布，θ

---

① Mishra B. K., Raghunathan S., Yue X., "Demand Forecast Sharing in Supply Chains", *Production and Operations Management*, Vol. 18, No. 2, 2009, pp. 152 – 166.

② Yan R., Pei Z., "Incentive Information Sharing in Various Market Structures", *Decision Support Systems*, Vol. 76, 2015, pp. 76 – 86.

③ 高辰：《浪潮、中国检验检疫学会将共建"中国质量链"》，中国新闻网，https：//www.chinanews.com/cj/2017/12 – 10/8396826.shtml，2017 年 12 月 10 日。

④ Bian W., Shang J., Zhang J., "Two-way Information Sharing under Supply Chain Competition", *International Journal of Production Economics*, Vol. 178, 2016, pp. 82 – 94.

越大，代表消费者的购买意愿越高[①]。p_A 和 p_B 分别为产品 A 和 B 的价格。则消费者购买产品 A 的效用为 $u_A = \theta q_A - p_A$。当消费者已知企业 B 的真实类型时，对产品 B 的估值为 q_B，购买产品 B 的效用为 $u_B = \theta q_B - p_B$；当消费者对企业 B 的真实类型未知时，对产品 B 的估值为期望估值 $E[q_B]$，购买产品 B 的效用为 $u_B = \theta E[q_B] - p_B$。

参考文献[②]成果，本部分采用信号博弈模型来刻画企业 B 利用价格信号向消费者传递产品质量信息的行为。在实践中，一方面，低质量企业利用价格向消费者传递产品虚假质量信息的例子十分常见，例如，人民网曾曝光保健品定价潜规则，指出保健品产业经常制定高昂的售价，从而向消费者释放高质量产品的信号[③]；又如，据《中国消费者报》报道，淘宝、京东、拼多多等知名电商常使用高于现售价的参考价格误导消费者[④]。另一方面，高质量的企业往往从品牌形象等角度考虑，不会低价销售产品，例如，根据中国质量新闻网报道，青岛啤酒品牌导向鲜明，即使在销量下降时也从不采取低价或降价策略[⑤]。因此，这里假设低类型企业有动机伪装成高类型企业，而高类型企业没有动机伪装成低类型企业。后续分析中，将低类型企业伪装成高类型企业的情况简称为“伪装”。若消费者对企业 B 的真实类型未知，当企业 B 释放低质量价格信号 $S = L$ 时，消费者可以判断出其产品为低质量，此时为分离均衡，即消费者认为产品 B 是低质量产品的后验概率为 $P_r[q_B = q_L \mid S = L] = 1$，对产品 B 的后验期望估值为 $E[q_B \mid S = L] = q_L$；而当企业释放高质量产品的价格信号 $S = H$ 时，消费者难以根据价格判断产品质量高低，则此时为混同均

---

① Choudhary C. V., Ghose A., Mukhopadhyay T., “Personalized Pricing and Quality Differentiation”, *Management Science*, Vol. 51, No. 7, 2005, pp. 1120 – 1130.

② Li Z., Gilbert S. M., Lai G., “Supplier Encroachment under Asymmetric Information”, *Management Science*, Vol. 60, No. 2, 2014, pp. 449 – 462.

③ 福州晚报：《保健品潜规则：定价要高　吃不死人就行了》，人民网，http：//finance.people.com.cn/n/2012/1123/c70846 – 19680114 – 2.html，2012 年 11 月 23 日。

④ 中国消费者报：《福建省福州市消委会喊话三大知名电商“划线价”误导消费者该停了》，中国质量网，http：//www.chinaquality.net/wdxd/2020 – 8/13/213981.html，2020 年 8 月 13 日。

⑤ 陈凌馨、王彩娜：《青岛啤酒：再定义世界级“中国名片”》，中国经济时报，http：//www.cqn.com.cn/zgzlb/content/2017 – 08/15/content_4722782.html，2018 年 12 月 6 日。

衡，即消费者认为产品 B 是高质量产品的概率仍为 $P_r[q_B = q_H \mid S = H] = \lambda$，对产品 B 的期望估值为 $E[q_B \mid S = H] = \lambda q_H + (1 - \lambda)q_L$。

这里按照企业 B 真实类型信息的不同对称情况，考虑三种情景，分别为：信息对称情景（即企业 A 与消费者均已知企业 B 的真实类型，简称“C 情景”），信息双不对称情景（即企业 A 与消费者均对企业 B 的真实类型未知，简称“N 情景”），以及信息单不对称情景（即仅企业 A 已知企业 B 的真实类型，消费者对企业 B 的真实类型未知，简称“S 情景”），如图 11－1 所示。此外，这里未考虑仅消费者已知企业 B 真实类型的情景。因为实践中，由于消费者缺乏对专业领域的认知，在购买产品前，即使能够获得新进入企业及其产品的相关信息，也难以做出比企业更为专业、准确的判断①。

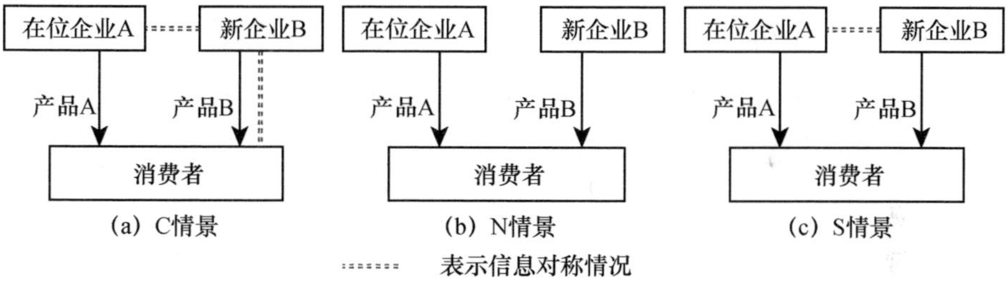

图 11－1　模型结构与情景设置

模型中各参与者的决策顺序为：首先，“自然”选择企业 B 的类型；其次，企业 A 决策产品 A 的价格 p_A；再次，企业 B 决策产品 B 的价格 p_B；最后，消费者根据企业 B 的价格决策，判断企业 B 的类型，并做出购买决策（买产品 A、买产品 B 或都不买）。后续分析中，下标 $i \in \{A, B\}$ 分别代表企业 A 与企业 B；上标 $j \in \{C,N,S\}$ 分别代表 C 情景、S 情景和 N 情景；上标 $k \in \{H,L,h\}$ 分别代表企业 B 为高类型、企业 B 为低类型且不伪装，以及企业 B 为低类型且伪装时的情况。

---

① Guo L.，Zhao Y.，“Voluntary Quality Disclosure and Market Interaction”，*Marketing Science*，Vol. 28，No. 3，2009，pp. 488－501；Guo L.，“Quality Disclosure Formats in a Distribution Channel”，*Management Science*，Vol. 55，No. 9，2009，No. 1513－1526.

第三节　技术支持下多种披露模式情景设置

一　信息完全对称情景

这里把该情景称为C情景，且作为基准情景，此时企业B的类型为公共信息，即企业A与消费者均已知企业B为高类型或者低类型。

（一）企业B为高类型时

产品B的质量为 $q_B = q_H$。对比消费者购买产品A和产品B的效用 $u_A^{CH} = \theta q_A - p_A^{CH}$ 和 $u_B^{CH} = \theta q_H - p_B^{CH}$。因为 $q_A < q_H$，所以令 $u_A^{CH} = 0$，解得消费者购买产品A或不购买任何产品的效用无差别点为 $\theta_1 = p_A$；令 $u_A^{CH} = u_B^{CH}$，解得购买产品A或购买产品B的效用无差别点为 $\theta_2 = \dfrac{p_B^{CH} - p_A^{CH}}{q_H - 1}$，且有 $\theta_1 < \theta_2$。则产品A和产品B的需求为 $D_A^{CH} = \theta_2 - \theta_1$ 和 $D_B^{CH} = 1 - \theta_2$，企业A和企业B的利润分别为 $\pi_A = D_A p_A$ 和 $\pi_B = D_B p_B$。根据逆序求解法，解得此时两个企业的最优定价决策分别为：

$$p_A^{CH*} = \frac{q_H - 1}{2(2q_H - 1)} \tag{11-1}$$

$$p_B^{CH*} = \frac{(q_H - 1)(4q_H - 1)}{4(2q_H - 1)} \tag{11-2}$$

将最优定价决策代入两个企业的利润函数，可得两个企业的最优利润为：

$$\pi_A^{CH*} = \frac{q_H - 1}{8(2q_H - 1)} \tag{11-3}$$

$$\pi_B^{CH*} = \frac{(1 - 4q_H)^2 (q_H - 1)}{16(2q_H - 1)^2} \tag{11-4}$$

（二）企业B为低类型时

产品B的质量为 $q_B = q_L$。同理可得消费者购买产品B或不购买产品的效用无差别点为 $\theta_3 = \dfrac{p_B^{CL}}{q_L}$，购买产品A或购买产品B的效用无差别点为 $\theta_4 = \dfrac{p_A^{CL} - p_B^{CL}}{1 - q_L}$。则产品A与产品B的需求分别为 $D_A = 1 - \theta_4$ 和 $D_B =$

$\theta_4 - \theta_3$。同理，解得此时两个企业的最优定价决策分别为：

$$p_A^{CL*} = \frac{1 - q_L}{2 - q_L} \tag{11-5}$$

$$p_B^{CL*} = \frac{q_L(1 - q_L)}{2(2 - q_L)} \tag{11-6}$$

将最优定价决策代入两个企业的利润函数，可得两个企业的最优利润为：

$$\pi_A^{CL*} = \frac{1 - q_L}{2(2 - q_L)} \tag{11-7}$$

$$\pi_B^{CL*} = \frac{(1 - q_L)q_L^{\ 2}}{4(2 - q_L)^2} \tag{11-8}$$

二　信息双不对称情景

该问题情景称为 N 情景，且该情景下企业 A 与消费者均对企业 B 的类型未知，仅已知 B 是高类型企业的概率为 λ，是低类型企业的概率是 $1-\lambda$。所以，企业 A 按期望利润进行决策，企业 B 利用产品 B 的价格信号向消费者披露自身类型信息，消费者根据接收到的价格信号，按照后验期望估值做出购买决策。

（一）企业 B 为高类型时

如前文所述，当企业 B 为高类型时，其没有动机伪装成低类型企业。因此，企业 B 将发送高质量产品的价格信号。但是，当消费者收到高质量产品的价格信号时，无法分辨企业 B 确为高类型企业，或为伪装的低类型企业。则此时为混同均衡，消费者对产品 B 的期望估值为 $E[q_B \mid S=H] = \lambda q_H + (1-\lambda)q_L$。

令 $q_A = E[q_B \mid S = H]$，解得消费者对两种产品的估值无差别点为 $\bar{\lambda} = \frac{1 - q_L}{q_H - q_L}$。

1. 当 $\lambda < \bar{\lambda}$ 时，$q_A > E[q_B \mid S = H]$，表明消费者对产品 A 的估值大于对产品 B 的期望估值。则购买意愿较高和中等的消费者将分别购买企业 A 与企业 B 的产品，购买意愿较低的消费者将选择放弃购买。对比消费者购买产品 A 和产品 B 的效用 $u_A^{NH} = \theta q_A - p_A^{NH}$ 和 $u_B^{NH} = \theta E[q_B \mid S = H] - p_B^{NH}$，求得消费者购买产品 B 或不购买任何产品的效用无差别点为 $\theta_5 = \frac{p_B^{NH}}{q_L + q_H\lambda - q_L\lambda}$，购买产品 A 或购买产品 B 的效用无差别点为 $\theta_6 = \frac{p_A^N - p_B^{NH}}{q_A - q_L(1-\lambda) - q_H\lambda}$。因此，产品 A 与产品 B 的需求为 $D_A^{NH} = 1 - \theta_6$ 和 $D_B^{NH} = \theta_6 - \theta_5$。

2. 当 $\lambda \geqslant \bar{\lambda}$ 时，$q_A \leqslant E[q_B \mid S = H]$。同理可得，产品 A 与产品 B 的需求为 $D_A^{NH} = \theta_8 - \theta_7$ 和 $D_B^{NH} = 1 - \theta_8$，其中，$\theta_7 = p_A^N$，$\theta_8 = \frac{p_A^N - p_B^{NH}}{1 - q_L - q_H\lambda + q_L\lambda}$。

综上，根据企业 B 的利润 $\pi_B^{NH} = D_B^{NH} p_B^{NH}$，可得企业 B 的反应函数为：

$$p_B^{NH}(p_A^N) = \begin{cases} \frac{p_A^N(q_L + q_H\lambda - q_L\lambda)}{2} & (\lambda < \bar{\lambda}) \\ \frac{p_A^N + (1-\lambda)q_L + q_H\lambda - 1}{2} & (\lambda \geqslant \bar{\lambda}) \end{cases} \tag{11-9}$$

（二）企业 B 为低类型时

因为低类型的 B 企业可能发送真实的价格信号，也可能发送高质量价格信号从而伪装成高类型企业。若 B 选择伪装，消费者无法根据价格信号判断产品 B 的真实质量，则此时仍为混同均衡。产品 A 与产品 B 的需求分别为 $D_A^{Nh} = D_A^{NH}$ 和 $D_B^{Nh} = D_B^{NH}$。相应的，企业 B 的利润函数为 $\pi_B^{Nh} = D_B^{Nh} p_B^{Nh}$，解得企业 B 伪装时的反应函数为 $p_B^{Nh}(p_A^N) = p_B^{NH}(p_A^N)$。

若 B 选择不伪装，将直接发送真实的价格信号，则消费者能够根据价格信号判断产品 B 的真实质量，即此时为分离均衡。因此，消费者根据价格信号更新其对产品 B 的期望估值，为 $E[q_B \mid S = L] = q_L$。与 2.1.2 同理可得，产品 A 与产品 B 的需求分别为 $D_A^{NL} = D_A^{CL}$ 和 $D_B^{NL} = D_B^{CL}$。由于企业 B 的利润为 $\pi_B^{NL} = D_B^{NL} p_B^{NL}$，可得其反应函数为：

$$p_B^{NL}(p_A^N) = \frac{p_A^N q_L}{2} \tag{11-10}$$

然后，结合前面结果，讨论企业 A 的定价决策。

当企业 B 为高类型，或者当企业 B 为低类型并且伪装时，向消费者发送的价格信号为 $S = H$，反应函数为 $p_B^{Nh}(p_A^N) = p_B^{NH}(p_A^N)$；当企业 B 为低类型并且不伪装时，向消费者发送的价格信号为 $S = L$，反应函数为 $p_B^{NL}(p_A^N)$。将企业 B 发送价格信号 $S = H$ 和 $S = L$ 时的反应函数 $p_B^{Nh}(p_A^N) = p_B^{NH}(p_A^N)$ 与 $p_B^{NL}(p_A^N)$ 分别代入企业 A 的利润函数 $\pi_A^N(S = H) = D_A^{NH}p_A^N = D_A^{Nh}p_A^N$ 和 $\pi_A^N(S = L) = D_A^{NL}p_A^N$。由于企业 A 对企业 B 的类型未知，且先于企业 B 做出定价决策，因此，企业 A 只能根据期望利润做出决策，即：

$$E[\pi_A^N] = \lambda\pi_A^N(S = H) + (1 - \lambda)\pi_A^N(S = L) \tag{11-11}$$

根据公式（11－11），解得企业 A 的定价决策为：

$$p_A^{N*} = \begin{cases} \dfrac{(1 - q_L)(1 - q_L(1 - \lambda) - q_H\lambda)}{2 + q_L{}^2(1 - \lambda) - q_H(2 - \lambda)\lambda - q_L(3 - (2 + q_H)\lambda + \lambda^2)} & (\lambda < \bar{\lambda}) \\ \dfrac{(1 - q_L)(2 - \lambda)(1 - q_L(1 - \lambda) - q_H\lambda)}{2(2 - \lambda - 2q_H\lambda - q_L(3 - \lambda(2 + q_H(1 + \lambda)) - q_L(1 - \lambda^2)))} & (\lambda \geqslant \bar{\lambda}) \end{cases} \tag{11-12}$$

最后，根据企业 A 的最优定价决策，求解企业 B 的决策。

若企业 B 发送低质量产品的价格信号，则将 p_A^{N*} 代入 $p_B^{NL}(p_A)$，解得企业 B 为低类型且不伪装时的最优定价为：

$$p_B^{NL*} = \begin{cases} \dfrac{(1 - q_L)q_L(1 - q_L(1 - \lambda) - q_H\lambda)}{2(2 + q_L{}^2(1 - \lambda) - q_H(2 - \lambda)\lambda - q_L(3 - (2 + q_H)\lambda + \lambda^2))} & (\lambda < \bar{\lambda}) \\ \dfrac{(1 - q_L)q_L(2 - \lambda)(1 - q_L(1 - \lambda) - q_H\lambda)}{4(2 - \lambda - 2q_H\lambda - q_L(3 - \lambda(2 + q_H + q_H\lambda) + q_L(1 - \lambda^2)))} & (\lambda \geqslant \bar{\lambda}) \end{cases} \tag{11-13}$$

若企业 B 发送高质量产品的价格信号，则将 p_A^{N*} 代入 $p_B^{NH}(p_A)$ 与 $p_B^{Nh}(p_A)$，解得企业 B 为高类型时，或企业 B 为低类型并且伪装时的最优定价为：

$$p_B^{NH*} = p_B^{Nh*} = \begin{cases} \dfrac{(1 - q_L)(1 - q_L(1 - \lambda) - q_H\lambda)(q_L + q_H\lambda - q_L\lambda)}{2(2 + q_L{}^2(1 - \lambda) - q_H(2 - \lambda)\lambda - q_L(3 - (2 + q_H)\lambda + \lambda^2))} & (\lambda < \bar{\lambda}) \\ \dfrac{(q_L(1 - \lambda) + q_H\lambda - 1)(\lambda - 2 + 4q_H\lambda + q_L(4 - 2q_L(1 - \lambda^2) - \lambda(3 + 2q_H(1 + \lambda))))}{4(\lambda - 2 + 2q_H\lambda + q_L(3 - \lambda(2 + q_H + q_H\lambda) - q_L(1 - \lambda^2)))} & (\lambda \geqslant \bar{\lambda}) \end{cases} \tag{11-14}$$

三　信息单不对称情景

此情景称为 S 情景。现实中，同类型的企业之间利用技术支持更可能已知彼此的产品质量，而对于消费者，即使也能获取企业 B 的相关信息，但由于这些信息涉及专业领域，普通消费者可能无法判断企业 B 的真实类型。因此，在 S 情景中，假设企业 A 已知企业 B 的类型；而消费者对企业 B 的类型未知，仅已知企业 B 是高类型的概率为 λ ，低类型的概率是 $1-\lambda$ 。企业 B 利用产品 B 的价格信号向消费者披露自身类型，消费者按照后验期望估值做出购买选择。

（一）当企业 B 是高类型时

消费者收到企业 B 发出的高质量价格信号，无法确定企业 B 是高类型还是低类型伪装成高类型，此时为混同均衡。因此，消费者的期望估值为 $E[q_B \mid S=H]=\lambda q_H+(1-\lambda)q_L$ 。与前面同理，可得企业 A 与企业 B 的利润函数分别为 $\pi_A^{SH}=D_A^{SH}p_A^{SH}$ 和 $\pi_B^{SH}=D_B^{SH}p_B^{SH}$ ，其中 $D_A^{SH}=D_A^{NH}$ ，$D_B^{SH}=D_B^{NH}$ 。根据逆序求解法，解得企业 A 与企业 B 的最优决策，如下所示：

$$p_A^{SH*}=\begin{cases}\dfrac{q_L(1-\lambda)+q_H\lambda-1}{q_L(1-\lambda)+q_H\lambda-2} & (\lambda<\bar{\lambda})\\[2ex] \dfrac{1-q_L(1-\lambda)-q_H\lambda}{2-4q_L(1-\lambda)-4q_H\lambda} & (\lambda\geqslant\bar{\lambda})\end{cases} \tag{11-15}$$

$$p_B^{SH*}=\begin{cases}\dfrac{(q_L(1-\lambda)+q_H\lambda)(1-q_L(1-\lambda)-q_H\lambda)}{2(2-q_L-q_H\lambda+q_L\lambda)} & (\lambda<\bar{\lambda})\\[2ex] \dfrac{(1-4q_L(1-\lambda)-4q_H\lambda)(1-q_L(1-\lambda)-q_H\lambda)}{4(2q_H\lambda+2q_L(1-\lambda)-1)} & (\lambda\geqslant\bar{\lambda})\end{cases} \tag{11-16}$$

（二）当企业 B 为低类型时

低类型的企业 B 可能发送真实的价格信号，也可能发送高质量价格信号从而伪装成高类型企业。

若企业 B 选择伪装，则此时为混同均衡。由于企业 B 选择伪装成高类型，消费者无法确定产品 B 的真实质量，期望估值为 $E[q_B \mid S=H]=\lambda q_H+(1-\lambda)q_L$ 。与前面同理可得，企业 A 与企业 B 的最优决策分别为 $p_A^{Sh*}=p_A^{SH*}$ 和 $p_B^{Sh*}=p_B^{SH*}$ 。

若企业 B 选择不伪装，直接发送真实的价格信号，则此时为分离均衡。那么，消费者根据价格信号更新其对产品 B 的期望估值为 $E[q_B \mid S=L]=q_L$ 。与前面同理可得，企业 A 与企业 B 的最优决策分别为 $p_A^{SL*}=$

p_A^{CL*} 和 $p_B^{SL*} = p_B^{CL*}$。

第四节　技术支持下不同信息披露模式间的比较分析

前面分析了不同情景下两个企业的最优决策，这里对比不同情景下，两家企业在技术支持下不同信息透明性之间的问题比较及信息揭露的决策与收益情况。并在此基础上，进一步分析企业间质量信息共享决策对消费者的影响。

通过对比企业在三种情景下的定价策略，可得命题 11－1。

命题 11－1　对比两个企业在三种情景下的定价策略，可得：

1. 若企业 B 为高类型企业，则两个企业均在 C 情景下制定最高价格；当 $\lambda < \lambda^P$ 时，$p_A^{SH*} < p_A^{N*}$，$p_B^{SH*} < p_B^{N*}$；当 $\lambda \geqslant \lambda^P$ 时，$p_A^{SH*} \geqslant p_A^{N*}$，$p_B^{SH*} \geqslant p_B^{N*}$。

2. 若企业 B 为低类型企业，则：

（1）当 $\lambda < \lambda^P$ 时，产品 A 在 C 情景与 S 情景下的价格最高；当 $\lambda^P \leqslant \lambda < \lambda^S$ 时，产品 A 在 N 情景下的价格最高；当 $\lambda \geqslant \lambda^S$，产品 A 在 S 情景下的价格最高。

（2）存在 $\lambda_B^P \in (\bar{\lambda}, \lambda^S)$，使得当 $\lambda < \lambda_B^P$ 时，产品 B 在 C 情景与 S 情景下的价格最高；当 $\lambda_B^P \leqslant \lambda < \lambda^S$ 时，产品 B 在 N 情景下的价格最高；当 $\lambda \geqslant \lambda^S$，产品 B 在 S 情景下的价格最高。

其中，$\lambda^P = \dfrac{3(q_L - 1)q_L}{(q_H - q_L)(3q_L - 2)}$。

由命题 11－1 可知，若企业 B 为高类型企业，两个企业均在 C 情景下制定最高的价格。C 情景下，所有参与者均已知产品 B 为高质量。所以，一方面，企业 B 不需要承担因消费者低估其产品质量所造成的损失；另一方面，相较于其他两种情景，C 情景下两种产品估值的差距最大。那么，此时价格竞争最小，企业 A 和企业 B 将分别瞄准购买意愿低和购买意愿高的两个细分市场。

若 B 企业为低类型企业，当 λ 较小时，两个企业在 C 情景与 S 情景下制定最高的价格。因为此时，在 S 情景下企业 A 利用先动阻止企业 B

伪装，所以，消费者根据价格信号判断出产品 B 为低质量，两个企业将分别制定与 C 情景下相同的价格。而在 N 情景下，两种产品在 λ 较小时的期望估值十分接近，导致产品价格竞争激烈，抵消了企业 B 的信息不对称优势。当 λ 为中等大小时，两个企业在 N 情景下制定最高的价格。因为此时，在 N 情景下消费者对产品 B 的期望估值为中等大小时，产品 A 与产品 B 之间的期望估值差异增大，使得两种产品的价格竞争放缓。当 λ 较大时，两个企业在 S 情景下制定最高的价格。因为此时，在 S 情景下，企业 B 伪装成高类型企业，使得消费者对产品 B 具有较高的期望估值。在此基础上，由于企业 A 已知企业 B 的真实类型，两个企业均能根据真实信息做出最优定价决策。而在 N 情景下，由于企业 A 对企业 B 的真实类型未知，仅能根据期望利润做出偏离最优定价的次优定价决策，受企业 A 先动优势的影响，企业 B 仅能根据企业 A 的决策做出相应的次优定价决策。因此，此时两个企业均在 S 情景下制定最高的价格。

分别对比企业 A 与企业 B 在三种情景下的利润，可得命题 11－2 与命题 11－3。

命题 11－2　对于企业 A，S 情景总是优于 N 情景。若企业 B 是高类型，则只有当 q_H 较小时 S 情景和 N 情景优于 C 情景。若企业 B 是低类型，则只有当 q_H 较大时 S 情景和 N 情景优于 C 情景。

如图 11－2 所示，S 情景下企业 A 是该竞争市场中最有优势的一方。因为其已知企业 B 的信息，且具有先动优势，可以在企业 B 伪装对其有利时，选择与企业 B 共同误导消费者使得自身利益最大化。而企业 B 作为跟随者，不得不按照企业 A 的定价而做出相应的决策。因此，对于企业 A，S 情景总是优于 N 情景。

若企业 B 为高类型，当 q_H 较小时，消费者对企业 B 类型未知的情景（S 情景与 N 情景）对企业 A 更有利。这是由于当企业 B 为高类型时，产品 B 比产品 A 更有优势。在此基础上，若此时产品 B 的质量并未高出产品 A 很多，将导致两种产品的竞争加剧。因此，此时消费者对企业 B 类型未知的情景对于企业 A 更有利。而当产品 B 质量比产品 A 高出较多时，即使产品 A 处于劣势，消费者已知企业 B 类型的情景反而有利于企业 A。因为此时产品 A 与产品 B 将分别瞄准购买意愿较低和购买意愿较高的两个细分市场。

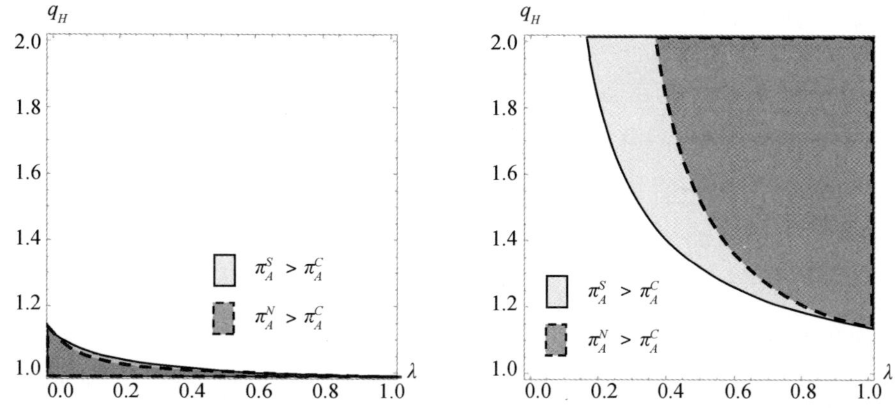

（a）企业 B 为高类型企业　　　（b）企业 B 为低类型企业

图 11－2　不同情景下企业 A 的利润比较结果

而若企业 B 为低类型企业，则当 q_H 较大时，消费者对企业 B 类型未知的情景（S 情景与 N 情景）对企业 A 更有利。因为，当企业 A 与消费者均未知企业 B 类型时，只能根据期望做出定价和购买决策。若 q_H 较小，将导致消费者对产品 B 的期望估值与产品 A 的估值较为接近，价格竞争较大。且此时企业 B 拥有后动优势，因此，企业 A 的收益较低，甚至可能收益为零。当企业 A 已知企业 B 的类型，而消费者未知时，企业 A 拥有先动优势。当 q_H 较小时，企业 A 选择利用价格迫使企业 B 传递真实质量的价格信息。而当 q_H 较大时，企业 A 与企业 B 共同误导消费者，使得此时产品 B 的期望估值大大高于产品 A 的估值。那么，两种产品之间的竞争强度减小，产品 A 与产品 B 将分别面向购买意愿较低和购买意愿较高的两个细分市场。

对于企业 B，对比其在 N 情景和 S 情景下的利润，得到命题 11－3。

命题 11－3　通过对比 N 情景与 S 情景，企业 B 的决策偏好满足：

（1）若企业 B 为高类型企业，当 $q_L \leqslant q_L^{SNH}$ 时，其倾向选择 N 情景。当 $q_L > q_L^{SNH}$ 时，若 $q_H > q_H^{SNH}$，其倾向选择 S 情景；若 $q_H \leqslant q_H^{SNH}$，其倾向选择 N 情景。

（2）若企业 B 为低类型企业，当 $q_L \leqslant q_L^{SNL}$ 时，若 $\underline{q}_H^{SNL} < q_H < \bar{q}_H^{SNL}$，其倾向选择 S 情景；当 $q_L^{SNL} < q_L < 1$ 时，若 $\underline{q}_H^{SNL} < q_H < \bar{q}_H^{SNL}$ 或 $q_H > \tilde{q}_H^{SNL}$，

其倾向选择 S 情景。

其中，$q_L^{SNH}=\dfrac{2q_H}{3q_H-1}$，$q_H^{SNH}=q_L+\dfrac{3(1-q_L)q_L}{(2-3q_L)\lambda}$，$q_L^{SNL}=\dfrac{6q_H-2}{7q_H-3}$。

由命题 11－3 可得，若企业 B 为高类型，当企业 A 与消费者均未知企业 B 的真实类型时，企业 B 相对于企业 A 而言，具有后动优势。当 q_L 较小时，消费者对于企业 B 的期望估值相对不高，导致产品 A 与产品 B 的价格竞争较为激烈。那么，利用信息优势与企业 A 进行价格竞争，对企业 B 更有利。当 $q_L>q_L^{SNH}$ 时，如图 11－3（a）所示，只有当 $q_H>q_H^{SNH}$ 时 S 情景对企业 B 才更有利（区域 R_H^2）。因为此时产品 B 质量优势很大，若企业 A 已知企业 B 的真实类型，将更有利于双方分别瞄准各自的细分市场来制定最优价格，而非进行不必要的价格竞争。

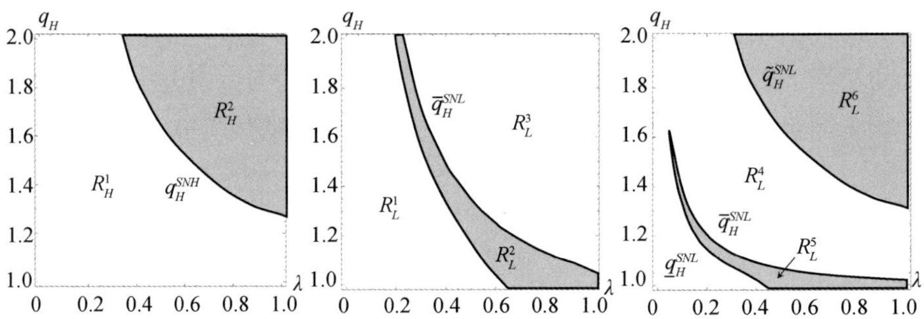

（a）企业 B 高类型　　（b）企业 B 低类型且 $q_L\leq q_L^{SNL}$　（c）企业 B 低类型且 $q_L>q_L^{SNL}$

图 11－3　企业 B 不同信息共享决策区域图

注：灰色区域表示企业 B 与企业 A 共享信息时更有利，白色区域表示企业 B 不与企业 A 共享信息时更有利。

若企业 B 为低类型，当 $q_L<q_L^{SNL}$ 时，如果企业 A 已知企业 B 的真实类型，企业 A 一定会阻止其伪装成高类型。然而有趣的是，即便如此，当产品 B 高质量期望居中时［如图 11－3（b）区域 R_L^2，表示 q_H 乘以 λ 的值居中］，企业 B 仍然偏向于企业 A 已知其真实类型的情景。因为此时消费者对两种产品的估值相近，若企业 A 对企业 B 的类型未知，将造成两种产品的恶性竞争。而若企业 A 已知产品 B 为低质量，将利用先动优势迫使企业 B 传递低质量产品的价格信号，使得消费者知晓其为低质量，

从而减弱价格竞争强度。当 $q_L^{SNL} < q_L < 1$ 时，如图 11－3（c）所示，区域 R_L^5 的情况与图 11－3（b）中区域 R_L^2 类似，在此不做赘述。此外，若 $q_H > \tilde{q}_H^{SNL}$，企业 B 也会更偏向于企业 A 已知其真实类型的情景，如图 11－3（c）区域 R_L^6 所示。因为此时企业 A 会与企业 B 共同误导消费者，使其认为产品 B 为高质量。

上述结论表明，在一定条件下，当企业 A 已知企业 B 的质量信息时，企业 B 能够获得更高的利润。因此，企业 B 有动机向企业 A 共享产品质量信息。进一步分析企业 B 能够决策是否与企业 A 共享信息的情况。此时，企业 B 既能决策是否与企业 A 共享质量信息，又能决策是否利用价格向消费者传递产品质量信息。各参与者的决策顺序如图 11－4 所示。

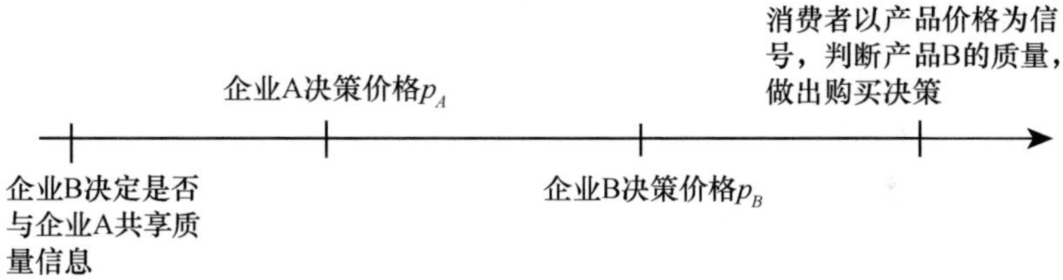

图 11－4　企业 B 向企业 A 共享信息的决策为内生时的博弈时序图

推论 11－1　当企业 B 向企业 A 共享信息的决策为内生时，有以下结论：

（1）当 $0 < q_L \leqslant q_L^{SNH}$ 时，消费者无法判断企业 B 的真实类型。

（2）当 $q_L^{SNH} < q_L \leqslant q_L^{SNL}$ 且 $q_H > q_H^{SNH}$ 时，或 $q_L^{SNL} < q_L < 1$ 且 $q_H^{SNH} < q_H < \tilde{q}_H^{SNL}$ 时，消费者能判断企业 B 的真实类型。

根据命题 11－3 可归纳得出，当 $0 < q_L < q_L^{SNH}$ 时，高质量的企业 B 在 N 情景下的利润高于 S 情景，所以企业 B 没有动机向企业 A 共享信息。而低质量的企业 B 在 N 情景下的利润低于 S 情景，因此，低质量的企业 B 有动机向企业 A 共享信息。那么，若企业 B 向企业 A 共享信息，则消费者可根据此时的定价判断出企业 B 为低质量企业。所以，当企业 B 为低质量企业时，即使共享信息有利，其亦不会选择共享。综上所述，无论企业 B 是高质量或低质量企业，都不会向企业 A 共享信息。此时，企

业间共享信息不利于提高企业所展示的产品质量信息的真实性。

当 $q_L^{SNH} < q_L \leqslant q_L^{SNL}$ 时，因为高质量企业和低质量企业愿意共享信息的阈值不同，所以，当企业 B 为低质量企业时，若选择共享信息，将会暴露自身为低质量企业，导致利润降低。因此，其不会选择共享。而若企业 B 为高质量企业，当 $q_H > q_H^{SNH}$ 时，向企业 A 共享信息更有利。那么，其将选择企业间共享信息，并向消费者展示高质量产品价格信号［图 11－5（a）区域 R_2］。此时，企业间的质量信息共享一定程度上有利于产品质量信息披露。此时，企业间共享信息一定程度上有利于提高企业所展示的产品质量信息的真实性。当 $q_L^{SNL} < q_L < 1$ 时，若 $q_H < q_H^{SNH}$，则不论企业 B 为高质量或低质量企业，其均不会选择向企业 A 共享信息［图 11－5（b）区域 R_3］。若 $q_H > \tilde{q}_H^{SNL}$，则当企业 B 为高质量或低质量企业时，均会选择向企业 A 共享信息［图 11－5（b）区域 R_5］。因此，这两种情况下消费者无法判断其真实类型。当 $q_H^{SNH} < q_H < \tilde{q}_H^{SNL}$ 时，只有高质量的企业 B 有动机向企业 A 共享信息［图 11－5（b）区域 R_4］。此时，消费者能够判断企业 B 的真实类型。

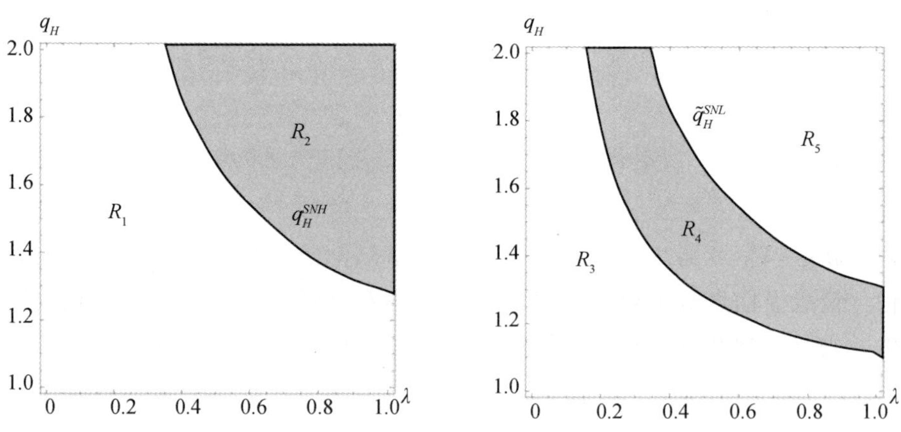

（a）当 $q_L^{SNH} < q_L < q_L^{SNH}$　　（b）当 $q_L^{SNH} < q_L < 1$

图 11－5　当企业间共享信息能够传递质量信号时消费者对产品 B 的质量判断

注：图中灰色部分表示消费者能够识别出企业 B 为高类型的情景。

第五节　结论

本章主要研究企业间在先进信息技术支持下信息共享、在位企业定价和竞争产品质量差异对新进入企业产品质量信息披露的影响，并在此基础上分析当企业的共享信息决策也可以成为披露产品质量信息的信号时，企业与消费者策略所发生的变化。

主要结论表明：第一，当在位企业与消费者均未知新进入企业产品的真实质量时，在位企业的店内产品展示与先动优势被削弱，新进入企业将总是选择展示高质量产品价格信号，并且可能导致在位企业没有收益。此外，虽然新进入企业存在信息不对称优势，且其产品质量略高于竞争对手的产品，其定价却可能低于在位企业。这是由于信息不对称导致消费者对新进入企业产品的估值低于其真实质量。第二，当仅消费者对新进入企业产品的真实质量未知时，若新进入企业为低质量企业，则只有当两个企业的产品质量接近，且消费者认为新进入企业产品有较大的可能为高质量产品时，新进入企业才有机会利用价格信号伪装成高质量企业。即此时虽然在位企业产品的质量高于新进入企业产品的质量，在位企业也有动机选择低于新进入企业的定价。否则，在位企业将总是利用先动优势阻止低质量的新进入企业伪装。第三，对比信息不同对称程度下的价格可知，若新进入企业为高质量企业，则两个企业均在完全信息情景下制定最高价格；若新进入企业为低质量企业，则随着消费者认为新进入企业的产品是高质量概率的增大，两个企业分别依次在完全信息情景、信息双不对称情景和信息单不对称情景下制定最高价格。第四，当企业间共享信息的决策为内生时，有以下结论：若新进入企业为高质量企业，只有当消费者对其产品期望估值较高时，新进入企业才愿意向在位企业共享信息。若新进入企业为低质量企业，当其产品质量不高且消费者认为其为高质量的期望适中时，或当其产品质量与在位企业产品的质量十分接近，且消费者对其期望估值较高时，新进入企业才愿意向在位企业共享信息。在此基础上，消费者能够从一定程度上判断企业的真实类型，但企业间共享信息并不一定有利于帮助消费者做出正确的判断。

第十二章

贫困县农民电商扶贫创业的影响因素与机制研究*

本章以山西省贫困县具有代表性的 6 名农民电商创业者为主要研究对象，同时深度访谈了 26 名农民电商创业者，运用扎根理论分析方法，对中国电商扶贫情境下的贫困县农民电商创业过程进行探索性多案例研究。研究归纳与提炼出贫困县农民电商创业过程模型。该模型分两阶段揭示贫困县农民产生创业行为及初创企业发展的内外部因素及关系，其中创业者特质和创业意愿是推动创办企业的基础；原生家庭、创业机会和关系网络是创办企业的中介驱动因素；创业学习、制度环境和风险不确定通过调节创业资源、商业模式创新和质量理念等行动策略推进初创企业的发展；并对企业实现扶贫效果，促进乡村振兴的发展提供实践指导。

第一节　研究背景

中国成功走出了一条特色的扶贫道路，为其他发展中国家扶贫提供了有利的借鉴，也为全球减贫事业做出了突出的贡献。国家统计局报告显示，按照 2011 年确定的贫困标准，农村贫困人口从 2012 年底的 9899 万人减少到 2017 年底的 3046 万人，年均减少约 1370 万人，贫困发生率从 2012 年末的 10.2% 下降到 2017 年末的 3.1%。2018 年脱贫效果更为显著，年末农村贫困人口 1660 万人，比上年末减少 1386 万人，贫困发生率

* 韩飞燕、李波、黄华飞：《电商扶贫情境下贫困县农民电商创业过程研究——基于扎根理论的探索》，《地域研究与开发》2021 年第 5 期。

1.7%，比上年下降 1.4%。现阶段扶贫取得显著的成果，然而扶贫不仅要实现贫困户脱贫，更要稳定脱贫效果防止返贫发生，进行可持续的扶贫。其中电商扶贫作为一种创新的可持续扶贫模式，得到众多国内外人士的认可。著名经济学家谢栋铭表示，中国扶贫政策中的电商扶贫值得新加坡借鉴[①]。

电商扶贫为贫困县农民电商创业提供了良好的机遇。凭借电商创业，贫困县农民创业者形成“自我造血”的能力，带来惠及所有参与者的“双赢”效果，其中主要亮点是带动了贫困户技能提升、就业、增收等，实现了贫困户脱贫，有效抑制返贫的发生。随着贫困县农民电商创业现象的大量涌现及发展，农民固有的电商创业思维受到挑战。农民电商创业者需要跳出开网店的局限，在农村电商产业链和价值链上寻找电商创业机会[②]。然而，目前对于农民电商创业没有具体的定义。因此，结合学者对电商创业的定义[③]及中国电商扶贫的情境，本书所指的农民电商创业是通过电商平台为农村居民提供产品购买、销售、收取快递等服务的创业活动；将本地的特色产品（农业产品或工业产品）利用电商平台销售的活动；利用电子商务形成的物流、信息流、商流、资金流等产业链条形成的相关创业活动。

贫困县农民的电商创业实践迅速发展，对于提升地方经济发展和带动贫困户脱贫都有重要影响，同时赋予电商创业更广泛的内涵，吸引了国内外政府及学者的关注。对电商创业的研究倾向于关注电商创业内涵、发展问题以及各种影响因素，其中大多数研究都以创业意愿作为实际创业行为的代理，并没有深入研究创业意愿到创业行为之间的影响因素及作用机理。同时，贫困地区的潜在创业者从产生创业意愿到最终产生创业行为成功率很低，其中受到多种因素影响。但是，目前相关研究较少，具体影响因素尚不清晰，特别是关于贫困县农民电商创业过程的理论研究严重滞后于现实需求，仍处于现象驱动的研究阶段。主要存在三点不

---

① 人民日报：《中国减贫经验为发展中国家提供有益借鉴》2019 年 3 月 10 日。

② 魏延安：《2018 年，农村电商八大趋势》，《新西部》2018 年第 1 期。

③ Kollmann T., Lomberg C., Peschl A., “Web 1.0, Web 2.0, and Web 3.0: The Development of E-business. In Encyclopedia of E-commerce Development”, *Implementation and Management*, 2016, pp. 1139 – 1148.

足：首先是注重对电商创业过程要素的探讨，并未有效建立电商创业要素之间关系及过程机制；其次是以电商创业现象为驱动，归纳性研究为主，相对缺乏规范的质性研究，难以明晰电商创业过程的内在机理；最后是探讨电商创业过程中存在问题、对策及发展前景，难以构建电商创业过程理论。

综上所述，本研究将通过质性研究综合形成一个系统的框架，称为“创业之路”，以期回答“最初的农民创业意愿如何转变为不断成长企业的创业过程”，构建贫困县农民电商创业过程模型，以探寻该类创业过程中的规律性和特殊性。该模型将深化贫困县农民创业过程研究，为推动农民电商创业带动脱贫提供实践性指导。

第二节　文献综述

一　有关电商创业的研究

电商创业作为一门比较新的研究领域，国外学者研究相对国内学者起步较早。主要从两个维度进行研究。

1. 针对电商创业现象主要围绕四个方面展开研究，分别是创业成长过程，即研究初创企业自创立以来所经历的不同发展阶段①；资源，包括但不限于人力、财务或内部基础设施②；情境，关注外部基础设施和组织（个人或机构）对电商创业企业的影响③；电商创业行动，指电商创业者的行动以及行为对创业成功的影响④。

---

① Pedersen E., Mulbery K., “An E-commerce Process Model: Perspectives from E-commerce Entrepreneurs”, *Journal of Electronic Commerce in Organizations*, Vol. 1, No. 3, 2003, pp. 28–47.

② Furlan A., Grandinetti R., Paggiaro A., “Unveiling the Growth Process: Entrepreneurial Growth and the Use of External Resources”, *International Journal of Entrepreneurial Behavior & Research*, Vol. 20, No. 1, 2014, pp. 20–41.

③ Anderson A. R., Gaddefors J., “Entrepreneurship and Context: Is Entrepreneurship Research out of Context? Dilemmas with (non) Contextualized Views of Entrepreneurship”, *Journal of Asia Entrepreneurship and Sustainability*, Vol. 13, No. 4, 2017, pp. 3–9.

④ Zhu Z., Lin S. F., “Understanding Entrepreneurial Perceptions in the Pursuit of Emerging E-business Opportunities: The Dimensions and Drivers”, *Computers in Human Behavior*, Vol. 95, 2019, pp. 252–261.

2. 电商创业的研究主题主要包括三个方面。（1）探索当前和未来的研究方向。主要涉及研究方法、领域和多学科交叉[①]。（2）构建电商创业理论框架，有的学者重新定义电商创业概念，也有学者建立或验证电商创业模型，如 OMOUSH 等研究发现电子商务创业的程度与电子商务创新的运用之间有直接关系，因此构建了电商创业程度模型[②]。（3）分析电商创业的驱动因素。如有学者研究发现网络基础设施和政策扶持是电商发展的重要因素，特别在发展中国家是电商创业成功的关键因素，但是基础设施并不是影响电商创业目标实现的主要障碍，企业家精神和技术创新都是影响电商创业的重要因素[③]。综合而言，国外学者研究的重点主要集中在电商创业现象、发展及驱动因素，针对农民电商创业的研究相对缺乏。

国内研究农民电商创业已经成为热点，主要集中在以下三个方面：第一是针对农民电商创业的影响因素研究。如鲁钊阳等提出依托电子商务平台，对农民的电商创业有促进作用[④]。此外，电商创业的政策、创业风险、创业者特质等都是影响农民电商创业的主要因素[⑤]。第二是基于电商创业集聚现象，研究电商创业集聚的模式及形成原因。胡永盛等研究江苏农村电商创业“沙集模式”提出了江苏农村电商创业发展模式创新的要素[⑥]。周应恒等利用 AHP 层次分析法，研究电商创业呈现村域集聚的原因，发现电商创业集聚的关键动力主要包括邻里交流、电商平台和

① Islam M. A., Alghobiri M. A., “E-entrepreneurship for E-startups: Potentials, Common Challenges and Way Forward”, *Information Management and Business Review*, Vol. 10, No. 4, 2018, pp. 44 – 50.

② Omoush K. S. A., Al-qirem R. M., Hawatmah Z. M. A., “The Degree of E-business Entrepreneurship and Long-term Sustainability: An Institutional Perspective”, *Information Systems and e-Business Management*, Vol. 16, No. 1, 2017, pp. 1 – 28.

③ Al-shboul M. A., Alsmad I. M., “Building an E-commerce Infrastructure in Jordan: Challenges and Requirements”, *International Journal of Interactive Mobile Technologies*, No. 4, 2010, pp. 18 – 24；鲁钊阳、廖杉杉：《农产品电商发展的区域创业效应研究》，《中国软科学》2016 年第 5 期。

④ 鲁钊阳、廖杉杉：《农产品电商发展的区域创业效应研究》，《中国软科学》2016 年第 5 期。

⑤ 王兴国、高原：《农民创业形式、特点与人力资本积累——以山东省的调研为例》，《农村经济》2017 年第 8 期；高嗣慧、苏森、仇相芹：《浅析农村电子商务创业》，《全国流通经济》2019 年第 2 期。

⑥ 胡永盛：《江苏农村电商典型模式分析与创新探讨》，《江苏农业科学》2017 年第 20 期。

先锋示范等[①]。第三是探讨电商创业过程中存在的问题、对策与发展前景。如段柯杰对农户、电商和政府存在问题进行分析，提出未来电商创业应该结合大数据分析，关注创业产出效益[②]。由此可知，国内农民电商创业主要是对现象描述和影响因素研究，处于理论的探索期。借鉴国外的电商研究提供的理论构建，可以针对农民电商创业选择的影响因素及其作用机制做深度挖掘。

二 有关创业过程的研究

创业过程的研究一直是创业领域研究的热点之一，学者们一直在探索创业过程的要素、规律和构建创业过程模型，并取得丰硕的成果。

创业过程从狭义上是指新企业的创业过程，广义上指从最初的创业构思到形成新企业，以及新企业的成长过程[③]。国内外学者主要围绕以下两个维度对创业过程展开研究：首先是基于创业过程复杂性和动态性的特点建立模型。Gartner 基于创业过程的复杂性，提出创业过程是多维度概念，其中包括个人、组织（创立的新企业）、环境和过程四个维度[④]。Holt 从动态性的角度出发，基于企业生命周期，将创业过程分为创业前阶段、创业阶段、早期成长阶段和晚期成长阶段，并且指出各个阶段的侧重点有所不同[⑤]。然而，在实证验证中发现创业过程是一个极其复杂的过程，很难划分为几个阶段。20 世纪末，Timmons 等提出机会、资源和创业团队的三要素经典模型，该模型将动态性与复杂性融于一体[⑥]。Bruyat 等基于三要素模型，提出创业者与新创企业之间互动以及流程管理

---

① 周应恒、刘常瑜：《"淘宝村"农户电商创业集聚现象的成因探究——基于沙集镇和颜集镇的调研》，《南方经济》2018 年第 1 期。

② 段柯杰：《农民电子商务创业的文献综述与展望》，《南方农机》2018 年第 18 期。

③ 杨俊：《创业过程研究及其发展动态》，《外国经济与管理》2004 年第 9 期。

④ Gartner W. B. , "A Conceptual Framework for Describing the Phenomenon of New Venture Creation", *Academy of Management Review*, Vol. 10, No. 4, 1985, pp. 696 – 706.

⑤ Holt D. H. ed. , *Entrepreneurship*: *New Venture Creation*, Englewood : Prentice Hall, 1992.

⑥ Timmons J. A. , Spinelli S. , ed. , *New Venture Creation*: *Entrepreneurship for the 21st Century*, Burr Ridge: Irwin, 1994.

的过程模型①。其次是部分学者从影响创业过程要素角度建立模型。Welter 认为，识别情境因素是认识创业活动为何、何时以及如何发生的关键所在。创业过程对于情境具有较强的依赖性。在归纳创业过程模型时，情境是其存在的外部主要因素②。Pryor 从意识形态与结构化结合的角度，建立创业过程中认知和行为影响的过程模型。该模型弥补了创业过程中对个人能力的研究，提出创业信念对创业行为的重要影响③。苏郁锋等基于制度视角，研究归纳中国创业过程模式，以“创业者—机会—制度环境”之间的互动关系为核心，将创业过程分为内外两个过程机制④。

随着电商创业实践的兴起和发展，部分学者对电商创业过程展开了研究。王新春等运用案例分析法，分析创业主体（企业和个人）在电商创业的起步、发展、成熟和协同引领阶段的共性特点、影响因素、行动策划，提炼出电商创业的演进机制⑤。Ye 等利用淘宝智能信息 2007—2016 年的大数据，构建了淘宝村电商创业过程中创业网络的演化模型，提出重视创业资源和领军示范对电商创业集聚的作用，同时突出创业网络是关键要素⑥。王海花等运用扎根理论的研究方法，从创业者人格特质视角切入，构建了社会网络和创业拼凑的双路径创业过程模型⑦。

总之，创业过程是一个复杂动态的系统，而电商创业过程研究还处

---

① Bruyat C., Julien P., “Defining the Field of Research in Entrepreneurship”, *Journal of Business Venturing*, Vol. 16, No. 2, 2001, pp. 165 - 180.

② Welter F., “Contextualizing Entrepreneurship-conceptual Challenges and Ways Forward”, *Entrepreneurship Theory and Practice*, Vol. 35, No. 1, 2011, pp. 165 - 184.

③ Pryor C., Webb J. W., Ireland R. D., “Toward an Integration of the Behavioral and Cognitive Influences on the Entrepreneurship Process”, *Strategic Entrepreneurship Journal*, Vol. 10, No. 1, 2016, pp. 21 - 42.

④ 苏郁锋、吴能全、周翔：《制度视角的创业过程模型——基于扎根理论的多案例研究》，《南开管理评论》2017 年第 1 期。

⑤ 王新春、戚桂杰、梁乙凯：《农村电子商务创业的演进机制——以博兴湾头村为例》，《科技管理研究》2016 年第 23 期。

⑥ Ye Z., Zheng J., Tu R., “Network Evolution Analysis of E-business Entrepreneurship: Big Data Analysis Based on Taobao Intelligent Information System”, *Information Systems and E-Business Management*, 2018, pp. 1 - 15.

⑦ 王海花、谢萍萍、王蒙怡：《互联网新创企业的创业过程探析——基于扎根理论》，《科技管理研究》2018 年第 20 期。

于探索阶段。现有研究从不同角度归纳电商创业过程模型，但是大部分研究关注电商创业过程中的单一要素或几个要素，缺乏要素之间的关联性研究。

第三节 研究设计

一 案例选择

在电商扶贫环境下，诞生了很多优秀的农民电商创业者，本研究采用目的性取样和理论性取样相结合的抽样方法。首先选择具有足够典型性的案例进行初步研究，选择的标准如下：（1）创业者是贫困县的农民，在当地具有知名度；（2）所选创业者成立的公司含有电子商务业务，并开展经营；（3）相关资料较为充足，保证能够从中梳理出该案例的发展历程，从而完整反映创业过程。根据以上的标准，本研究选择山西省电商创业中最具代表性的康某“新农村”案例作为主案例。康某是国家“电商扶贫”政策下电商创业的典型代表，多次接受媒体的采访与报道，也是政府树立的贫困县农民电商创业的典型。康某相关的创业事迹被忻州市农委、山西省农业农村厅、《山西农民报》等报道，相对于其他的创业者而言有相对完善的材料基础。同时，为了保证归纳结论的普适性以及研究结论的稳健性，研究最终选择了6个案例进行多案例比较研究。整体的设计采取交互式的策划，案例的抽样不是一开始就能完成的，而是随着研究进程的不断深入而寻找、发现、确定、修改和重新确定样本，不断验证和补充主案例中尚未发现的范畴（全部案例汇总如表12－1所示）。

二 资料收集

本研究通过深度访谈、现场观察、文献阅读等一手资料和二手资料结合的方式，尽可能保证案例的质量。Yin提出充分的资料有助于实现资料之间三角验证，提高案例研究的信度和效度①。二手资料：（1）通过

① Yin R. K. ed., Case Study Research: Design and Methods, Sage Publications, 2014.

表 12－1　案例汇总表

创业者	企业简称	主要经营产品	运营模式	成立时间	办公地	员工数	带动贫困户	年销售额（万）	创业梗概
康×东	新农村	五谷杂粮、手工艺品、醋泡黑豆、沙棘汁、红芸豆等	企业＋电商＋合作社＋贫困户	2016/12/12	岢岚县	9	24	35	从小家境贫寒，励志出人头地。14 岁辍学，从事过多种职业，为谋生跑遍了大半个中国。经历 2 次创业失败，积极投身公益事业。主要从事农特产品生产与销售，成立 2 家线下电商体验店，拥有“晋味良印”品牌
李×宝	玛雅兰蒂	清徐西口翠翠老陈醋	网店＋实体店＋企业合作	2016/2/29	定襄县晋昌镇	5	0	50	做过保健品，养过土鸡和羊，开过便利店，做过小型购物网站，最后以失败告终。借助电商扶贫，拿下西口翠翠醋品牌，立足品牌与独家生产技艺，线下实体与线上推广同步运营
石×	石记源	石记酱菜、特色芥菜	网店＋特产店＋生产车间	2017/11/27	神池县龙泉镇	10	30	100	传承酱菜的腌制秘方，抓住电商创业商机，辞职返乡创业。为做好酱菜，向父亲请教学习，出外考察学习，专注产品品质，注重产品包装，注册“神韵池清”商标，线上线下同步打造“石记”酱菜品牌，带领贫困户脱贫

续表

创业者	企业简称	主要经营产品	运营模式	成立时间	办公地	员工数	带动贫困户	年销售额（万）	创业梗概
杜×艳	唯一芯	各种农产原粮，成品礼盒杂粮，农副产品，“唯一芯”品牌产品	网店＋实体店＋生产车间	2018/12/28	岢岚县岚漪镇	3	6	暂无	在国家电商扶贫政策激励下，怀着服务家乡的情怀，利用自身电商的技能，选择返乡创业。与当地特色农产品结合，形成6个系列粮、油、面产品，注册“唯一芯”“柏籽羊 logo”2个商标，利用互联网将贫困户手中优质农副产品卖出好价钱，切切实实让农民受益，绑定帮扶贫困户
武×	硒谷汇	种植、加工、销售原生态杂粮为主	公司＋合作社＋农户＋电商	2017/12/26	保德县义门镇	22	5	30	农民出身，对农民生活艰辛感同身受，励志改变贫困。作为一名厨师奔波多年后，毅然选择返乡创业。立足农业，与农民签订种植协议，加工经营农特产品。通过电商运营产品，带动农民脱贫，走出一条农业＋互联网的道路
李×浩	锦源盛世	园林绿化和养护	园林养护＋互联网模式	2017/10/1	河曲县楼子营镇	4	10	暂无	以致富带头人培训为契机，开始创业之路，筚路蓝缕，然仍心怀壮志。采用园林养护＋互联网模式，顺应时代趋势，线上预约，线下施工，颠覆传统设计、施工及养护模式，满足各项个性化定制服务需求。通过微信公众号平台定时发布相关园林绿化及养护相关知识，线下以实力获得客户赞誉

当地扶贫办、统计局和人力资源与社会保障局的沟通访谈，获得大量内部报告，也是主要的二手数据的来源。（2）从媒体和政府网站等新闻报道中检索创业人员的创业事迹。在数据收集过程中，课题组成员对所选资料进行反复审查，以交叉检验资料的可靠性并确保所有案例分析具有一致的结构和质量。从而提高研究结果的准确性，减少猜测和回顾性合理化造成的偏差。一手资料：（1）利用访谈法和观察法。依据政府电商创业培训总结和跟踪服务情况，从培训基地推荐的电商创业典型代表中选择深度访谈对象。通过与深度访谈对象交流，陆续确定电商创业案例的研究对象。（2）实地考察电商创业情况。对选中的电商创业案例研究对象，进行实地考察。每次实地观察与访谈都由1—3名课题组成员（忻州扶贫办相关领导、海技学校电商扶贫培训负责人和课题组成员）共同组成。

通过梳理有关创业过程相关研究文献、确定本研究的目的及问题，设计初步的访谈提纲；抽取参加创业培训的10人进行预访谈，通过他们对访谈提纲的反馈，以及结合扶贫办专员的意见，进行了调整，最终形成本次深度访谈的提纲（见表12－2）。

表12－2　　访谈问题提纲

题号	访谈问题列表
1	请介绍一下您的工作经历。
2	请介绍一下您公司的运营情况（经营情况、年销售额等）。
3	想创业时，您面临哪些困难及如何克服的？
4	经营中您面临的困难及如何解决？
5	在您创业的过程中，发生哪些重要的事件（事件和时间的描述），对企业及您产生的影响（融资、技术、人员、政策影响）？
6	您参加过哪些创业培训或其他培训，对您产生怎样的影响？
7	对于扶贫及电商扶贫您有哪些看法？
8	在您创业的过程中，您家人的态度是什么？
9	您的企业是如何带动脱贫的？（土地经营权入股，分工等）
10	目前您的企业产生哪些扶贫效果（农民受益人数，贫困户脱贫情况等）

续表

题号	访谈问题列表
11	目前您的企业获得哪些方面的政府扶持?
12	企业的未来发展规划是什么?

访谈者经过严格的筛选。首先，考虑访问者为贫困县农民，符合研究对象要求。其次，被访问者来自不同区域，拥有不同的资源背景，都在从事电子商务相关业务，这样能够保证数据收集的普遍性。最后，扶贫办获得参加电商扶贫培训的人员名单，通过微信或电话方式核实人员是否符合访谈要求，然后告知访谈的目的和内容，征求意见后确定具体访谈的时间和地点。如表 12 - 3 所示，最终确定访谈对象名单。

26 位受访者的年龄区间处于 25—49 岁，这个年龄区间的受访者属于中青年，占总共访谈者的 100%。政治面貌包含群众、团员、预备党员和党员。身份属性包括贫困县创业大学生、村两委干部、种植大户、外出返乡创业青年、农村合作社骨干、建档立卡贫困户等。文化程度从小学到本科，基本覆盖了农民各个层级的人群。这些人群对于电商创业都有自己的理解和认识，样本具有贫困县整体电商创业的代表性，支撑研究结果有一定普适性。

三 研究方法

本研究选择扎根理论对收集的资料进行分析。由于扎根理论有一套较为完善的程序，只要严格遵循程序就可以保证结论的可靠性，从而满足研究成果的普适性，因此受到学术界普遍的认可①。扎根理论的研究范式是自下而上的，从资料中抽象出概念，再将概念范畴化，建立概念范畴之间的复杂关系，最后得出理论，属于探索性的理论归纳。同时，此方法强调理论的特殊性和情景性，对研究情境具有较好的适用性。

① Glaser B. G. ed., *The Grounded theory Perspective: Conceptualization Contrasted with Description*, Sociology Press, 2001.

表 12－3　访谈人员汇总表

编号	姓名	性别	年龄层	政治面貌	文化程度	身份类别	县、乡、村	创业项目
1	刘×玲	女	41—44	群众	高中	其他	忻府区奇村镇井沟村	杏、桃等为原料、特色食品深加工与销售（线上与线下结合）
2	芮×丹	女	35—39	群众	中专	其他	定襄县蒋村乡下东留村	网店（服装）
3	李×宝	男	30—34	群众	大专	返乡创业大学生	定襄县南王乡西笏口村	西口翠翠老陈醋的生产与经营（线上与线下结合）
4	姚×红	女	40—44	群众	大专	其他	繁峙县二道街 155 号	网店（销售鞋子）
5	贺×旦	男	45—49	群众	小学	建档立卡贫困户	神池县贺职乡南坡底村	销售五谷杂粮（线上与线上结合）
6	李　×	女	25—29	团员	大专	其他	神池县义井镇东土棚村 12 号	跨境电商（家具）
7	石　×	男	30—34	群众	大专	返乡创业大学生	神池县龙泉镇河槽路	石记酱菜生产与经营（线上与线下结合）
8	李×武	男	41—44	群众	高中	合作社骨干	静乐县康家会镇新开岭村	玉米、淀粉、土豆销售与深加工与销售（线上与线下结合）
9	刘　×	女	35—39	群众	初中	种养大户	静乐县辛村乡张家庄村	微商（日用品）
10	武　×	男	30—34	群众	初中	村两委干部、种植大户	保德县义门镇武家塔村	种植、加工、销售原生态杂粮（线上与线下结合）
11	刘×国	男	35—39	群众	初中	其他	代县枣林镇西马村	农村电商服务站
12	刘×鹏	男	25—29	群众	大专	创业大学生	繁峙县光裕堡乡小李牛村	销售五谷杂粮
13	程×花	女	40—44	群众	高中	其他	岢岚县三井镇	微商（日用品）
14	王×杰	男	35—39	党员	初中	村两委干部	岢岚三井镇三井村	销售日用品

续表

编号	姓名	性别	年龄层	政治面貌	文化程度	身份类别	县、乡、村	创业项目
15	康×东	男	25—29	预备党员	初中	返乡创业青年	岢岚县水峪贯乡张家沟村	特色农产品开发与销售（线上与线下结合）
16	杜×艳	女	25—29	群众	本科	返乡创业大学生	岢岚县岚漪镇北道坡村	特色农产品销售（线上与线下结合）
17	张　×	女	25—29	群众	中专	外出务工返乡青年	五台县茹村乡南沟尧村	微商（日用品、化妆品）
18	张×琴	女	30—34	群众	高中	建档立卡贫困户	保德县南河沟乡杏岭村 045 号	淘宝（服装）
19	张×良	男	25—29	群众	高中	外出务工返乡青年	河曲土沟乡兔坪村 2 排 2 号	农村电商服务站
20	赵×才	男	45—49	党员	中专	村两委干部、种养大户	河曲县赵家沟乡未善坡村	经营马铃薯（线上与线下结合）
21	李×浩	男	25—29	预备党员	本科	建档立卡贫困户、返乡创业青年	楼子营镇娘娘滩村	采用园林养护 + 互联网模式
22	刘×飞	男	40—44	群众	初中	建档立卡贫困户	偏关县楼沟乡马圈咀村	销售农产品
23	郭×峰	男	45—49	预备党员	高中	农村合作社骨干	偏关县尚峪乡长安镇村	销售农产品
24	李×连	女	45—49	党员	中专	村两委干部	偏关县窑头乡光明村	经营婚庆产品（线上与线下结合）

第四节　资料分析

在进行多案例分析时，首先选择最具代表性的康某的“新农村”案例作为单案例进行编码分析，提炼基本概念、建立范畴、初步构建电商创业过程模型。其次对其他农民创业者案例同样采取逐个编码分析。在资料分析过程中，通过对概念和范畴螺旋式的比较分析，持续性地对编码结果不断进行验证和补充，直到达到理论饱和，最终构建贫困县农民电商创业的过程模型①。

一　单案例研究

1. 开放性编码

开放性编码基于原始资料对现象进行归纳、形成概念界定、从而发现范畴。开发性编码的核心就是保持中立心态，尊重材料原始含义。编码过程遵循“贴标签—定义现象—发展概念—发现范畴”的开放性的编码流程，保证研究的科学性和严谨性。编码的过程中“贴标签”尽量使用原话，规避作者的主观性干扰；概念和范畴的命名主要来自文献阅读材料和结合电商创业过程关键变量。经过对康某“新农村”资料进行开发性编码，最终剩下 99 个标签，82 个概念及 33 个范畴（见表 12－4）。

2. 主轴编码

主轴编码就是基于开发性编码对概念和范畴做了属类分析后，探索概念和范畴之间的相互关系，形成一个关系网络。然而，由于众多的概念或范畴并不是同等重要，而且有些可以存在交叉。因此，首先利用主轴编码对开放性编码结果进行聚类分析，发展形成“主范畴”和“子范畴”。通过对原始资料的挖掘与对比，发现 33 个独立的范畴之间确实具有某种潜在的逻辑关系，经过进一步的归纳分析得到 13 个主范畴。然后，运用“因果条件—现象—脉络—中介条件—行动/互动策略—结果”的编码典范模型，对康某电商创业开发性编码的 13 个范畴之间关系进行分析，建立初步的关联，形成康某电商创业典范过程模型（图 12－1）。

① Yin R. K. ed., Case Study Research: Design and Methods, Sage Publications, 2014.

表 12－4　展示部分贴标签、定义现象、概念化和范畴化的编码表

原始资料（贴标签）	定义现象 A	概念化 B	范畴化 C
康某经历过 2 次创业。2009 年北京做进口水果批发；2010 年做自热米饭的代理	A1. 创业中积累实践经验	B1. 实践经验	C1. 先前经验（B1－B4）
2012 年偶遇公益活动，抱着试试的心态参加了志愿活动，就是因为那一次的助残活动改变了对公益的看法、想法、做法，没想到公益带给康某的价值是无法用金钱来衡量，那时康某立下誓言，一生中用有限的时间去做无限的志愿服务	A4. 参加公益志愿者活动，励志从事公益活动	B4. 公益活动经验	
成为创业者以来，从来没有节假日，从来没有休息日	A7. 艰苦创业，没有休息日	B8. 敬业精神	C2. 精神特质（B6－B8，B13，B14，B18－21）
康某在打工与创业的过程中始终没有忘记学习，参加过多次学习班和培训班，不断提升自己的学习能力和知识水平。2017 年通过成人自考的方式，考入国家开放大学	A9. 坚持学习、努力上进	B10. 进取心	C3. 性格特征（B9－B12，B16，B17）
在创业过程中始终不忘初心，遇到困难努力克服，始终怀着服务父老乡亲的心态	A10. 客服困难，坚持创业	B11. 坚持	
这也是企业面对风险的处理方式，重新调整战略，集聚力量，厚积薄发	A14. 认识风险、乐观心态	B15. 风险态度	C4. 风险承担性（B15）
计划 2019—2020 年，找代理和合作伙伴扩张实体店	A22. 寻找代理商和合作伙伴	B22. 合作性心理	C5. 心理资源（B22，B23）
通过不断地参加公益活动，也开始认识更多的朋友，提升自己的心智，同时也了解不同的行业，为后续的创业奠定基础	A24. 通过公益活动打造人脉关系	B24. 公益网络	C6. 公益圈子（B24）

续表

原始资料（贴标签）	定义现象 A	概念化 B	范畴化 C
这次培训更加坚定了康某以电商扶贫带动农民增收，为家乡做贡献的信念。同时康某认为此次培训最大的收获就是公益带给人们的只是物质和精神的财富，而电商扶贫还可以带给农村经济上的扶持和增加收入，帮助贫困农民脱贫	A30. 坚定电商创业的信念	B26. 发现机会，坚定信念	C7. 创业机会（B25－B27）
由于资金问题，亲自去天津学习专业电商运营技术，目前康某一直在做后台的维护	A32. 学习电商运营技术	B28. 跨界学习力	C8. 跨界学习力（B28）
康某在打工与创业的过程中始终没有忘记学习，参加过多次学习班和培训班，不断提升自己的学习能力和知识水平	A34. 主动参加学习班和培训班	B30. 主动学习	C9. 认知学习（B29，B30，B32，B34）
办公室的墙上贴着《康卫东选择的人生》和《败者经典语录》	A35. 对自己经历反思学习	B31. 经验学习	C10. 经验学习（B31）
办公室的墙上贴满《人生誓言》《精忠报国誓言》《爱国之语》	A37. 人生格言，自我激励	B33. 实践学习	C11. 实践学习（B33）
在李某的说服下，团队的4个核心成员选择返乡创业加入公司	A40. 说服核心成员加入创业	B35. 人力资源获取	
通过个人贷款筹资10万元，亲戚借款2万元，合伙人融资8万元。最终凑齐基本资金，企业投入正式运营	A42. 个人筹款、亲戚借款、合作人融资	B36. 多渠道资金资源的获取	C12. 资源获取（B35－B39）
乡政府为了引进新农村电子商务，提出免费提供门面等优惠政策，吸引创业者来宋家沟发展。为了支持当地的发展，康某积极响应号召，投资3万元建立电商体验店，注册商标“宋乡情”	A47. 政府提供免费资源消息	B38. 信息资源	
岢岚拥有大量的土特产	A49. 自然土特产	B39. 地域资源	

续表

原始资料（贴标签）	定义现象 A	概念化 B	范畴化 C
在忻州范围内各县建立加盟实体店	A50. 整合外部资源	B40. 整合外部资源	C13. 整合资源（B40）
成立“新农村”公司以后，康某一直作为公司的董事长，负责整个业务规划与运营，兼职出纳	A53. 创始人身兼数职	B41. 技能拼凑	C14. 资源拼凑（B41 – B43）
白某原来在苏州工作，拥有传媒行业的经验，负责公司网络运营、美工设计、电商培训，同时兼职做公司的会计	A54. 员工身兼数职	B42. 人力拼凑	
朋友推荐参加了岢岚团县委组织的创业培训班，通过培训萌生了返乡创业的念头。为什么不整合自己这几年在外打拼的资源，利用自己的人脉和经验，带领乡亲们一起致富呢	A58. 启发创业意识	B45. 创业意愿	C16. 创业意愿（B45）
2017 年参加第 5 期贫困村致富带头人培训，系统学习了电商平台的创立和经营管理等十几门实用课程，进一步明确创业目标，同时扩大企业规模。在原来电子商务公司的基础上，在岢岚县开了第一家线上线下同步运营的特产店	A. 59. 参加政府的创业培训	B46. 创业培训	C15. 政府政策（B46 – B51，B80）
作为贫困县农民的电商创业者的典型代表性，多次接受媒体的采访与报道。其相关的创业事迹被忻州市农委、山西省农业农村厅、《山西农民报》、山西民盟等报道，激励更多有创业意愿的人创业	A60. 典型事迹	B47. 典型示范	
乡政府为了引进新农村电子商务，提出免费提供门面等优惠政策，吸引创业者来宋家沟发展	A61. 政府提供免费的门面	B48. 免费场地	
培训后会有跟踪服务，提供技术指导	A62. 政府提供跟踪服务	B49. 技术指导	

续表

原始资料（贴标签）	定义现象 A	概念化 B	范畴化 C
《山西省食品小作坊小经营店小摊点管理条例》颁布	A65. 政府提供良好的法律环境	B52. 制度法律法规	C17. 法律法规（B52 – B54）
作为贫困县农民的创业者，在电商扶贫中作为电商创业的典型代表性，多次接受媒体的采访与报道，也是政府树立的电商创业的典型	A70. 媒体报道	B57. 社会媒体支持	C18. 社会支持（B57）
2017 年 6 月，岢岚县开了第一家线上线下同步运营的特产店——岢岚县世纪昌鑫商贸中心。主打自营品牌“晋味良印”，形成企业 + 电商 + 合作社 + 贫困户的模式经营，通过线上线下同步批发销售岢岚特色农产品	A72. 形成企业 + 电商 + 合作社 + 贫困户的模式经营	B59. 多渠道联合经营模式	C19. 商业模式创新（B58 – B59）
生产开发特色产品醋泡黑豆、野生沙棘汁等	A74. 开发特色产品	B60. 产品开发	C20. 产品创新（B60）
在忻州范围内各县建立加盟实体店，保留“宋乡情”体验店；销售产品进行全国选品，精选精品，选择大品牌有竞争力的特色农产品。每个县域最多 2 款龙头特色产品	A75. 企业创新变革	B61. 战略调整	C21. 战略调整（B61）
康某的红芸豆比市场上 6—8 元/斤散装出售的要贵一些。但是康某解释，价格虽高，可是我们提供了高品质的产品，用这次高质量产品逐步打开市场	A78. 产品质量要好，用质量打开市场	B63. 高品质、高价格	C22. 营销理念（B62，B63，B65）
公司目前尚处于没有盈利的状态	A79. 经营没有盈利	B64. 企业盈利性	C23. 公司绩效（B64）
公司的经营理念是带动家乡百姓共同富裕	A81. 公司经营理念共同富裕	B66. 共同富裕	C24. 公司愿景（B66）

续表

原始资料（贴标签）	定义现象 A	概念化 B	范畴化 C
制定《创业帝国计划》	A83. 公司未来发展规划	B67. 战略发展计划	C25. 战略规划（B67）
家里父母已经年长，作为子女照顾父母是应该尽的孝道	A84. 创业回家孝敬父母	B68. 孝敬父母	C26. 创业动机（B68，B6）（B68，B69）
当李某提出返乡创业的时候全家人都反对	A86. 全家反对创业	B69. 家庭压力	C27. 创业压力（B70）
核心团队人员基本都是之前打工时候认识的同乡人	A87. 团队成员都是老乡	B71. 农村老乡	C28. 农村圈子（B71）
有多少个夜晚，很多人进入梦乡，而康某的办公室灯依旧亮着，愿意成为一个最勤劳的创业者和公益者	A89. 解决社会问题	B73. 传播公益	C29. 公益情怀（B5，B. 73，B74）
在岢岚团县委的支持下注册了岢岚县青年志愿者协会	A90. 传播和推广公益理念	B74. 公益组织	
公司中有 3 个贫困户，主要负责产品加工及包装和看店。李某解决他们就业难的问题	A92. 帮助贫困户就业	B75. 扶贫就业	C30. 扶贫效果（B75，B76，B78）
2017 年和 2018 年公司带动了当地 35 户 72 人增收，其中贫困户 10 户 24 人，户均增收 1100 元	A93. 给农民带来增收	B76. 农户增收	
康某认为作为年轻人，应该挑起这个扶贫的责任，去做一些有价值有利于家乡的事	A94. 扶贫责任，做有意义的事情	B77. 扶贫责任	C31. 扶贫社会责任（B77）
同时由于网络恶意举报，导致工商部门常来公司，一定程度上影响对外公众形象	A98. 恶意举报	B81. 网络环境风险	C32. 外部风险不确定（B80，B81）
办公场所有 200 平米到 20 平米的体验店。核心人员都基本在家里工作，体验店变成开会场所。大家需要很强的自我约束能力，团队人员信心受挫，对公司未来前景不乐观	A99. 员工的积极性受挫，业务进展缓慢	B82. 团队风险	C33. 内部风险不确定（B82）

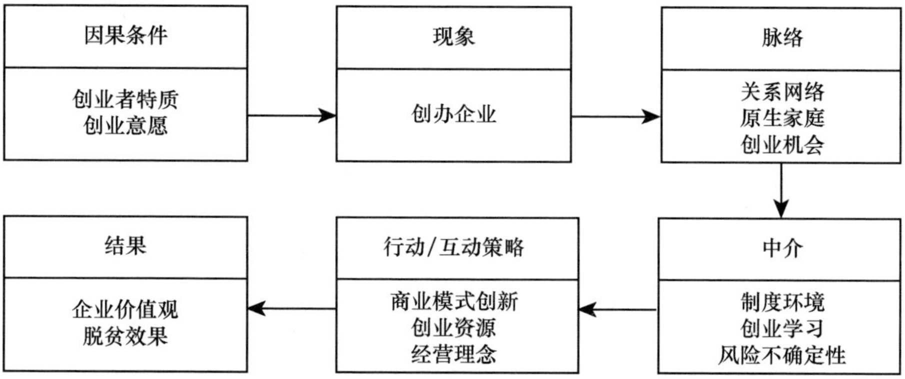

图 12－1　康某电商创业过程的典范模型

3. 选择性编码

选择性编码是通过资料的来回对比验证范畴之间的联系以发掘核心范畴，对未发展完备的范畴进行补充。该过程主要的任务就是要识别“核心范畴”；开发故事主线、验证范畴之间关系；最终结合所确定的典型关系结构给出理论框架。

通过对贫困县农民电商创业的选择性编码分析，得到一条清晰的故事主线：电商扶贫政策的推行，激励众多贫困县的农民选择电商创业。拥有多次创业经验的康某，利用一次回家探亲的机会，参加了电商创业培训班，通过培训萌生了返乡创业的念头。“为什么不整合自己这几年在外打拼的资源，利用自己的人脉和经验，带领乡亲们一起致富呢?”此外，“自己家里的父母已经年迈，作为子女照顾父母是应尽的孝道”。因此，他抓住了电商扶贫创业的机会，说服外地工作的同乡，成立了“新农村”公司。创立公司后，资金是公司面临的首要问题。他想尽一切办法筹钱，通过各个资源的拼凑化解资金问题。此外，在运营的过程中面临着人才不足、人脉不广、经验不足等困境，康某通过主动学习、资源拼凑和整合来化解困境，同时主动与政府、合作社等合作，获取政府支持与相关信息等。面对各种风险的不确定性带来的危机，始终保持积极、乐观的心态带领团队前行。同时，在经营中不断摸索进行产品创新和商业模式创新，坚持高质量、高品质的原则，形成公司的经营理念和为人民服务的企业价值观，始终不忘创业初心，带领贫困户脱贫，让人民幸福。康某的电商创业过程不仅带动部分贫困户脱贫和农民增收，而且在贫困县农民中起到模范带头的效果，激发了众多贫困县农民选择创业。

综上所述，为了让研究脉络更加清晰易懂，制成康某电商创业过程模型。如图 12－2 所示。

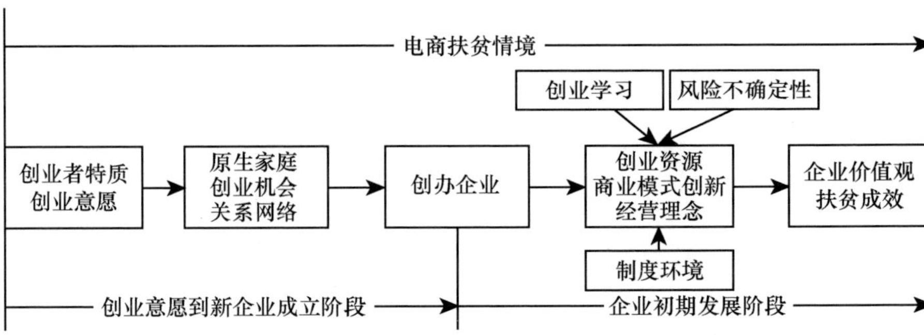

图 12－2　康某电商创业过程模型

二　多案例比较分析

基于康某“新农村”的单案例分析，初步整理出的农民电商创业过程模型，可能会存在范畴来源单一、每个范畴尚未达到饱和或存在模型的代表性和推广性不强的问题。因此，对原始访谈资料中的五家企业进行“持续比较”分析，将新发现的概念与范畴与之前的研究发现进行比较，不断修正先前的概念和范畴。通过这种螺旋式的比较分析，能够更全面和精准提炼出对应的概念、范畴和范畴之间的关系。本研究在分析到第三个案例的时候，所有概念和范畴基本饱和，没有在编码结果中发现全新的范畴。此外，本研究还用两个案例做了理论验证。结果表明本研究的模型有较好的理论饱和度与效度，可以停止进一步采样。最终形成的核心范畴、子范畴和文献对比如表 12－5 所示。

表 12－5　　概念与范畴的比较以及相关文献比较

核心范畴	子范畴	相关文献比较与验证
创业者特质	社会特质、精神特质、人格特质	SIRMON 等（2003）；郝金磊（2016）①

① Sirmon D. G.，Hitt M. A.，“Managing Resources：Linking Unique Resources，Management，and Wealth Creation in Family Firms”，*Entrepreneurship Theory and Practice*，Vol. 27，No. 4，2003，pp. 339－358.

续表

核心范畴	子范畴	相关文献比较与验证
创业意愿	创业意愿	LEE 等（2004）①；葛宝山等（2010）②
原生家庭	创业动机、创业压力	DORON 等（2011）③；罗玉峰等（2015）④
创业机会	创业机会识别、开发和利用	ZAHRA 等（2008）⑤；GARUD 等（2013）⑥
关系网络	农村圈子层、农村外圈子层	KLYVER 等（2012）⑦；张鑫等（2015）⑧
创业学习	认知学习、经验学习、实践学习、跨界学习	HAMILTON 等（2011）⑨；HOLCOMB 等（2009）⑩
制度环境	政府政策、法律法规、社会支持	LIM 等（2010）；罗平等（2013）⑪
风险不确定性	内部风险不确定性、外部风险不确定	REIM 等（2016）⑫

① Lee S. H.，Wong P. K.，"An Exploratory Study of Technopreneurial Intentions：A Career Anchor Perspective"，*Journal of Business Venturing*，Vol. 19，No. 1，2004，pp. 7 –28.

② 葛宝山、王侃：《个人特质与个人网络对创业意向的影响——基于网店创业者的调查》，《管理学报》2010 年第 12 期。

③ Doron H.，Bar-on A.，Tal D.，"A Comparison of Family-of-origin Perception of Undergraduates：Social Work Students and Students in Other Fields"，*Journal of Social Work*，Vol. 13，No. 5，2013，pp. 492 –507.

④ 罗玉峰、孙顶强、徐志刚：《农村"养儿防老"模式走向没落？——市场经济冲击 VS 道德文化维系》，《农业经济问题》2015 年第 5 期。

⑤ Zahra S. A.，"The Virtuous Cycle of Discovery and Creation of Entrepreneurial Opportunities"，*Strategic Entrepreneurship Journal*，Vol. 2，No. 3，2008，pp. 243 –257.

⑥ Garud R.，Giuliani，A. P.，"A Narrative Perspective to Entrepreneurial Opportunities"，*Academy of Management Review*，Vol. 38，No. 1，2013，pp. 157 –160.

⑦ Klyver K.，Foley D.，"Networking and Culture in Entrepreneurship"，*Entrepreneurship & Regional Development*，Vol. 24，No. 7 –8，2012，pp. 561 –588.

⑧ 张鑫、谢家智、张明：《社会资本、借贷特征与农民创业模式选择》，《财经问题研究》2015 年第 3 期。

⑨ Hamilton E.，"Entrepreneurial Learning in Family Business"，*Journal of Small Business and Enterprise Development*，Vol. 18，No. 1，2011，pp. 8 –26.

⑩ Holcomb T. R.，Ireland R. D.，Holmes JR R. M.，"Architecture of Entrepreneurial Learning：Exploring the Link Among Heuristics，Knowledge，and Action"，*Entrepreneurship Theory and Practice*，Vol. 33，No. 1，2009，pp. 167 –192.

⑪ 罗军、张叶平：《农民创业培训、创业选择与创业绩效的关系研究》，《广东农业科学》2013 年第 2 期。

⑫ REIM W.，Parida V.，Sjodin D. R.，"Risk Management for Product-service System Operation"，*International Journal of Operations & Production Management*，Vol. 36，No. 6，2016，pp. 665 –686.

续表

核心范畴	子范畴	相关文献比较与验证
创业资源	资源获取、资源拼凑、整合资源、心理资源	ANDERSON 等（2005）①
商业模式创新	创新的商业模式、产品创新	CORTIMIGLIA 等（2016）②；TRIMI 等（2012）③
质量管理理念	产品质量、服务质量	BONANNO 等（2008）④
扶贫效应	社会效益和经济效益	陈晓琴等（2017）⑤

通过对上述案例的分析，贫困县农民电商创业的过程大致如下。

（1）在国家电商扶贫的大环境下，作为因果条件的创业意愿和创业者的特质是开始创业行为的起点和重要因素。由于农民作为特殊群体，其自身的个人特质、精神特质，特别是对风险的态度对于是否能产生创业行为具有重要的影响。

（2）原生家庭、创业机会和关系网络是农民创业者是否能够采取创业行动的关键三要素。原生家庭对于农民创业者来说，具有双重的影响。一方面促使其产生创业原动力，另一方面由于小农意识也会阻碍创业造成压力。而感知创业机会几乎贯穿整个创业的过程，作为农民创业者积极地识别、利用和开发创业机会。此外，农民跨越农村“圈子”局限，利用关系网络获得创业信息和资源等，有助于产生创业行为。

（3）创业学习、制度环境和风险不确定作为调节因素，能够在创业

① Anderson A. R., Jack S. L., Drakopoulou Dodd S., “The Role of Family Members in Entrepreneurial Networks: Beyond the Boundaries of the Family Firm”, *Family Business Review*, Vol. 18, No. 2, 2005, pp. 135 – 154.

② Cortimiglia M. N., Ghezzi A., Frank A. G., “Business Model Innovation and Strategy Making Nexus: Evidence from a Cross-industry Mixed-methods Study”, *R & D Management*, Vol. 46, No. 3, 2016, pp. 414 – 432.

③ Trimi S., Berbegal-mirabent J., “Business Model Innovation in Entrepreneurship”, *International Entrepreneurship and Management Journal*, Vol. 8, No. 4, 2012, pp. 449 – 465.

④ Bonanno A., Constance D. H., ed., *Stories of Globalization: Transnational Corporations, Resistance, and the State*, Penn State Press, 2008.

⑤ 陈晓琴、王钊：《“互联网 +”背景下农村电商扶贫实施路径探讨》，《理论导刊》2017年第5期。

者成立公司后更好地促进其发展。作为农民创业者，始终要保持学习心态，通过对自己之前经验的学习，对他人创业成功与失败的认知学习，在特定的情境中的实践学习，不断提升自己的创业能力；制度环境能够为创业者提供政策支持、法律规范和社会支持，保证其创业有良好的社会环境；不确定性因素在一定程度上会给创业者企业的发展带来不稳定的因素，阻碍企业的发展，创业者要时刻做好应对内外部风险的准备。

（4）农村创业者在创业中始终贯穿创业资源整合、商业模式创新和质量理念三大行动策略。创业者基于合作的心理资源，借助社会网络与政府、合作社、商业协会等建立良好的合作关系，从而获得所需的信息资源、资本资源、人力资源等；由于农民创业者自身的局限，资源的拼凑贯穿整个创业过程，通过资源的拼凑和整合可以有效地获取资源。作为一个农民创业者想要企业生存，必须要创新。这里的创新主要包括创新的商业模式和对特色产品的创新，形成企业市场竞争。运营公司过程中形成的质量理念，主要为产品质量和服务质量，从而促进企业更加趋于稳定与成熟。

（5）实现扶贫效益，包括社会效益和经济效益。通过电商创业为贫困户拓宽了就业渠道，增加了贫困户收入，带动贫困户脱贫，实现电商扶贫的基本目标，同时，通过电商创业带动地方经济的发展，最终推动乡村振兴的发展。

综上所述，本研究基于多个案例分析，最终绘制出农民电商创业的过程模型如图 12－3 所示。该模型清晰地反映了贫困县农民电商创业过程模型。

第五节　结果解释

一　电商创业过程要素分析

（1）创业者特质

创业者特质对农民创业具有重要的影响。特质论的观点认为创业者与非创业者之间存在着明显的差异，创业者本身有其特质[①]。本研究发现

① Koh H. C.，“Testing Hypotheses of Entrepreneurial Characteristics: A Study of Hong Kong MBA Students”，*Journal of Managerial Psychology*，Vol. 11，No. 3，1996，pp. 12－25.

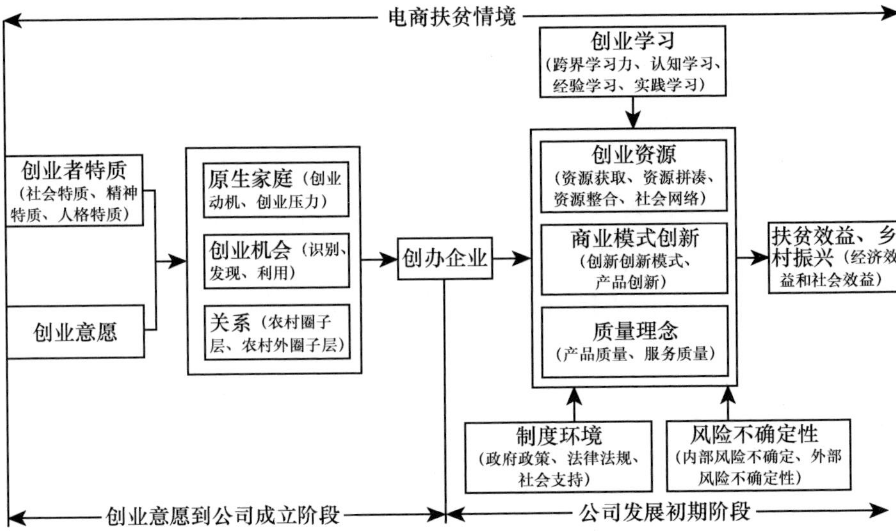

图 12-3 贫困县农民电商创业过程模型

贫困县农民创业者的特质包括社会特质、精神特质和人格特质。人格特质主要表现在吃苦耐劳的品质、进取心、坚持、同理心和成就动机，这些特质对于将创业意图转化为行动至关重要，可以确保创业过程持续进行①。社会特质主要包括先前经验，可以细化成实践经验、职业经验和创业经验，对农民创业机会的识别，创业资源的整合等产生了重要的推动作用。农民创业者的精神特质是其创业的有利驱动，包括敬业精神、奋斗精神、个人价值观和创业的决心。

（2）创业意愿

创业意愿一直是创业领域学者关注的焦点。创业意愿概念最早是指创业者将实现某个特定目标的一种心理状态②。Lee 等认为创业意愿是指个体具有创建新企业的打算③。葛宝山等认为创业意愿是人们成为创业者

---

① Sirmon D. G., Hitt M. A., "Managing Resources: Linking Unique Resources, Management, and Wealth Creation in Family Firms", *Entrepreneurship Theory and Practice*, Vol. 27, No. 4, 2003, pp. 339-358.

② Bird B., "Implementing Entrepreneurial Ideas: The Case for Intention", *Academy of Management Review*, Vol. 13, No. 3, 1988, pp. 442-453.

③ Lee S. H., Wong P. K., "An Exploratory Study of Technopreneurial Intentions: A Career Anchor Perspective", *Journal of Business Venturing*, Vol. 19, No. 1, 2004, pp. 7-28.

的行为倾向，创业意愿作为一个行为倾向被认为是创业行为最直接的前导因素[1]。本章的创业意愿是指潜在的贫困县农民创业者对自己可能要从事电商创业的事情已经有一定的主观想法。

（3）原生家庭

原生家庭是相对于新生家庭而言，指个人出生后被抚养的家庭。先前的学者主要关注原生家庭对个体心理健康、职业选择方面的影响[2]。而本研究关注原生家庭对创业方面的效应，主要体现在对创业者创业动力和压力的影响。出生在贫困村的农民，大部分原生家庭面临的最大问题就是养老。罗玉峰等指出养老是基于伦理规范和道德观念而形成的，老人的需求和子女有一定养老条件是影响养老的两个重要因素[3]。在贫困县农村，老人基本都是有养老需求的，子女在儿童期接受长期贫困的影响，孝敬父母和赡养老人成为一种根深蒂固的思维，激发了创业者的创业动力。但是由于处在贫困农村的原生家庭父母的小农意识，导致父母心理上害怕变革，对于子女的创业始终持有反对意见，对农民创业者造成创业压力。

（4）创业机会

创业者成功开展新业务的重要能力之一就是识别和选择正确的创业机会。机会识别被看作一种创造性的行为。Zahra 等认为创业机会的识别是一个不断迭代的过程，创业者需要通过自身反馈识别机会[4]。本研究的创业者都参加过农村电商培训，对电商创业均有一定了解，但由于个体在创业机会的识别、发现和创造过程存在差异，最终会导致产生不同的创业行动，如建立农村电商服务站、利用电商平台销售产品等。此外，Garud 等认为机会发现和机会创造可能同时发生，但会随着不同的情景发

① 葛宝山、王侃：《个人特质与个人网络对创业意向的影响——基于网店创业者的调查》，《管理学报》2010 年第 12 期。

② Doron H., Bar-on A., Tal D., "A Comparison of Family-of-origin Perception of Undergraduates: Social Work Students and Students in Other Fields", *Journal of Social Work*, Vol. 13, No. 5, 2013, pp. 492 – 507.

③ 罗玉峰、孙顶强、徐志刚：《农村"养儿防老"模式走向没落？——市场经济冲击 VS 道德文化维系》，《农业经济问题》2015 年第 5 期。

④ Zahra S. A., "The Virtuous Cycle of Discovery and Creation of Entrepreneurial Opportunities", *Strategic Entrepreneurship Journal*, Vol. 2, No. 3, 2008, pp. 243 – 257.

生变化①。在电商扶贫的情境下，农民电商创业者的创业机会是包括创业机会识别，发现创业机会和利用创业机会。例如李某最初选择做小型购物网站进行创业，在当时情境下觉得是最好的创业机会，而经过摸索和尝试后，最终宣告失败。然而在电商扶贫的环境下，在经营小型购物网站过程中，发现了销售清徐“西口翠翠”老陈醋的机会。因此，在经历创业失败后选择再次电商创业，目前“西口翠翠”已经取得初步的成功。

（5）关系网络

关系是潜在创业者获得创业资源成为创业者的主要来源。Klyver 等研究表明创业过程中最重要的因素是通过家庭、社会关系与创业网络建立的个人关系网络②。然而贫困县的农民由于受到地域局限性的影响，享受较少的社会资源，选择创业的机率很低，同时长期的“圈子”文化带来的社会规范等导致很难获得广泛的、跨越阶层的有效信息和资源③。对于贫困县农民电商创业者如何突破人际网络中“圈子”的局限获得资源是创业的关键。贫困县农民创业者的关系网络主要是来自农村，但是其外延包含当地的人脉资源，参与政府扶贫形成的社会网络，因此关系网络分为农村圈子层和农村外圈子层。例如康某形成的公益圈子就属于农村外圈子层。

（6）创业学习

创业过程就是一场持续学习的过程，需要创业者持续更新知识来应对各种的不确定性④。创业学习中关注最多的是经验学习、认知学习和实践学习⑤。然而也有学者指出这三者学习之间有相关交叉与联系，如 Hol-

---

① Garud R., Giuliani, A. P., “A Narrative Perspective to Entrepreneurial Opportunities”, *Academy of Management Review*, Vol. 38, No. 1, 2013, pp. 157–160.

② Klyver K., Foley D., “Networking and Culture in Entrepreneurship”, *Entrepreneurship & Regional Development*, Vol. 24, No. 7–8, 2012, pp. 561–588.

③ 张鑫、谢家智、张明：《社会资本、借贷特征与农民创业模式选择》，《财经问题研究》2015 年第 3 期。

④ Minniti M., Bygrave W. A., “Dynamic Model of Entrepreneurial Learning”, *Entrepreneurship Theory and Practice*, Vol. 25, No. 3, 2001, pp. 5–16.

⑤ Hamilton E., “Entrepreneurial Learning in Family Business”, *Journal of Small Business and Enterprise Development*, Vol. 18, No. 1, 2011, pp. 8–26.

comb 等[①]指出，创业学习由经验学习和认知学习两个维度构成，二者存在互补关系。作为贫困县的农民创业者，大多数人的教育层次比较低，很多的知识和技能来自经验学习和实践学习。其中大部分创业者都有较强的自我学习驱动力，始终保持主动学习行为，提高自己的认知学习水平，不断从他人成功或失败的案例中进行学习。同时本研究发现农民创业者们都具有一种跨界学习能力。这种能力使得他们在资源短缺、管理经验不足等情况下可以进行高效的人力资源拼凑。因此农民创业者的创业学习包括认知学习、经验学习、实践学习和跨界学习。

（7）制度环境

创业环境本质就是一种制度环境[②]。创业制度环境扮演着双重角色，一方面造就大量创业者，另一方面不健全的制度环境制约创业者的产生与发展。电商扶贫透明的体制框架为电商创业提供可行性，减少了潜在的创业障碍。在电商创业过程中，创业者所感知到的创业制度环境主要包括政府政策支持、法律规范和社会支持。政府在电商扶贫方面给予大量的政策支持，包括提供资金支持、场地支持、创业培训支持、强化宣传引导等。特别是创业培训的开展，已成为推动农民创业选择行为的重要因素之一[③]。在法律法规方面积极推进修订和完善相关农产品线上推广的法律法规，为农民电商创业者提供方便及有效的监管保证。此外，通过社会媒体加强创业典型的宣传力度，激励更多的农民选择电商创业。

（8）风险不确定性

风险本身就是损失的不确定性。关于风险分类有很多分类标准。按风险不确定因素的可预测程度分成可预测风险、部分可预测风险和不可预测风险[④]。按照来源可以分为内部风险和外部风险。本研究所指的风险

---

① Holcomb T. R., Ireland R. D., Holmes JR R. M., "Architecture of Entrepreneurial Learning: Exploring the Link among Heuristics, Knowledge, and Action", *Entrepreneurship Theory and Practice*, Vol. 33, No. 1, 2009, pp. 167 – 192.

② 蒋春燕、赵曙明：《公司企业家精神制度环境的地区差异——15 个国家高新技术产业开发区企业的实证研究》，《经济科学》2010 年第 6 期。

③ 罗军、张叶平：《农民创业培训、创业选择与创业绩效的关系研究》，《广东农业科学》2013 年第 2 期。

④ Rim W., Parida V., Sjodin D. R., "Risk Management for Product-service System Operation", *International Journal of Operations & Production Management*, Vol. 36, No. 6, 2016, pp. 665 – 686.

不确定性就是指农民创业者无法感知到的会影响其企业经营的内部与外部风险。对于新创的企业而言，内部风险主要来自团队成员风险、财务风险和营销风险等；外部风险主要是政策风险、市场风险和价格风险等。通过加强对风险不确定性的有效认知，创业者可以一定程度上降低风险带来的危害，提高新创企业的抗风险能力。

（9）行动策略

首先，创业资源是企业特有的、无法模仿的资源，可以为企业创造无限的价值。对于贫困县的电商创业者而言，创业资源主要是资源获取、资源拼凑、资源整合和心理资源。现实中，资源的分配往往是不均衡的，特别是贫困县农民创业者能够拥有的资源更加有限。众所周知，资金资源是执行企业行动所必需的，没有资金资源可能会阻碍企业的经营，而目前农民创业者获得资金资源的典型方式是亲友筹借。人力资源主要来自地缘性资源，老乡是其主要来源。在资源拼凑中最大特色是作为创业者可以最大化人力潜力，做到技术、人才、网络多方拼凑，用于弥补资源不足。此外，创业及企业经营的困难往往超出农民创业者的预期，正如 Andersond 等研究发现农民创业者心理资源极其重要。贫困县创业者的合作性的心理和独立性的心理，有助于保持企业发展的可持续性①。

其次，本研究发现商业模式的创新是农民电商创业者采取的核心策略。Trimi 等认为商业模式创新分三大类，其一是商业模式本身就是创新，即企业只改进内部流程，不改变产品或服务；其二是技术推动的商业模式创新，即对产品或服务的改变；其三是需求拉动的商业模式创新，即适应新的顾客需求或者环境的变化而进行的商业模式创新②。贫困县农民的商业模式创新包括两个维度：第一，创业者要适应电商扶贫情境，进行新的商业模式的设计与开发，即企业与其潜在利益相关者（合作社、政府、企业、贫困户）融合在新的合作模式中，体现其企业价值主张，最终实现收益最大化。第二，由于技术的进步和顾客需求进行的农特产

---

① Andersond A. R., Jack S. L., Drakopoulou Dodd S., "The Role of Family Members in Entrepreneurial Networks: Beyond the Boundaries of the Family Firm", *Family Business Review*, Vol. 18, No. 2, 2005, pp. 135 – 154.

② Trimi S., Berbegal-mirabent J., "Business Model Innovation in Entrepreneurship", *International Entrepreneurship and Management Journal*, Vol. 8, No. 4, 2012, pp. 449 – 465.

品的包装、工艺等创新。

最后，质量管理对于农民创业企业持续发展具有重要作用。质量管理是企业为保证和提高产品质量和服务质量而进行的一系列管理活动①。对于农民电商创业者而言，质量管理理念主要集中在产品质量和服务质量。由于经营产品主要是农特产品和手工产品等，特别是农产品质量认证的要求以及消费者消费升级的需要，所有农民创业者均有质量管理的意识。如"石记酱菜"的石总意识到高质量的产品可以带来好的口碑，带来销路。扩大规模生产的同时必须要保证生产品质好的酱菜。只是目前农民创业者对于全面质量管理相对缺乏全面的认识，产品管理层次以事后把关为主，服务质量的意识还需进一步提升。

（10）扶贫效益、乡村振兴

创业对社会发展具有潜在的变革力量，创业者不仅追求经济回报，而且寻求创造社会福利②。农村电商扶贫借力互联网技术，对于促进贫困地区经济发展和农民脱贫减贫具有显著作用③。农民电商创业作为电商扶贫的重要模式，既为贫困户提供就业机会，带动贫困户脱贫，提高贫困户的生活幸福感，让贫困县农民实实在在感受到扶贫的益处，又可以为农民提供系列惠民业务，增加农民收入，促进地方经济的增长，助力乡村振兴的发展。

二　理论贡献

对创业过程研究的贡献如下：

（1）提炼出一个更有中国本土特色的贫困县农民创业过程模型

中国情境为农村创业者提供了一个机会与约束并存的特殊环境④，并

---

① Cortimiglia M. N. , Ghezzi A. , Frank A. G. , "Business Model Innovation and Strategy Making Nexus: Evidence from a Cross-industry Mixed-methods Study", *R & D Management*, Vol. 46, No. 3, 2016, pp. 414 –432.

② 陈晓琴、王钊：《"互联网 +"背景下农村电商扶贫实施路径探讨》，《理论导刊》2017年第5期。

③ 项国鹏、李武杰、肖建忠：《转型经济中的企业家制度能力：中国企业家的实证研究及其启示》，《管理世界》2009年第11期。

④ 项国鹏、李武杰、肖建忠：《转型经济中的企业家制度能力：中国企业家的实证研究及其启示》，《管理世界》2009年第11期。

产生与国内外其他情境不同的创业过程。本研究核心是在特定情境下，探寻贫困县农民电商创业过程中的规律性和特殊性。围绕贫困县农民这一特殊群体，发现贫困县农民电商创业过程中一系列的过程因素及扶贫效果。

（2）弥补现有电商创业过程研究的不足

目前电商创业过程的研究主要集中在从创业主体角度或创业集聚现象角度分析电商创业的整个演化过程①，本研究从贫困县农民创业者特质和创业意愿出发，分两阶段揭示贫困县农民产生实际创业行为及初创企业发展阶段的内外部因素及关系，补充丰富现有研究过程上的不足。

（3）对原生家庭的影响效应和关系网络研究有一定启示

目前关于原生家庭影响效应主要是原生家庭功能研究，如原生家庭功能僵化会对个体的社会适应产生影响②。本研究关注原生家庭对创业方面的影响效应，主要体现在对创业者创业动力和压力的影响，为研究原生家庭与创业关系提供启示。此外，正如 Klyver 等提出个人关系是创业过程中最重要的因素。贫困县农民电商创业者需要发展关系网络，突破农村“圈子”的局限进行资源整合或寻找创业机会③。本研究将农民的关系网络细化为农村圈子层和农村外圈子层，并尝试探索农村圈子的外延，包含参与政府扶贫形成的社会网络等，为进一步研究农村关系与创业过程提供启示。

（4）细化创业过程中企业成立到企业初步发展的调节机制

本研究细化电商创业情境下创业过程的调节机制，深化农民电商创业研究。成立公司并不是农民电商创业的最终目标，只是一个阶段性标志。初创企业需要生存与发展，才能带来一定的扶贫效果。本研究发现

---

① 王新春、戚桂杰、梁乙凯：《农村电子商务创业的演进机制——以博兴湾头村为例》，《科技管理研究》2016 年第 23 期；Ye Z. , Zheng J. , Tu R. , “Network Evolution Analysis of E-business Entrepreneurship: Big Data Analysis Based on Taobao Intelligent Information System”, *Information Systems and e-Business Management*, 2018, pp. 1 – 15.

② Doron H. , Bar-on A. , Tal D. , “A Comparison of Family-of-origin Perception of Undergraduates: Social Work Students and Students in other Fields”, *Journal of Social Work*, Vol. 13, No. 5, 2013, pp. 492 – 507.

③ Klyver K. , Foley D. , “Networking and Culture in Entrepreneurship”, *Entrepreneurship & Regional Development*, Vol. 24, No. 7 – 8, 2012, pp. 561 – 588.

电商扶贫透明的制度环境，主要包括政府政策支持、法律规范和社会支持，为企业的稳定发展提供保障。同时，内外部风险不确定性随时影响企业的发展。此外，本研究证实 Minniti 等提出的创业过程是一场持续学习的过程，创业学习对于企业发展极其重要①。同时，发现创业者具有极强跨界学习能力，这种能力使得创业者在资源短缺、技术落后，管理经验不足等情况下可以进行高效的资源拼凑。因此，制度环境、创业学习和风险不确定对于企业的发展具有调节作用。

（5）丰富与拓展了初创企业发展的关键要素

农民电商创业起步较晚，大部分企业都属于初创企业，企业发展受到多种因素的影响。首先，创业及企业经营的困难往往超出农民创业者的预期，农民创业者要拥有强大的心理资源，既要有乐观、抗压等心理素质，还要有合作和独立性心理。在企业初期资源严重不足的情况下，可以做到资源获取、资源拼凑和资源整合。其次，初创企业一旦探索创造出适应其发展的商务模式，将会产生巨大的成效②。贫困县的电商创业者不断探索商务模式的创新，主要集中在电商模式创新和产品创新。最后，质量管理理念在农民电商创业中尤为重要。目前农民创业者对于全面质量管理缺乏全面的认识，处于质量管理的初级阶段，主要集中在产品质量和服务质量管理。因此，本研究发现的创业资源、商业模式创新和质量管理理念的维度为进一步研究农民初创企业发展要素提供一定借鉴。

第六节 总结

一 研究结论

本研究主要以 6 名具有代表性的农民电商创业者为研究对象，采用一手资料和二手资料结合的方式，利用扎根理论分析技术，对电商扶贫

---

① Minniti M., Bygrave W. A., "Dynamic Model of Entrepreneurial Learning", *Entrepreneurship Theory and Practice*, Vol. 25, No. 3, 2001, pp. 5 – 16.

② 汪少华、佳蕾：《新创企业及浙江新创企业的创业基础与成长特征》，《南开管理评论》2003 年第 6 期。

情境下的贫困县农民的电商创业过程进行了多案例分析，构建贫困县农民“电商创业之路”。首先明确电商扶贫的创业情境贯穿整个农民的创业过程。其次，在此基础上对扎根理论研究方法进行设计和实施，通过开放式编码、主轴式编码、选择式编码和理论饱和度检验等步骤构建贫困县农民电商创业过程模型，识别出其中关键的影响因素，为以后的研究奠定基础，最终形成本研究的结论：（1）贫困县农民电商创业的过程主要体现在12个主范畴，33个子范畴，82个概念。（2）创业的前因主要集中在创业者特质、创业意愿；原生家庭、创业机会和关系网络是创业前因和创办企业的桥梁。（3）创业学习、制度环境和风险不确定通过调节创业资源、商业模式创新和质量理念等行动策略推进初创企业的发展。（4）扶贫效果包括经济效应和社会效应，实现乡村振兴是农民电商创业者期望达到的目标。

二 实践启示

贫困县的农民创业者在电商扶贫的情境下，首先，抓住电商创业的机会，充分利用政府提供的政策支持、法律法规和社会支持，积极参加创业培训、公益活动等，维持和新建社会网络，突破原有农村圈层的局限性，为企业发展奠定良好的关系网络。其次，重视创业学习，创业的过程就是一个持续学习的过程。农民创业者不仅需要进行自我经验学习、实践学习和认知学习，弥补自身的知识缺陷，更重要是进行跨界学习，有助于在资源短缺、管理经验不足的情况下进行高效的资源拼凑。同时，创业中面临的困难远远超出农民创业者的预期，风险不确定性始终存在，创业者需要保持合作性心理和独立性心理，保证企业的可持续发展。最后，农民创业者需要坚定质量管理理念，满足顾客的消费升级需求。同时，结合企业的特色和优势，进行商业模式的创新，形成企业的核心竞争力，成为企业发展的利润增长点，从而为贫困户提供就业机会，带动贫困户脱贫，促进地方经济发展，推进乡村振兴。政府层面考虑建立创业生态系统，使贫困县创业者可以受益于政府机构和外部资源的支持，同时不断颁布和完善刺激创新和促进创业增长的积极政策。

三 不足和展望

（1）虽然用二手资料和一手资料结合的方式对数据进行分析，但是利用扎根理进行主范畴编码的过程中，难免受主观影响，可能会导致结果有一些偏差。未来的研究可对过程模型中涉及的范畴进行量表开发，同时采用大样本数据对变量之间的关系进行检验。

（2）本书是对贫困县农民电商创业过程的一个探索性研究，研究结论贡献主要是理论启示，尚未对理论做出具体的修正。未来可以有针对性地展开创业过程研究，并对现有理论进行更具体的修正和提升。

（3）本书研究对象主要是贫困县农民的电商创业，研究情境以"电商扶贫"为主，未来研究可以基于社会比较研究理论和制度环境视角，探索农民的电商创业过程。

参考文献

中文文献

（一）中文著作

李波、王谦、丁丽芳：《物流信息系统》，清华大学出版社 2019 年版。

刘伟华、李波、彭岩：《智慧物流与供应链管理》，中国人民大学出版社 2022 年版。

张宇：《智慧物流与供应链》，电子工业出版社 2019 年版。

（二）期刊论文

陈柏彤、鲍新中：《基于二次加权 TOPSIS 法的电商小微企业信用风险动态评价》，《金融理论与实践》2020 年第 10 期。

陈国青、吴刚、顾远东：《管理决策情境下大数据驱动的研究和应用挑战——范式转变与研究》，《管理科学学报》2018 年第 7 期。

陈剑、黄朔、刘运辉：《从赋能到使能——数字化环境下的企业运营管理》，《管理世界》2020 年第 2 期。

陈梦根、徐滢、周元任：《新发展理念下经济高质量发展的统计评价与地区比较——基于改进的 TOPSIS 综合评价模型》，《统计学报》2020 年第 2 期。

陈晓琴、王钊：《“互联网 +”背景下农村电商扶贫实施路径探讨》，《理论导刊》2017 年第 5 期。

陈雪、李波、吴爽：《需求信息不对称下考虑风险规避制造商的供应链决策研究》，《管理工程学报》2021 年第 6 期。

陈俣含：《从传统智慧城市到新型智慧城市：建设现状及未来发展路径探

讨》，《未来与发展》2020 年第 1 期。

段柯杰：《农民电子商务创业的文献综述与展望》，《南方农机》2018 年第 18 期。

范江东、高瞻、郑逸林：《电网现代智慧供应链数字物流体系构建要素、演化及其实践》，《物流技术》2021 年第 2 期。

冯士超、周文涛、李成志等：《基于信号灯法的宏观经济预警分析》，《冶金经济与管理》2019 年第 2 期。

高更君、张盈：《基于云模型的电商平台供应链金融风险评价》，《计算机应用与软件》2018 年第 11 期。

高嗣慧、苏森、仇相芹：《浅析农村电子商务创业》，《全国流通经济》2019 年第 2 期。

葛宝山、王侃：《个人特质与个人网络对创业意向的影响——基于网店创业者的调查》，《管理学报》2010 年第 12 期。

韩飞燕、李波、黄华飞：《电商扶贫情境下贫困县农民电商创业过程研究——基于扎根理论的探索》，《地域研究与开发》2021 年第 5 期。

郝丽、郝新军、胡大伟：《基于 T-JIT 理论背景下的双渠道供应链协同风险优化研究》，《公路交通科技》2020 年第 2 期。

何海锋：《金融的模式创新与发展前景》，《银行家》2018 年第 12 期。

洪亮、任秋圜、梁树贤：《国内电子商务网站推荐系统信息服务质量比较研究——以淘宝、京东、亚马逊为例》，《图书情报工作》2016 年第 23 期。

侯文捷、向东、武传德：《基于局部变权综合评价法的互联网供应链金融风险评价》，《商业经济研究》2018 年第 24 期。

胡军燕、修佳钰、潘灏：《基于面板数据的城市智慧度评价与分类》，《统计与决策》2020 年第 7 期。

胡奇英：《城市发展要考虑供应链要素》，《当代县域经济》2020 年第 1 期。

胡永盛：《江苏农村电商典型模式分析与创新探讨》，《江苏农业科学》2017 年第 20 期。

黄成成、叶春森、王雪轩：《智慧供应链体系构建研究》，《价值工程》2018 年第 23 期。

黄敦高、吴雨婷：《浅谈智慧供应链的构建》，《中国市场》2014 年第 10 期。

黄鑫沛、宋斐、樊林玉等：《基于组合赋权法的海外基建环境综合评估研究》，《工业工程与管理》2021 年第 3 期。

贾铖、夏春萍、蔡轶：《我国农业信息化水平的区域评价与提升研究》，《南方农业学报》2017 年第 8 期。

江世英、李随成：《考虑产品绿色度的绿色供应链博弈模型及收益共享契约》，《中国管理科学》2015 年第 6 期。

姜旭、胡雪芹：《基于组合赋权模型的物流企业绩效评价指标体系构建研究》，《管理评论》2020 年第 8 期。

蒋春燕、赵曙明：《公司企业家精神制度环境的地区差异——15 个国家高新技术产业开发区企业的实证研究》，《经济科学》2010 年第 6 期。

金江军、张琳琳、姚大川：《中国智慧城市发展现状、问题及对策》，《北京城市学院学报》2019 年第 1 期。

金伟林、王侦、吴画斌：《开放式创新平台如何赋能——基于海尔集团 hope 平台的探索性案例研究》，《特区经济》2020 年第 5 期。

李波、韩飞燕、陈圣等：《基于综合评价方法的智慧供应链发展路径研究》，《华东经济管理》2022 年第 2 期。

李海波：《基于智慧供应链的电力物资监控平台设计及应用》，《中国新技术新产品》2017 年第 10 期。

李坚飞、孙梦霞、任理：《新零售服务供应链线下服务质量稳态的动力机制》，《系统工程》2018 年第 6 期。

李亮：《浅析欧洲中小智慧城市建设》，《北华航天工业学院学报》2012 年第 1 期。

李明、贺伟、肖学斌：《基于 C2M 模式的中小企业竞争情报协同供给机制研究》，《情报科学》2017 年第 11 期。

李若男：《经济全球化下中国智慧物流面临的机遇与挑战》，《中国物流与采购》2019 年第 4 期。

李世奇、朱平芳：《长三角一体化评价的指标探索及其新发现》，《南京社会科学》2017 年第 7 期。

李晓雪、路红艳、林梦：《零售业智慧化转型机理研究》，《中国流通经济》2020 年第 4 期。
李旭辉、朱启贵、胡加媛：《基于“五位一体”总布局的长江经济带城市经济社会发展动态评价研究》，《统计与信息论坛》2018 年第 7 期。
李嫣然、李波：《竞争市场下新进入企业产品质量信息披露与定价策略研究》，《管理工程学报》2023 年第 1 期。
李雁：《六西格玛统计控制法在金融机构洗钱风险评估工作中的应用与启示》，《中国证券期货》2013 年第 9 期。
李颖、李佳玉：《我国物联网产业技术研发效率动态评价》，《科技管理研究》2016 年第 6 期。
李玉凤、邢淋淋：《智慧供应链绩效评价指标体系构建》，《统计与决策》2017 年第 3 期。
刘彩虹、徐福缘：《基于模糊物元的制造业供应链质量风险评价》，《上海理工大学学报》2016 年第 5 期。
刘洁琼：《智能化时代来临京东全力打造智慧供应链带来的思考》，《科技创新导报》2017 年第 28 期。
刘兢轶、王彧婧、王静思：《供应链金融模式下中小企业信用风险评价体系构建》，《金融发展研究》2019 年第 11 期。
刘伟华、侯家和、袁超伦等：《基于改进的信号灯预警模型的城市智慧供应链发展动态预测研究》，《工业技术经济》2021 年第 2 期。
刘伟华、吴文飞、袁超伦等：《城市智慧供应链发展指数构建及其应用》，《工业技术经济》2021 年第 1 期。
鲁钊阳、廖杉杉：《农产品电商发展的区域创业效应研究》，《中国软科学》2016 年第 5 期。
罗军、张叶平：《农民创业培训、创业选择与创业绩效的关系研究》，《广东农业科学》2013 年第 2 期。
罗玉峰、孙顶强、徐志刚：《农村“养儿防老”模式走向没落？——市场经济冲击 VS 道德文化维系》，《农业经济问题》2015 年第 5 期。
马丽娟：《绿色供应链风险的模糊综合评价》，《中国流通经济》2012 年第 11 期。
马彦华、路红艳：《推进供给侧结构性改革——以京东商城为例》，《企业经济》2018 年第 6 期。

盘红华：《基于物联网的管理及应用》，《中国物流与采购》2012 年第 12 期。

彭树霞、李波、甄紫嫣：《智慧供应链发展指数的构建及评价研究》，《工业技术经济》2021 年第 11 期。

邱伏生：《面向智能制造的智慧供应链建设》，《物流技术与应用》2017 年第 3 期。

冉佳森、谢康、肖静华：《信息技术如何实现契约治理与关系治理的平衡——基于 D 公司供应链治理案例》，《管理学报》2015 年第 3 期。

士明军、王勇、但斌：《绿色供应链中不对称需求预测下的信息共享研究》，《中国管理科学》2019 年第 4 期。

宋华：《新兴技术与“产业供应链 +”——“互联网 +”下的创新》，《人民论坛 · 学术前沿》2015 年第 22 期。

苏郁锋、吴能全、周翔：《制度视角的创业过程模型——基于扎根理论的多案例研究》，《南开管理评论》2017 年第 1 期。

汪娟、赵士凤：《新零售背景下协同运作机制研究》，《湖北文理学院学报》2019 年第 5 期。

汪少华、佳蕾：《新创企业及浙江新创企业的创业基础与成长特征》，《南开管理评论》2003 年第 6 期。

王道平、周叶、孙庆彬：《基于系统动力学的供应链知识扩散模型及其仿真研究》，《管理学报》2012 年第 11 期。

王福：《新零售流通供应链商业模式创新体系构建》，《当代经济管理》2020 年第 7 期。

王海花、谢萍萍、王蒙怡：《互联网新创企业的创业过程探析——基于扎根理论》，《科技管理研究》2018 年第 20 期。

王兰敬：《基于物联网的我国区域智慧物流配送能力评价》，《商业经济研究》2020 年第 16 期。

王强、刘玉奇：《新零售引领的智慧化转型与全产业链升级研究——基于多案例的数字化实践》，《商业经济研究》2019 年第 18 期。

王伟、于吉萍、张善良：《“互联网 +”情境下商业模式研究演进及 C2M 模型构建》，《当代经济管理》2018 年第 8 期。

王文倩、肖朔晨、丁焰：《数字赋能与用户需求双重驱动的产业价值转移研究——以海尔集团为案例》，《科学管理研究》2020 年第 2 期。
王新春、戚桂杰、梁乙凯：《农村电子商务创业的演进机制——以博兴湾头村为例》，《科技管理研究》2016 年第 23 期。
王兴国、高原：《农民创业形式、特点与人力资本积累——以山东省的调研为例》，《农村经济》2017 年第 8 期。
王亚玲：《公众参与：智慧城市向智慧社会的跃迁路径》，《领导科学》2019 年第 2 期。
王耀燕：《绩效审计在智慧供应链中的应用探讨》，《财政监督》2018 年第 19 期。
卫宇杰、于博文、潘浩顺：《基于组合赋权法的中国物流业质量发展指数研究》，《工业工程与管理》2019 年第 2 期。
魏延安：《2018 年，农村电商八大趋势》，《新西部》2018 年第 1 期。
温磊、赵伟、王锐：《供应链协同风险评价研究》，《物流技术》2013 年第 1 期。
文悦、王勇、士明军：《网络平台销售模式中的需求信息共享策略与博弈结构决策研究》，《系统工程理论与实践》2019 年第 6 期。
吴田：《基于风险信号灯等级设定的金融风险预警研究》，《统计与决策》2015 年第 8 期。
项国鹏、李武杰、肖建忠：《转型经济中的企业家制度能力：中国企业家的实证研究及其启示》，《管理世界》2009 年第 11 期。
徐新新、郭唤唤：《基于模糊综合评价法的智慧供应链绩效研究》，《智慧工厂》2017 年第 8 期。
薛楠、姜溪：《基于互联网 + 的京津冀一体化农产品构建》，《中国流通经济》2015 年第 7 期。
杨俊：《创业过程研究及其发展动态》，《外国经济与管理》2004 年第 9 期。
易强、杨慧敏、王柯欣：《区块链技术在物流领域应用研究综述》，《物流技术》2020 年第 3 期。
殷克东、马景灏：《中国海洋经济波动监测预警技术研究》，《统计与决策》2010 年第 21 期。
余娟、张滨丽：《基于大数据视角的流通业供应链管理分析》，《商业经济研究》2018 年第 8 期。

远亚丽:《基于物元可拓法和 Vague 集的农产品智慧供应链风险评估》,《物流科技》2020 年第 3 期。

张洁、汪俊亮、吕佑龙:《大数据驱动的智能制造》,《中国机械工程》2019 年第 2 期。

张莉莉、穆东、崔永梅等:《中国供应链金融指数编制(下篇):指标体系构建、测算与结果分析》,《北京交通大学学报》(社会科学版)2019 年第 1 期。

张彤:《大数据背景下智慧物流业务体系构建与运营》,《商业经济研究》2019 年第 21 期。

张鑫、谢家智、张明:《社会资本、借贷特征与农民创业模式选择》,《财经问题研究》2015 年第 3 期。

张颖川:《智能制造下的智慧供应链变革》,《物流技术与应用》2018 年第 4 期。

赵长伟、王留军、应向伟:《粤苏浙鲁皖五省创新创业生态系统比较研究》,《工业技术经济》2020 年第 2 期。

赵然、安刚、周永圣:《浅谈智慧供应链的发展与构建》,《中国市场》2015 年第 10 期。

智睿:《现代智慧供应链是未来发展方向探究》,《智库时代》2018 年第 26 期。

钟慧玲、叶炽球、张冠湘:《基于风险评价体系的危化品供应链风险度量》,《物流技术》2015 年第 3 期。

周应恒、刘常瑜:《"淘宝村"农户电商创业集聚现象的成因探究——基于沙集镇和颜集镇的调研》,《南方经济》2018 年第 1 期。

周雨薇、吕巍:《人工智能重塑零售行业的底层逻辑:综述及展望》,《系统管理学报》2021 年第 1 期。

邹立岩、许鹏文:《基于改进 TOPSIS 法的装备采购承包商评价与优选》,《物流科技》2011 年第 3 期。

祖培福、孙婷婷:《基于熵值——双向激励的黑龙江城市经济发展的动态综合评价》,《数学的实践与认识》2020 年第 5 期。

（三）学位论文

方磬：《智慧物流园区供应链协同运作模式及风险评价研究》，博士学位论文，南京财经大学，2019 年。

黄世杰：《基于供应链集成的战略联盟与竞争优势研究》，博士学位论文，大连理工大学，2008 年。

黄熙：《P2P 网络借贷平台风险评估与预警研究——基于因子分析和 KLR 信号灯模型》，博士学位论文，湖北武汉科技大学，2019 年。

邢淋淋：《基于 IDEFO 模型的智慧供应链构建及绩效研究》，博士学位论文，海南大学，2015 年。

邢淋淋：《基于 IDEFO 模型的构建及绩效研究》，博士学位论文，海南大学，2015 年。

赵伟：《供应链协同风险评价与管理研究》，博士学位论文，华北电力大学，2013 年。

英文文献

Affaf Shahid, Amad Almogren, "Blockchain-based Agri-food Supply Chain: A Complete Solution", *IEEE Access*, No. 8, 2020.

Al Ahverdi A. A., "Researches Benchmarking for Identifying the Relationship Between Innovation and Entrepreneurship in E-commerce", *International Review of Management & Marketing*, No. 7, 2017.

Al-shboul M. A., Alsmad I. M., "Building an E-commerce Infrastructure in Jordan: Challenges and Requirements", *International Journal of Interactive Mobile Technologies*, No. 4, 2010.

Anderson A. R., Gaddefors J., "Entrepreneurship and Context: Is Entrepreneurship Research Out of Context? Dilemmas With (non) Contextualized Views of Entrepreneurship", *Journal of Asia Entrepreneurship and Sustainability*, Vol. 13, No. 4, 2017.

Anderson A. R., Jack S. L., Drakopoulou Dodd S., "The Role of Family Members in Entrepreneurial Networks: Beyond the Boundaries of the Family Firm", *Family Business Review*, Vol. 18, No. 2, 2005.

Öberg C., Graham G., "How Smart Cities will Change Supply Chain Management: A Technical Viewpoint", *Production Planning & Control*, Vol. 27, No. 6, 2016.

Bian W., Shang J., Zhang J., "Two-way Information Sharing Under Supply Chain Competition", *International Journal of Production Economics*, Vol. 178, 2016.

Bird B., "Implementing Entrepreneurial Ideas: The Case for Intention", *Academy of Management Review*, Vol. 13, No. 3, 1988.

Bruyat C., Julien P., "Defining the Field of Research in Entrepreneurship", *Journal of Business Venturing*, Vol. 16, No. 2, 2001.

C Choudhary V., Ghose A., Mukhopadhyay T., "Personalized Pricing and Quality Differentiation", *Management Science*, Vol. 51, No. 7, 2005.

Christopher M., *Logistics & Supply Chain Management: Strategies for Reducing Costs and Improving Services*, Pitman Publishing, 1998.

Cortimiglia M. N., Ghezzi A., Frank A. G., "Business Model Innovation and Strategy Making Nexus: Evidence from a Cross-industry Mixed-methods Study", *R & D Management*, Vol. 46, No. 3, 2016.

Doron H., Bar-on A., Tal D., "A Comparison of Family-of-origin Perception of Undergraduates: Social Work Students and Students in Other Fields", *Journal of Social Work*, Vol. 13, No. 5, 2013.

Frank, A. G., Mendes, G. H. S., Ayala, N. F., "Servitization and Industry 4.0 Convergence in the Digital Transformation of Product Firms: A Business Model Innovation Perspective", *Technological Forecasting and Social Change*, Vol. 141, 2019.

Furlan A., Grandinetti R., Paggiaro A., "Unveiling the Growth Process: Entrepreneurial Growth and the Use of External Resources", *International Journal of Entrepreneurial Behavior & Research*, Vol. 20, No. 1, 2014.

Gartner W. B., "A Conceptual Framework for Describing the Phenomenon of New Venture Creation", *Academy of Management Review*, Vol. 10, No. 4, 1985.

Garud R., Giuliani, A. P., "A Narrative Perspective to Entrepreneurial Opportunities", *Academy of Management Review*, Vol. 38, No. 1, 2013.

Genc E., Duffie N., Reinhart G., "Event-based Supply Chain Early Warning

System For an Adaptive Production Control", *Procedia CIRP*, Vol. 19, 2014.

Ghiassi, M., Spera, C., "Defining the Internet-based Supply Chain System For Mass Customized Markets", *Computers & Industrial Engineering*, Vol. 45, No. 1, 2003.

Glaser B. G. ed., *The Grounded Theory Perspective: Conceptualization Contrasted with Description*, Sociology Press, 2001.

Guo L., "Quality Disclosure Formats in a Distribution Channel", *Management Science*, Vol. 55, No. 9, 2009, No. 1513 - 1526.

Guo L, "The Benefits of Downstream Information Acquisition", *Marketing Science*, Vol. 28, No. 3, 2009.

Guo L., Zhao Y., "Voluntary Quality Disclosure and Market Interaction", *Marketing Science*, Vol. 28, No. 3, 2009.

Gupta Shivam, Drave Vinayak A., Bag Surajit, "Leveraging Smart Supply Chain and Information System Agility for Supply Chain Flexibility", *Information Systems Frontiers*, Vol. 21, No. 3, 2019.

Ha A. Y., Tian Q., Tong S. L., "Information Sharing in Competing Supply Chains with Production Cost Reduction", *Manufacturing & Service Operations Management*, Vol. 19, No. 2, 2017.

Hamilton E., "Entrepreneurial Learning in Family Business", *Journal of Small Business and Enterprise Development*, Vol. 18, No. 1, 2011.

Holcomb T. R., Ireland R. D., Holmes JR R. M., "Architecture of Entrepreneurial Learning: Exploring the Link Among Heuristics, Knowledge, and Action", *Entrepreneurship Theory and Practice*, Vol. 33, No. 1, 2009.

Holt D. H. ed., *Entrepreneurship: New Venture Creation*, Englewood: Prentice Hall, 1992.

Hu, S. J., "Evolving Paradigms of Manufacturing: From Mass Production to Mass Customization and Personalization", *Procedia Cirp*, Vol. 7, 2013.

Ikram, M., Sroufe, R., Zhang, Q., "Prioritizing and Overcoming Barriers to Integrated Management System (IMS) Implementation Using AHP and G-TOPSIS", *Journal of Cleaner Production*, Vol. 254, 2020.

Islam M. A., Alghobiri M. A., "E-entrepreneurship for E-startups: Potentials, Common Challenges and Way Forward", *Information Management and Business Review*, Vol. 10, No. 4, 2018.

Ivanov D., Dolgui A., Sokolov B., "A Dynamic Model and an Algorithm for Short-term Supply Chain Scheduling in the Smart Factory Industry 4.0", *International Journal of Production Research*, Vol. 54, No. 2, 2016.

Jisoo Oh, Bongju Jeong, "Tactical Supply Planning in Smart Manufacturing Supply Chain", *Robotics and Computer Integrated Manufacturing*, Vol. 55, No. 1, 2018.

Jung Hoon Lee, Marguerite Gong Hancock, Mei-Chih Hu, "Towards an Effective Framework for Building Smart Cities: Lessons From Seoul and San Francisco", *Technological Forecasting & Social Change*, Vol. 89, 2014.

Kao Yu-Sheng, Nawata Kazumitsu, "Systemic Functions Evaluation Based Technological Innovation System For the Sustainability of IoT in the Manufacturing Industry", *Sustainability*, Vol. 11, No. 8, 2019.

Karen Butner, "The Smarter Supply Chain of the Future", *Strategy & Leadership*, Vol. 38, No. 1, 2010.

Klyver K., Foley D., "Networking and Culture in Entrepreneurship", *Entrepreneurship & Regional Development*, Vol. 24, No. 7-8, 2012.

Koh H. C., "Testing Hypotheses of Entrepreneurial Characteristics: A Study of Hong Kong MBA Students", *Journal of Managerial Psychology*, Vol. 11, No. 3, 1996.

Kollmann T., Lomberg C., Peschl A., "Web 1.0, Web 2.0, and Web 3.0: The Development of E-business. In Encyclopedia of E-commerce Development", *Implementation and Management*, 2016.

Kumar M., Graham G., Hennelly P., "How Will Smart City Production Systems Transform Supply Chain Design: A Product-level Investigation", *International Journal of Production Research*, Vol. 54, No. 23, 2016.

Lee S. H., Wong P. K., "An Exploratory Study of Technopreneurial Intentions: A Career Anchor Perspective", *Journal of Business Venturing*, Vol. 19, No. 1, 2004.

Li Bo, Hou Peng-Wen, Chen Ping, Li Qing-Hua, "Pricing Strategy and Coordination in a Dual Channel Supply Chain With a Risk-averse Retailer", International Journal of Production Economics. Vol. 178, No. 8, 2016.

Lierow M., "B2City: The Next Wave of Urban Logistics", Accessed February 21, 2014, http://www.supplychain247.com/paper/b2city_the_next_wave_of_urban_logistics.

Liu Yupeng, Wang Hao, "From Measure to Guidance: Galactic Model and Sustainable Development Planning Toward the Best Smart City", *Journal of Urban Planning and Development*, Vol. 144, No. 4, 2018.

Li Xiang, "Reducing Channel Costs by Investing in Smart Supply Chain Technologies", *Transportation Research Part E: Logistics and Transportation Review*, Vol. 137, 2020.

Li Z., Gilbert S. M., Lai G., "Supplier Encroachment Under Asymmetric Information", *Management Science*, Vol. 60, No. 2, 2014.

Lyu, Z., Lin, P., Guo, D., "Towards Zero-warehousing Smart Manufacturing From Zero-inventory Just-in-time Production", *Robotics and Computer-Integrated Manufacturing*, 2020, Vol. 64, 2020.

Manders, J. H. M., Caniëls, M. C. J., & Ghijsen, P. W. T., "Supply Chain Flexibility: A Systematic Literature Review and Identification of Directions for Future Research", *The International Journal of Logistics Management*, Vol. 28, No. 4, 2017.

Mentzer J. T., DeWitt V., Keebler K. S., Min S., Nix N. W. and Smith. C. D., "Defining Supply Chain Management", *Journal of Business Logistics*, Vol. 22, No. 2, 2001.

Meriton, R., Bhandal, R., Graham, G., "An Examination of the Generative Mechanisms of Value in Big Data-enabled Supply Chain Management Research", *International Journal of Production Research*, 2020.

Minniti M., Bygrave W. A., "Dynamic Model of Entrepreneurial Learning", *Entrepreneurship Theory and Practice*, Vol. 25, No. 3, 2001.

Mishra B. K., Raghunathan S., Yue X., "Demand Forecast Sharing in Supply Chains", *Production and Operations Management*, Vol. 18, No. 2, 2009.

Mohamed A., Gunasekaran M., Mai M., "Internet of Things (IoT) and Its Impact on Supply Chain: A Framework for Building Smart, Secure and Efficient Systems", *Future Generation Computer Systems*, Vol. 86, 2018.

Omoush K. S. A., Al-qirem R. M., Hawatmah Z. M. A., "The Degree of E-business Entrepreneurship and Long-term Sustainability: An Institutional Perspective", *Information Systems and E-Business Management*, Vol. 16, No. 1, 2017.

Paolo Neirotti, Alberto De Marco, Anna Corinna Cagliano, Giulio Mangano, Francesco Scorrano, "Current Trends in Smart City Initiatives: Some Stylised Facts", *Cities*, Vol. 38, 2014.

Pedersen E., Mulbery K., "An E-commerce Process Model: Perspectives from E-commerce Entrepreneurs", *Journal of Electronic Commerce in Organizations*, Vol. 1, No. 3, 2003.

Pryor C., Webb J. W., Ireland R. D., "Toward an Integration of the Behavioral and Cognitive Influences on the Entrepreneurship Process", *Strategic Entrepreneurship Journal*, Vol. 10, No. 1, 2016.

Raju J. S., Roy A., "Market Information and Firm Performance", *Management Science*, Vol. 46, No. 8, 2000.

Reinsel, D., Gantz, J., Rydning, J., "The Digitization of the World from Edge to Core", *Report*, 2018, IDC Framingham, MA.

Rim W., Parida V., Sjodin D. R., "Risk Management for Product-service System Operation", *International Journal of Operations & Production Management*, Vol. 36, No. 6, 2016.

Sally P. Cairda, Stephen H. Hallett, "Towards Evaluation Design for Smart City Development", *Journal of Urban Design*, Vol. 24, No. 2, 2019.

Shahid A., Almogren A., "Blockchain-based Agri-food Supply Chain: A Complete Solution", *IEEE Access*, No. 8, 2020.

Shang W. X., Ha A. Y., Tong S., "Information Sharing in a Supply Chain With A Common Retailer", *Management Science*, Vol. 62, No. 1, 2016.

Simon Elias Bibri, John Krogstie, "Smart Sustainable Cities of the Future: An Extensive Interdisciplinary Literature Review", *Sustainable Cities and Socie-*

ty, Vol. 31, 2017.

Sirmon D. G., Hitt M. A., "Managing Resources: Linking Unique Resources, Management, and Wealth Creation in Family Firms", *Entrepreneurship Theory and Practice*, Vol. 27, No. 4, 2003.

Skold, D. E., "The Other Side of Enjoyment: Short-circuiting Marketing and Creativity in the Experience Economy", *Organization*, Vol. 17, No. 3, 2010.

Stephen King, Sarah Cotterill, "Transformational Government? The Role of Information Technology in Delivering Citizen-centric Local Public Services", *Local Government Studies*, Vol. 33, No. 3, 2007.

Sun Jing, Yamamoto Hisashi, Matsui Masayuki, "Horizontal Integration Management: An Optimal Switching Model for Parallel Production System With Multiple Periods in Smart Supply Chain Environment", *International Journal of Production Economics*, Vol. 221, 2020.

Timmons J. A., Spinelli S., ed., *New Venture Creation: Entrepreneurship For the 21st Century*, Burr Ridge: Irwin, 1994.

Trimi S., Berbegal-mirabent J., "Business Model Innovation in Entrepreneurship", *International Entrepreneurship and Management Journal*, Vol. 8, No. 4, 2012.

Viriyasitavat W., Hoonsopon D., Bi Z., "Augmenting Cryptocurrency in Smart Supply Chain", *Journal of Industrial Information Integration*, Vol. 21, 2021.

Wang Rufeng, Li Bo, Li Zhenhong, Hou Pengwen, Song Dongping, "Selection Policy For A Manufacturer's Online Channel: Do It Oneself or Cooperate With Retailers", *IMA Journal of Management Mathematics*, Vol. 29, No. 4, 2018.

Wann-Ming Wey, Janice Hsu, "New Urbanism and Smart Growth: Toward A-chieving A Smart National Taipei University District", *Habitat International*, Vol. 42, 2014.

Welter F., "Contextualizing Entrepreneurship-conceptual Challenges and Ways Forward", *Entrepreneurship Theory and Practice*, Vol. 35, No. 1, 2011.

Wu L., Yue X., Jin A., "Smart Supply Chain Management: A Review and

Implications For Future Research", *The International Journal of Logistics Management*, 2016.

Xiao, D., Kuang, X., Chen, K., "E-commerce Supply Chain Decisions Under Platform Digital Empowerment-induced Demand", *Computers & Industrial Engineering*, Vol. 150, 2020.

Yan Jianghui, Liu Jinping, "An Evaluation System Based on the Self-organizing System Framework of Smart Cities: A Case Study of Smart Transportation Systems in China", *Technological Forecasting and Social Change*, Vol. 153, 2020.

Yan R., Pei Z., "Incentive Information Sharing in Various Market Structures", *Decision Support Systems*, Vol. 76, 2015.

Yan Y. C., Zhao R. Q., Xing T. T., "Strategic Introduction of the Marketplace Channel Under Dual Upstream Disadvantages in Sales Efficiency and Demand Information", *European Journal of Operational Research*, Vol. 273, No. 3, 2019.

Ye Z., Zheng J., Tu R., "Network Evolution Analysis of E-business Entrepreneurship: Big Data Analysis Based on Taobao Intelligent Information System", *Information Systems and E-Business Management*, 2018.

Yin R. K. ed., *Case study research: Design and methods*, Sage Publications, 2014.

Yongsheng L., Li J., "Design of Early Warning Indicator System of Enterprise Logistics Risk Based on Supply Chain Management", *2009 Second International Conference on Intelligent Computation Technology and Automation*, IEEE, Vol. 3, 2009.

Zahra S. A., "The Virtuous Cycle of Discovery and Creation of Entrepreneurial Opportunities", *Strategic Entrepreneurship Journal*, Vol. 2, No. 3, 2008.

Zhang, X., Ming, X., Liu, Z., "State-of-the-art Review of Customer to Business (c2b) model", *Computers & Industrial Engineering*, Vol. 132, 2019.

Zhao Jixin, Ji Meng, "Smarter Supply Chain: A Literature Review and Practices", *Information and Management*, No. 2, 2020.

Zhao M., Dong C., Cheng T. C. E., "Quality Disclosure Strategies for Small

Business Enterprises in a Competitive Marketplace", *European Journal of Operational Research*, Vol. 270, No. 1, 2018.

Zhou, K., Liu, T., Liang, L., "From Cyber-physical Systems to Industry 4.0: Make Future Manufacturing Become Possible", *International Journal of Manufacturing Research*, Vol. 11, No. 2, 2016.

Zhu Z., Lin S. F., "Understanding Entrepreneurial Perceptions in the Pursuit of Emerging E-business Opportunities: The Dimensions and Drivers", *Computers in Human Behavior*, Vol. 95, 2019.